Karl Czoernig

Darstellung der Einrichtungen über Budget, Staatsrechnung und

Kontrolle

in Oesterreich, Preussen, Sachsen, Baiern, Württemberg, Baden, Frankreich und

Belgien

Karl Czoernig

Darstellung der Einrichtungen über Budget, Staatsrechnung und Kontrolle
in Oesterreich, Preussen, Sachsen, Baiern, Württemberg, Baden, Frankreich und Belgien

ISBN/EAN: 9783743672987

Hergestellt in Europa, USA, Kanada, Australien, Japan

Cover: Foto ©ninafisch / pixelio.de

Weitere Bücher finden Sie auf **www.hansebooks.com**

DARSTELLUNG DER EINRICHTUNGEN

UEBER

BUDGET,

STAATSRECHNUNG UND CONTROLE

IN

OESTERREICH, PREUSSEN,

SACHSEN, BAIERN, WÜRTTEMBERG, BADEN, FRANKREICH

UND BELGIEN.

VON

CARL Freiherrn von CZOERNIG,

K. K. WIRKL. GEHEIMEN RATHE, PRÄSIDENTEN DER STATISTISCHEN
CENTRAL-COMMISSION, ETC.

WIEN, 1866.

WILHELM BRAUMÜLLER.

K. K. HOF- UND UNIVERSITÄTSBUCHHÄNDLER.

Druck von Carl Ueberreuter in Wien.

Vorwort.

Im Sommer 1864 ertheilte der damalige k. k. Finanzminister, Herr Edler von Plener, dem Verfasser den Auftrag, eine Zusammenstellung der in Preussen so wie in den vorzüglichsten anderen deutschen Staaten, dann in Frankreich und in Belgien hinsichtlich der Verfassung des Budgets, der Staatsrechnung und Staatscontrole geltenden gesetzlichen Bestimmungen und Einrichtungen zu bewerkstelligen. Diesem Auftrage verdankt die vorliegende Darstellung, welche ursprünglich nicht für den Druck bestimmt war, ihre Entstehung. Der letzte übersichtliche Abschnitt derselben wurde jedoch später in die vom Prof. Dr. Schäffle herausgegebene Zeitschrift für die gesammte Staatswissenschaft (Tübingen, Jahrgang 1865, 1. Heft) aufgenommen. In Folge dieser Veröffentlichung gelangten wiederholte Anfragen und Aufforderungen an den Verfasser, die gesammte Darstellung bekannt zu machen, da der Gegenstand derselben in der Literatur nur noch spärlich behandelt ist.

Einer solchen Aufforderung glaubte der Verfasser um so eher nachkommen zu sollen, als die vorliegende Darstellung zugleich eine Vervollständigung seines Budgetwerkes (systematische Darstellung des österreichischen Budgets für 1862, in Vergleichung mit jenen der vorzüglicheren anderen europäischen Staaten. Wien 1862. 2. Auflage. 2 Bände) wozu sie gewissermassen die theoretische Einleitung bildet, ausmacht.

Um diesen Zusammenhang noch enger zu gestalten, wurde der ursprünglichen lediglich die auswärtigen Staaten behandelnden Darstellung noch jene der österreichischen Einrichtungen in Bezug auf Budget, Staatsrechnung und Staatscontrole beigefügt. Es konnten selbstverständlich in letzterer Beziehung nur die gegenwärtig in Geltung befindlichen Bestimmungen aufgenommen werden. Da aber eben in diesem wichtigen Administrationszweige eine Reform vorbereitet wird, in Folge deren das Staatsrechnungs- und Controlwesen einer wesentlichen Umgestaltung entgegen geht, so wurde die Aufführung der Grundsätze, welche dieser Umgestaltung zur Unterlage dienen, und welche erst festgestellt worden sind, nachdem der Druck des Werkes bereits vorgeschritten war, dem letzten Abschnitte anmerkungsweise beigefügt, um hierdurch den Gegenstand bis auf die neueste Zeit fortzuführen.

Wien, im *October 1865.*

Carl Freiherr von Czoernig.

Inhalt.

Oesterreich.

Allgemeines 1
Finanzperiode 2
Verwaltungs- und Rechnungsjahr 2
Form und Inhalt des Budgets 3
Staatsrechnung, Staatsbuchhaltungen, oberste Rechnungs-Controls-
    behörde 10
Rechnungs-Controle 16
Administrative Controle 17
Staatscontrole 19

Königreich Preussen.

Finanzperiode 20
Verwaltungs- und Rechnungsjahr 20
Form des Budgets 21
Staatsrechnung 22
Rechnungs- und administrative Controle. Ober-Rechnungskammer. 23
Staats-Controle 28
Zusatz zu der Darstellung des Staats-Rechnungswesens in Preussen 29

Königreich Sachsen.

Finanzperiode 33
Verwaltungs- und Rechnungsjahr 35
Form des Budgets 35
Staatsrechnung (Rechnungsabschluss, Rechenschaftsbericht) . . . 37
Rechnungs-Controle 41
Ober-Rechnungskammer 44
Staats-Controle durch die Ständeversammlung 47

Königreich Baiern.

Finanzperiode 50
Verwaltungs- und Rechnungsjahr 51
Form des Budgets 51
Staatsrechnung 52
Rechnungs-Controle. Oberster Rechnungshof 54
Staats-Controle 55

Seite

Königreich Württemberg.

Finanzperiode 58
Verwaltungs- und Rechnungsjahr 59
Form des Budgets 59
Staatsrechnungsabschluss 59
Rechnungs-Controle. Ober-Rechnungskammer 62
Staats-Controle 63

Grossherzogthum Baden.

Finanzperiode 65
Verwaltungs- und Rechnungsjahr 65
Form des Budgets 65
Inhalt des Budgets 65
Vefassungsbestimmungen 66
Budget. Gesammtvoranschlag 67
Staatsrechnung 72
Nachweisung über den Haushalt 74
Rechnungs-Controle. Prüfung des Staatshaushaltes 76
Ober-Rechnungskammer. Prüfung und Zusammenstellung 77
Staats-Controle 78

Kaiserthum Frankreich.

Finanzperiode 82
Verwaltungs- und Rechnungsjahr 82
Form und Inhalt des Budgets 84
Staatsrechnung 89
Rechnungs-Controle. Rechnungshof. Verwaltungs-Controle 97
Staats-Controle 101

Beilagen zu Frankreich.

1. Budget et l'Exercice 103
2. Compte général de l'Administration des finances 105
3. Compte définitif des recettes de l'exercice 1860 rendu par le Ministre des finances 109
4. Compte définitif des dépenses de l'Exercice 1861 111
5. Cour des Comptes 114
6. Vorlagen des Rechnungshofes für 1860 120
7. Rapport et Procès verbal de la Commission de Vérification des comptes des Ministres pour l'exercice 1860 et l'année 1861 . . . 123
8. Loi portant règlement définitif du Budget de l'exercice 1861 (Loi des Comptes) 130

Königreich Belgien.

Finanzperiode 133
Verwaltungs- und Rechnungsjahr 133
Form und Inhalt des Budgets 133

Seite

Staatsrechnung 134
Rechnungs-Controle. Rechnungshof. 140
Staats-Controle 144

Vergleichende Uebersicht

der in Oesterreich, Preussen, Sachsen, Baiern, Württemberg, Baden, Frankreich und Belgien bestehenden Bestimmungen über Budget, Staatsrechnung und Controle.

Finanzperiode 147
Verwaltungs- und Rechnungsjahr 147
Form des Budgets 149
Inhalt des Budgets 150
Staatsrechnung 155
Rechnungs-Controle. Verwaltungs-Controle 168
Staats-Controle 183

Oesterreich.

Allgemeines.

Die gesetzlichen Bestimmungen über Budget, Staatsrechnung und Staatscontrole in Oesterreich sind grösstentheils eine Frucht der neuesten Zeit und gingen aus der Einführung des constitutionellen Systems hervor. Es wurde zwar auch schon früher alljährlich das Budget (der Staatsvoranschlag) zusammengestellt, und der a. h. Sanction des Monarchen unterzogen, wobei dem Präsidenten der allgemeinen Hofkammer (seit 1848 dem Finanz-Minister) ein gewisser controlirender Einfluss über die Festsetzung der Ausgaben für sämmtliche Verwaltungszweige vorbehalten blieb; ebenso übten die verschiedenen Organe der Staatsbuchhaltung die Controle über die Gebarung der einzelnen Zweige der Verwaltung aus. Die dabei zu beobachtenden Vorgänge waren jedoch nicht überall scharf abgegränzt, oder doch nicht gesetzlich normirt, sowie der Zusammenhang zwischen der obersten Rechnungs-Controlsbehörde und den administrativen Centralbehörden ein lockerer auf die Controle der administrativen Gebarung nur theilweisen Einfluss nehmender war. Die beiden letzten Jahre haben jedoch in dieses Geschäft eine grössere Klarheit und Bestimmtheit gebracht, und wenn gleich das System des Staatsrechnungswesens noch nicht in allen seinen Theilen zum Abschlusse gediehen ist, so bewegt sich doch die Maschinerie desselben bereits in einem geregelten Gange, welche unter dem Einflusse der nunmehr zur Geltung gekommenen Oeffentlichkeit im vollsten Umfange seiner Vervollkommnung entgegen geht. Diese Sachlage wird es gerechtfertigt erscheinen lassen, wenn hier nur die wesentlichsten Bestimmungen zur Erörterung gelangen, in soweit deren Kenntniss erforderlich ist, um sich ein Urtheil über die formelle Seite des Finanzwesens in Oesterreich in seiner obersten Gestaltung zu bilden.

Finanzperiode.

Die Finanzperiode umfasst in Oesterreich ein Jahr, wie es bei einem so umfangreichen Gebiete und einem so ausgedehnten Verwaltungskörper die Natur der Dinge erfordert.

Verwaltungs- und Rechnungsjahr.

Das **Verwaltungsjahr** (früher auch „Militärjahr" genannt) hatte, so lange ein geordnetes Rechnungswesen in Oesterreich besteht, seinen Anfang mit dem 1. November und sein Ende mit dem 31. October des nächstfolgenden Jahres genommen. Erst seit dem Beginne des Jahres 1864 wurde die Reform durchgeführt, welcher zufolge das Verwaltungsjahr nunmehr, wie in den meisten übrigen Staaten, mit dem Kalenderjahre zusammenfällt, sobin mit dem 1. Jänner beginnt und mit dem 31. December endigt.

Das **Rechnungsjahr** stimmt wohl in sofern mit dem Verwaltungsjahre überein, als die Jahresrechnungen nur die für das gleiche Verwaltungsjahr gemachten Einnahmen und bestrittenen Auslagen enthalten. Thatsächlich ist es aber von demselben verschieden, da die auf das Verwaltungsjahr Bezug nehmenden Einnahmen, welche in die Staatscassen einfliessen, oder die daraus für die Bedürfnisse des Verwaltungsjahres bestrittenen Ausgaben, selbst wenn sie bereits in einem gewissen Zeitraume unmittelbar nach Schluss des Verwaltungsjahres erfolgt oder doch zur Verrechnung gelangt, in die Jahresrechnung aufgenommen werden müssen. Das Verwaltungsjahr (d. i. die während desselben stattfindende Staatscassengebarung) weiset daher die Einnahmen und Ausgaben des Staates nach, welche in dem Verwaltungsjahre erfolgen, während das Rechnungsjahr die Staatseinnahmen und Ausgaben umfasst, welche für das Verwaltungsjahr geleistet, beziehungsweise bestritten worden sind. Die Erstreckung des Rechnungsjahres über den Zeitabschnitt des Verwaltungsjahres hinaus ist eine verschiedene, je nachdem es sich um die Verrechnung oder um die Cassengebarung handelt. In ersterer Beziehung gilt die gesetzliche Norm, dass alle Einnahmen und Ausgaben, welche bis Ende December zur Abstattung gelangt, aber noch nicht definitiv zugerechnet sind, in so fern die Zurechnung bis Ende Februar des nächsten Jahres erfolgt, mittelst eines zu führenden und Ende Februars abzuschliessenden Nachtragsjournals in die Rechnung des vorangegangenen Jahres einbezogen werden. In letzterer Beziehung dehnt sich das Rechnungsjahr über die auf das Verwaltungsjahr nächstfolgenden sechs, ja selbst eventuell zwölf Monate aus. Es können nämlich auf die für ein Verwaltungsjahr bewilligten, aber bis Ende desselben nicht oder nicht vollständig realisirten Credite auch im nachfolgenden Jahre bis zu dem Belaufe der Etatsansätze Anweisungen erfolgen, und haben die Leistungen dem vorausgegangenen Verwaltungsjahre zur Last zu fallen. Diess gilt im Allgemeinen bis Ende Juni; nach Ende Juni jedoch und bis Ende December kann diess nur mit Bewilligung der vorgesetzten Centralstelle geschehen. Werden diese Credite in dem auf das Verwaltungsjahr folgenden Jahre nicht benützt, so sind dieselben, jedoch mit Ausnahme jener für stehende Bezüge (Gehalte, Zinsen der Staatsschuld) für aufgehoben zu betrachten und in der Rechnung abzuschreiben. Damit fernere Zahlungen darauf erfolgen können, muss das Erforderniss in den Voranschlag für das kommende Jahr einbezogen und mittelst des Finanzgesetzes genehmigt werden.

Form und Inhalt des Budgets.

Es bestehen in Oesterreich viererlei Arten von Budgets oder öffentlichen Gebarungsvoranschlägen, nämlich das Reichsbudget, welches die Einnahmen und Ausgaben des Gesammtstaates umfasst, die Budgets der sogenannten (sogleich näher zu erwähnenden) „dotirten Fonde", die Landesbudgets für die die einzelnen Königreiche und Länder betreffenden Einnahmen und Ausgaben, endlich die Budgets der Gemeinden. Hier kömmt nur das Reichsbudget mit jenem der dotirten Fonde in Betracht; die Landesbudgets werden von den Landesausschüssen entworfen, von den Landtagen festgestellt und der a. h. Genehmigung S. M. des Kaisers unterlegt, die Communalbudgets dagegen von den Gemeindeverwaltungen entworfen, und von den Gemeinderäthen festgestellt.

Früher war das Reichsbudget in Oesterreich ein Nettobudget, wobei die Erhebungskosten von den Einnahmen vorweg in Abzug gebracht und nur die Nettoeinnahmen an die Centralstaatscassen abgeführt und sohin für die Staatsbedürfnisse (mit Ausschluss der Bedeckung der Einhebungskosten) verwendet wurden. Erst seit dem Beginne des Jahres 1864 wurde an die Stelle des

1 *

Nettobudgets das Bruttobudget gesetzt, welches eine weit grössere Uebersichtlichkeit und den wissenschaftlichen Anforderungen entsprechend eine genauere Einsicht in die Gesammtgebarung mit den Staatsgeldern gewährt. Es werden darin alle Staatseinnahmen und Staatsausgaben nach dem Durchschnittsergebnisse der letzten drei Verwaltungsjahre, mit Berücksichtigung der inzwischen eingetretenen Aenderungen in der Gesetzgebung oder in den Verwaltungseinrichtungen, mit den der Wirklichkeit möglichst nahe kommenden vollen Beträgen, da eine Vorwegabrechnung nicht stattfindet *), angesetzt, stehende (fixe) Ausgaben nach dem systemisirten Stande aufgenommen. Ebenso werden ausserordentliche Posten, welche auf speciellen im Verwaltungsjahre fällige und rechtliche Wirkungen gründenden Verpflichtungen beruhen, von Amtswegen in das Budget einbezogen. Die Einnahmen und Ausgaben umfassen auch jene Empfänge und Leistungen, die als Vorschüsse gegen Ersatz oder Verrechnung einen Gegenstand der durchlaufenden Verrechnung bilden.

Eine Ausnahme von dem Grundsatze, dass die Einnahmen und Ausgaben nach ihren vollen Beträgen in das Budget aufgenommen werden, bilden nur die Einnahmen und Ausgaben für den Cultus, den Unterricht und die Wohlthätigkeitsanstalten (in so fern letztere einen Staatszuschuss erhalten). Bezüglich dieser mit eigenen Fonden ausgestatteten Anstalten werden nur jene Beträge in das Budget aufgenommen, um welche die eigenen Einnahmen die zu bestreitenden Auslagen übersteigen oder die Auslagen in den eigenen Einnahmen die Bedeckung nicht finden. Im ersten Fall wird das Mehr der Einnahme unter dem Titel „Ueberschüsse der Fonde" in die Bedeckung (unter die Einnahmen) des Budgets, im letzteren Fall aber das Mehr der Ausgabe unter dem Titel „Staatszuschüsse" in das Erforderniss (unter die Ausgaben) des Budgets eingereiht. Um jedoch demungeachtet die Gebarungser-

---

*) In den früheren (Netto-) Budgets kamen derlei Vorwegabrechnungen in mehreren Verwaltungszweigen vor, welche die Budgetsbehandlung wesentlich erschwerten. Gegenwärtig bestehen sie nur noch bei einigen vom Staate erhaltenen wissenschaftlichen Anstalten, wie bei der Akademie der Wissenschaften und der Central-Commission zur Erforschung der Baudenkmale, wo es sich um geringfügige Posten (Ertrag der herausgegebenen Schriften) handelt, deren Verwendung den bezüglichen Anstalten überlassen wird.

gebnisse dieser Fonde und Anstalten in ihrer Gesammtheit zur
Evidenz zu bringen, werden dem Budget Nachweisungen beigefügt,
welche die vollen Einnahmen und Ausgaben der erwähnten Fonde
und Anstalten in allen Rubriken ersichtlich machen, und die sonach eine Ergänzung des Budgets bilden. Es sind diess die Budgets der dotirten Fonde.

Das Budget besteht aus zwei Hauptabtheilungen, aus jener
für das Erforderniss (Ausgaben) und aus jener für die Bedeckung (Einnahmen). Diese beiden Hauptabtheilungen sind gesondert in das ordentliche und in das ausserordentliche Erforderniss, dann in die ordentliche und ausserordentliche Bedeckung,
welche zusammen das Gesammt-Erforderniss und die Gesammt-
Bedeckung darstellen.

Die Eintheilung des Budgets erfolgt nach den einzelnen Ministerien und Verwaltungszweigen und den ihnen unterstehenden
Dienstzweigen und Staatsanstalten nach fortlaufenden Capiteln und
Titeln, und letztere nach Unterabtheilungen (Paragraphen und
Posten). Eine Ausnahme von dieser allgemeinen Eintheilung nach
Dienstzweigen machen nur die Ausgaben für die Ruhe- und Ver-
sorgungsgenüsse für die Staatsdiener und deren Hinterlassenen,
welche abgesondert in einem besonderen Etat für sämmtliche Verwaltungszweige zusammengefasst werden. Dieser Etat erscheint in
dem Theilvoranschlage des Finanz-Ministeriums.

Diesemnach umfassen die 18 Abtheilungen des Budgets
das Erforderniss und die Bedeckung
des a. h. Hofstaates,
der Cabinetskanzlei Sr. Majestät des Kaisers,
des Reichsrathes (des Herrenhauses und des Abgeordneten-
    hauses),
des Staatsrathes,
des Ministerrathes,
des Ministeriums des Aeussern mit den diplomatischen und den
    Consulatsauslagen,
des Staatsministeriums mit den Auslagen (und beziehungsweise
    den Einnahmen) der General-Inspection der Gendarmerie, der
    Wiener Akademie der Wissenschaften, der geologischen Reichs-
    anstalt, der politischen (administrativen) Verwaltungs-Organe
    in den Kronländern, der Strafanstalten, der Findelhäuser (in
    so weit sie vom Staate erhalten werden), der Baubehörden,

des Strassen- und Wasserbaues, der Landes-Gendarmerie-Regimenter, des Cultus und Unterrichtes,

der k. ungarischen Hofkanzlei mit den beim Staatsministerium angegebenen Zweigen und jenen der Justizverwaltung,

der k. siebenbürgischen Hofkanzlei mit den beim Staatsministerium angegebenen Zweigen und jenen der Justizverwaltung,

der k. kroatischen Hofkanzlei mit den beim Staatsministerium angegebenen Zweigen und jenen der Justizverwaltung,

des Ministeriums der Finanzen mit den Finanz-Landes- und Bezirks-Directionen, der Finanzwache, den Haupt- und Landescassen, den Steuer-Administrationen, Steuer-Inspectoraten und Steuerämtern, den Finanz-Procuraturen, den Montan- und Forstlehranstalten, der Staatsschulden-Direction, den Subventionen und Dotationen der Landesfonde und der Industrie-Unternehmungen, den Vorschüssen an die Grundentlastungsfonde, der allgemeinen Cassenverwaltung, dem allgemeinen Pensions-Etat, den Zinsen der Staatsschuld, der Schuldentilgung, den directen Steuern, den indirecten Abgaben und den Einnahmen und Ausgaben vom Staats-Eigenthum.

des Ministeriums für Handel und Volkswirthschaft mit der landwirthschaftlichen Lehranstalt in Ungarisch-Altenburg, der Landescultur, den Berghauptmannschaften, dem Postgefälle und dem Staatstelegraphen,

des Ministeriums der Justiz mit dem obersten Gerichtshofe und den Justizorganen in den Kronländern mit Ausnahme von Ungarn, Siebenbürgen und Kroatien-Slavonien,

des Ministeriums der Polizei mit den Sicherheitsorganen in den Kronländern und der Militär-Polizeiwache,

der obersten Rechnungs-Controlsbehörde mit der Central-Commission und Direction für administrative Statistik, den Central-Staatsbuchhaltungen und den Landes-Staatsbuchhaltungen,

des Ministeriums des Krieges mit sämmtlichen Militärbehörden, Militär-Anstalten und den Truppen einschliesslich der gesammten Landesverwaltung der Militärgränze,

des Ministeriums der Marine mit der Kriegs- und Handels-Marine einschliesslich der Hafen- und Seesanitätsverwaltung.

Die Abtheilungen zerfallen in Capitel, von denen jedoch jede Abtheilung in der Regel nur eines umfasst, mit Ausnahme des Staatsministeriums, welches deren zwei (für die politische Ver-

waltung, dann für Cultus und Unterricht) enthält, des Finanz-
Ministeriums (mit 26 Capiteln bei dem Erfordernisse und 28 Capiteln bei der Bedeckung) und des Marine-Ministeriums, ebenfalls
jedoch nur bei dem Erfordernisse mit zwei Capiteln (für die Kriegs-
und Handels-Marine). Im Ganzen zählt das Budget des Erfor-
nisses 45 Capitel, von denen 25 sich in 157 Titel, und 18 Titel
sich weiter in 236 Paragraphe der letzteren unterabtheilen, und
das Budget der Bedeckung 46 Capitel, wovon 7 gleichwie die bezüglichen Abtheilungen nur nominell aufgeführt sind und keine
Einnahmen haben, 21 sich nicht weiter untertheilen und 18 in
84 Titel zerfallen. Der Staatsvoranschlag ist begleitet von 31 Heften Beilagen (wovon sich 16 auf das Finanz-Ministerium, und darunter wieder 10 auf die Staatseinnahmen beziehen), in welchen
die Einnahmen und Ausgaben im grössten Detail veranschlagt
und die einzelnen Titel zu diesem Behufe in eine grosse Anzahl von
Posten untergetheilt sind. Für einen jeden Verwaltungszweig sind
das Erforderniss und die Bedeckung vereinigt nachgewiesen, und am
Schlusse eines jeden Heftes werden die Differenzen zwischen den
Budgetansätzen des bezüglichen Verwaltungsjahres und jenen des
unmittelbar vorausgegangenen Jahres erläutert.

Die Budgets der einzelnen Abtheilungen werden von den bezüglichen Ministerien und den ihnen untergeordneten Verwaltungs-
organen (jene der 5 ersten Abtheilungen aber von dem Finanz-Ministerium) angefertigt. Die Theilvoranschläge sind von den bezüglichen Aemtern zu verfassen und im Wege der vorgesetzten Behörden
nach vorläufiger Prüfung durch die betheiligten Controlbehörden
bis Ende Februar des dem Verwaltungsjahre vorausgehenden Jahres
an die Ministerien einzusenden. Die vorgesetzten Behörden fassen
die Theilvoranschläge einschliesslich des eigenen in einen Gesammt-
Special-Voranschlag zusammen, und legen denselben sammt Beilagen mit den erforderlichen Anträgen und Bemerkungen versehen
an die Ministerien vor. Gegen Behörden, welche mit dieser Vorlage säumig sind, werden Geldstrafen verhängt. Die Ministerien und
Centralbehörden übermitteln das Budget ihres Verwaltungszweiges
(d. i. den Voranschlag für das Ministerium und die untergeordneten
Aemter) an das Finanz-Ministerium, welches dieselben sorgfältig
prüft, nach Umständen hierüber nochmals mit den Ministerien und
Centralstellen in das Einvernehmen tritt und sodann mit Hinzufügung des Budgets für den eigenen Ressort in das Hauptbudget

aufnimmt. Mit der Zusammenstellung des Hauptbudgets verbindet das Finanz-Ministerium die Anfertigung einer Nachweisung, welche eine Vergleichung der Budget-Ergebnisse mit den gleichartigen Ergebnissen des vorausgegangenen Jahres und eine genaue Angabe der Ursachen der hervortretenden Differenzen liefert und zur Vervollständigung des Budgets dient.

Nachdem dieses geschehen, bereitet das Finanz-Ministerium den Gesetz-Entwurf bezüglich der Feststellung des Gesammt-Budgets (den Entwurf des Finanzgesetzes) vor. Dieser Entwurf (sammt dem Budgets-Entwurfe) wird zuerst im Ministerrathe erörtert und festgestellt, dann der Prüfung des Staatsrathes unterzogen. Hierauf wird mit kaiserlicher Genehmigung der Budgets- und Finanzgesetz-Entwurf gedruckt und ausgestattet mit einer Darstellung der Motive und detaillirten die speciellen Daten der einzelnen Verwaltungszweige und Kronländer enthaltenden Beilagen dem Reichsrathe und zwar zuerst dem Hause der Abgeordneten vorgelegt, was acht Monate vor dem Beginne des Verwaltungsjahres, für welches das Budget lautet, geschehen soll.

Das Haus der Abgeordneten berathet über die Budgetvorlagen, indem es einen Ausschuss zur Prüfung und Begutachtung derselben niedersetzt, in welchem einzelne Referenten über die verschiedenen Zweige der Einnahmen und Ausgaben Bericht erstatten, worauf der Ausschuss, bei welchem die Minister oder deren Stellvertreter die Budgetvorlagen vertreten, seine Beschlüsse zu Protokoll gibt und darüber durch ein Mitglied an das Haus der Abgeordneten Bericht erstatten lässt. Diese Berichte werden in Druck gelegt und an die Mitglieder des Hauses der Abgeordneten vertheilt. Nachdem das Haus der Abgeordneten hierüber unter eventueller Betheiligung der Minister oder ihrer Stellvertreter die Discussion abgehalten und seine Beschlüsse gefasst hat, werden dieselben dem Herrenhause mitgetheilt, welches das gleiche Verfahren beobachtet und den Beschlüssen des Abgeordnetenhauses beitritt, selbe modificirt oder sie ablehnt *).

Die Beschlüsse des Herrenhauses werden, in sofern dieselben von jenen des Abgeordnetenhauses abweichen, sofort dem Hause

---

*) Die Budgetvorlagen werden sowohl vor dem Ausschusse der beiden Häuser, als auch vor den Häusern selbst, von den Ministern oder deren Stellvertretern vertheidiget.

der Abgeordneten mitgetheilt, welches ihnen über die Anträge ihres Ausschusses zustimmt, oder wenn diess nicht der Fall ist, die Verhandlung neuerdings an das Herrenhaus leitet, bis zwischen den beiden Häusern, nöthigenfalls mit Zuhilfenahme gemischter Commissionen, zu welchen beide Häuser eine gleiche Anzahl von Mitgliedern abordnen, ein Einverständniss erzielt ist. Sodann wird der Gesammtbeschluss der beiden Häuser des Reichsrathes über die Budgetvorlagen, eventuell sammt den daran geknüpften Anträgen und Wünschen (in soweit beide Häuser damit einverstanden sind) im Wege des Ministeriums Sr. Majestät dem Kaiser vorgelegt, welcher mit Berufung auf die Zustimmung der beiden Häuser des Reichsrathes das Finanzgesetz erlässt.

Nachdem das Finanzgesetz veröffentlicht ist, nehmen die Ministerien und Centralstellen die Vertheilung der bewilligten Ausgaben-Credite nach den einzelnen ihren Ressorts angehörigen Dienstzweigen und Anstalten vor. Die durch das Finanzgesetz eröffneten Ausgaben-Credite dürfen nach der Sonderung in ordentliche und ausserordentliche Ausgaben nur zu den Zwecken verwendet werden, für welche sie nach den Unterabtheilungen des Gesetzes bestimmt sind, und die Etats des Finanzgesetzes sind in der Regel unüberschreitbar, wesshalb die Vorsteher der verschiedenen Aemter und Anstalten dafür verantwortlich gemacht sind, dass die bewilligten Credite nicht überschritten oder zur Bedeckung anderer Ausgaben verwendet werden. Creditsübertragungen können nur zwischen den einzelnen Subrubriken eines und desselben Paragraphs stattfinden, und selbst eine solche Uebertragung ist an die vorgängige Zustimmung des bezüglichen Ministeriums gebunden.

Ist der eröffnete Credit unzureichend, oder ist in dem Voranschlage für einen bestimmten unverschieblichen Aufwand gar keine Vorsorge getroffen, so kann eine Ergänzung (ein Supplementar-Credit) oder die Eröffnung eines neuen Credites (eines ausserordentlichen Credites) nur durch nachträgliche Verwilligung mittelst Gesetz oder nach §. 13 des Verfassungsgesetzes vom 26. Februar 1861 erfolgen; im letzteren Falle aber kann diess nur nach vorläufiger Einvernehmung des Finanzministeriums und auf Grund eines vom Ministerrathe zu fassenden Beschlusses mittelst a. h. Anordnung geschehen. Die bezüglichen Anträge der Unterbehörden müssen abgesondert und gehörig motivirt vorgelegt werden. Jeder nachträglich bewilligte Credit ist nach Bewilligung und Verwendung im

Staatsrechnungsabschlusse abgesondert, eventuell unter einem besonderen Titel ersichtlich zu machen.

Staatsrechnung.

Staatsbuchhaltungen, oberste Rechnungs-Controlsbehörde.

Zwischen der Feststellung des Budgets und der Staatsrechnung bewegt sich die eigentliche Gebarung mit den Staatsgeldern, d. i. die practische Durchführung des Staatsvoranschlages. Hieran nehmen Antheil die anweisenden Behörden, welche die Einhebung der Staatseinnahmen und die Bestreitung der Staatsausgaben nach Vorschrift des Finanzgesetzes anordnen und die vollziehenden Organe, welche auf Grund der an sie gelangenden Anweisungsaufträge die Einnahmen in Empfang nehmen und die Ausgaben bewerkstelligen. Die materielle Gebarung erfolgt durch das Cassenrevirement, indem die einhebenden Cassen und Aemter die eingehobenen Geldbeträge nach Abzug des Bedarfes für die eigene Verwendung an die Staats-Netto-Cassen abliefern, und diese für alle Ausgabe-Cassen, bei welchen eine eigene Einhebung nicht Statt findet oder zur Bestreitung der ihnen obliegenden Auszahlungen nicht hinreicht, mit den erforderlichen Geldsummen dotirt werden.

Zur Erhaltung der Ordnung und Regelmässigkeit des Dienstes in diesem wichtigen Verwaltungszweige bestehen eigene Vorschriften. Am Ende jeder Woche müssen sämmtliche Staats-Netto-Cassen (an welche die Perceptionsämter ihre Abfuhren leisten) einen Ausweis über ihren disponiblen Cassestand an das Finanzministerium einsenden, welches hierdurch die Kenntniss über die vorhandenen Geldmittel zur Bestreitung sämmtlicher Ausgaben erlangt, und in die Lage kömmt, die erforderlichen Dotationen an die einzelnen Staats-Ausgabe-Cassen nach Bedarf zu verfügen. Dieser Bedarf wird durch die Erfordernissausweise ermittelt, welche die verschiedenen Centralstellen über die Geldanforderungen für den Dienst der ihnen unterstehenden Verwaltungszweige mit Angabe der Länder und Cassen, wo die Zahlungen zu leisten sind, am Ende eines jeden Monats für den nächsten Monat zusammenstellen und an das Finanzministerium behufs der erforderlichen Dotirung dieser Cassen leiten. Damit aber auch die Centralstellen sich in steter Uebersicht der im Laufe des Jahres auf Grund des Finanzgesetzes bereits bestrittenen Auslagen, und sohin der noch für die von ihnen geleiteten Verwaltungszweige verfügbaren Geldmittel verhalten, wird am Ende eines jeden Monats von sämmtlichen vollziehenden Organen (d. i. von den die Einnahmen und Ausgaben bewerkstelligenden Aemtern und Cassen) oder von den bezüglichen Controlsorganen (Buchhaltungen) ein nach den Rubriken des Staatsvoranschlages verfasster Ausweis über die bis dahin in den einzelnen Rubriken vollzogenen Geldgebarungen, und zwar getrennt nach dem Dienste für das laufende und für das vorausgegangene Jahr an die oberste Rechnungs-Controlsbehörde eingesendet. Letztere stellt hieraus für den Gesammt-Staatshaushalt eine nach den Capiteln und Titeln des Finanzgesetzes gegliederte Hauptübersicht zusammen, übermittelt dieselbe an das Finanzministerium, und macht dasselbe auf bereits eingetretene oder in Aussicht stehende Präliminars-Ueberschreitungen aufmerksam. Ueber Verlangen der einzelnen Centralstellen werden auch diesen die bezüglichen Auszüge aus der gedachten Hauptübersicht mitgetheilt. Durch diese Evidenzhaltung werden das Finanzministerium und eventuell die einzelnen Centralstellen in die Lage versetzt, jede Ueberschreitung der bewilligten Budgetansätze hintan zu halten.

Wenn das Verwaltungsjahr (bezüglich das Rechnungsjahr) abgelaufen ist, tritt der Zeitpunkt der Staatsrechnung für eben dieses Verwaltungsjahr ein. Hinsichtlich der Staatsrechnung sind die Grundsätze und Vorschriften zu erwähnen, nach welchen sie entworfen und zusammengestellt wird, und die Organe zu bezeichnen, welchen die Durchführung dieser Vorschriften und die endliche Zusammenstellung der Staatsrechnung übertragen ist.

In ersterer Beziehung sind nachfolgende Bestimmungen zu beobachten: Alle Ausgaben haben jenen Dienstzweig zu belasten, für welchen der Aufwand stattgefunden hat, ebenso sind die Einnahmen in dem Verwaltungsetat zu verrechnen, zu welchem sie gehören. Die anweisenden Behörden haben jederzeit den Etat mit Angabe der Untertheilung des Voranschlages und unter Angabe des Dienstes (d. i. ob für das laufende oder ein vorhergehendes Verwaltungsjahr) zu bezeichnen, in welchen Einnahme und Ausgabe zu verrechnen ist. Ueberhaupt ist in der Staatsrechnung der Dienst des laufenden Verwaltungsjahres von jenem der vorhergegangenen getrennt nachzuweisen, zu welchem Behufe alle verrechnenden und controlirenden Aemter hiefür gesonderte Colonnen anzulegen haben. Einlässliche Vorschriften normiren die Behandlung der durchlaufend verrechneten Zahlungen. Es dürfen nämlich nur

die zwischen verschiedenen Cassen vorkommenden Zurechnungen
(Verläge und Abfuhren), welche sich bei der Zusammenstellung
im Empfange und in der Ausgabe ohnehin ausgleichen müssen,
als durchlaufende Posten behandelt werden. Damit aber am Ende
eines Verwaltungsjahres alle derartigen durchlaufenden Posten
wirklich beiderseits in Verrechnung kommen, d. h. damit nicht bei
einer Casse ein gewisser Betrag in die Ausgabe, bei der betreffenden
anderen Casse aber noch nicht in Empfang gestellt ist, sind sämmtliche verrechnende Aemter angewiesen, im Laufe der ersten zwei
Monate eines jeden Jahres noch ein Nachtrags-Journal für den December des abgelaufenen Jahres zu führen, in welches alle ver-
spätet zur Zurechnung gelangenden Beträge eingetragen werden.
Das Endergebniss dieser Nachtrags-Journale wird in die Rechnung für das vorausgegangene Jahr einbezogen. Die Empfänge an
fremden Geldern und Depositen sind aus der eigentlichen Staatsrechnung auszuscheiden und ebenso, wie die bezüglichen Zurück-
zahlungen nur in einer besonderen Vormerkung für jeden Dienstzweig in Evidenz zu bringen. Bei besonderen Anlässen, wo Geld
oder Werthbeträge der Finanzverwaltung zukommen, sind dieselben
(ebenso wie in dem Voranschlage) in die Rechnung als reelle Einnahmen in Empfang zu nehmen. Vorschüsse zu bestimmten und un-
bestimmten Zwecken sind stets als reelle Ausgaben zu behandeln,
und wenn ihr Zweck vorhinein nicht bekannt ist, unter der Bezeichnung: „Vorschüsse gegen Ersatz oder gegen Verrechnung" bei dem
Etat, woraus sie bestritten wurden, als reelle Zahlungen in Ausgabe
zu stellen und in einem eigenen Vormerkbuche in Evidenz zu halten.
Es kann daher darauf präliminirt werden, wenn sich nicht die Zu-
rückverrechnung mit den neuen Vorschüssen compensirt. Jede Geldrechnung hat zwei Colonnen zu enthalten, und zwar für das laufende
und für frühere Verwaltungsjahre, und die letztere ist wieder in zwei
Spalten zu theilen, eine für Activ- oder Passivrückstände, welche
bereits in den Vorjahren auf Grund behördlicher Amtshandlungen
oder Nachweisungen zur Gebühr erwachsen und als solche zur Vorschreibung gelangt waren, die andere für Einnahmen und Ausgaben,
welche erst im laufenden Jahre durch nachträgliche Vorschrei-
bungen oder Anweisungen auf den Conto für die Vorjahre zu ver-
buchen sind. Gebührabschreibungen in Folge von Nachsicht, Unein-
bringlichkeit oder Berichtigung sind nicht in der Geldrechnung
durchzuführen, sondern in einer eigenen Nachweisung zur Uebersicht

zu bringen, welche der Centralbehörde zur Benützung bei der Zusammenstellung des Rechnungsabschlusses übergeben wird. Diese eben erwähnten Vorschriften zielen dahin ab, dass die Staatsrechnung ein möglichst treues und klares, mit dem Voranschlage formell übereinstimmendes Bild der Finanzgebarung gewähre, dass die Einnahmen und Ausgaben, welche das Verwaltungsjahr betreffen, von jenen auf frühere Jahre Bezug nehmenden streng gesondert werden, und dass die wirkliche Gebarung nicht mit dem Cassenrevirement (zu welchen auch die nicht wirklichen, d. h. bloss durchlaufenden, am Ende des Jahres sich gegenseitig ausgleichenden Einnahmen und Ausgaben gehören) vermengt werde.

Bevor die Organe bezeichnet werden, welchen die Verfassung der Staatsrechnung übertragen ist, wird es erforderlich, die eigenthümliche Einrichtung des Staatsbuchhaltungswesens in Oesterreich näher zu erörtern. Es besteht in der öffentlichen Verwaltung dieses Staates eine scharfe Trennung zwischen dem gesammten Rechnungswesen und der eigentlichen Verwaltung. Das erstere besorgen die von den Administrativ-Behörden getrennten Controlsbehörden, d. i. die Staatsbuchhaltungen, welche der Aufsicht und Leitung der obersten Rechnungs-Controlsbehörde untergeben sind. Dieselben üben daher nicht nur unabhängig von den Administrativ-Behörden die Controle der Gebarung mit den Staatsgeldern aus, sondern sind auch zugleich in allen Beziehungen, welche das Rechnungswesen betreffen, Hilfsbehörden der Administrativbehörden, von deren Weisungen sie in diesem Betracht abhängen. Die Gliederung ihrer Geschäftsaufgaben wird aus den nachfolgenden Angaben klar werden. Vorerst betheiligen sie sich (mit wenigen Ausnahmen) an der Zusammenstellung der Staatsvoranschläge, indem sie die von den Administrativbehörden aufgestellten Theilvoranschläge auf Grund der von ihnen gepflogenen Aufschreibungen einer Prüfung unterziehen, und die Ergebnisse dieser Prüfung den bezüglichen Administrativbehörden mittheilen. Im Laufe des Verwaltungsjahres unterstützen sie die Administrativbehörden durch die sogenannte (später näher zu erwähnende) Controle „ab ante", ertheilen denselben alle auf das Rechnungswesen Bezug nehmenden Auskünfte, machen aus ihren Aufschreibungen die erforderlichen Zusammenstellungen für den administrativen Dienst, wirken bei der Vornahme der Cassencontrirungen (Cassenrevisionen) mit und entwerfen die monatlichen Erfordernissausweise. Diese Hilfsdienstleistung entfällt jedoch dort ganz

oder theilweise, wo, wie für die Finanzbehörden und einige Centralstellen, eigene Rechnungskanzleien den Administrativbehörden beigegeben sind.

Die Hauptaufgabe der Staatsbuchhaltungen besteht aber in der
Verfassung der Partikular-Rechnungsabschlüsse und in der Handhabung der Rechnungs-Controle. Alle vollziehenden Organe, d.i. alle
Aemter und Cassen, welche Staatsgelder einheben oder verwenden,
führen darüber chronologisch fortlaufende Aufschreibungen (Journale), in welchen jede eingetragene Post mit den erforderlichen Documenten (Aufträge der anweisenden Behörden, Empfangsbestäti-
gungen der Parteien, an welche Zahlungen geleistet werden) belegt
ist. Diese Journale werden monatlich abgeschlossen und sammt den
Belegen an die Hof- oder Landes-Staatsbuchhaltung, welcher der
bezügliche Zweig zur Respicirung und Verrechnung zugewiesen ist,
eingesendet. Die Staatsbuchhaltung prüft diese Journale behufs der
vorzunehmenden Controle und contirt die darin enthaltenen Posten,
d. h. sie trägt sie in ihre nach den Rubriken des Staatsvoranschlages aufgelegten Bücher ein. Diess geschieht mit jedem Monatsjour-
nal. Nach der vorgenommenen Contirung des letzten Monats werden die Ergebnisse sämmtlicher zwölf Monate summirt, wodurch der
Rechnungsabschluss des bezüglichen Amtes oder der Casse hergestellt ist. *) Die Rechnungsabschlüsse sämmtlicher zu einem Verwaltungszweige gehörigen Aemter und Cassen werden sohin in einen
Particular-Rechnungsabschluss des einschlägigen Verwaltungszweiges (und zwar von den Landes-Staatsbuchhaltungen für die denselben zur Respicirung zugewiesenen Staats-Verrechnungszweige des
bezüglichen Kronlandes, von den Hof- und Centralstaatsbuchhal-
tungen für die bezüglichen diesen Buchhaltungen zur Respicirung
zugewiesenen, sogenannten centralisirten [den ganzen Umfang der
Monarchie umfassenden] Verrechnungszweige) vereinigt, welcher
letztere an die oberste Rechnungs-Controlsbehörde gelangt.

Die oberste Rechnungs-Controlsbehörde setzt aus den bei ihr
sich ansammelnden Particular-Rechnungsabschlüssen sämmtlicher
Verwaltungszweige den Central-Staats-Rechnungs-Ab-
schluss über die in dem bezüglichen Jahre vorgekommene Gesammt-

---

*) Eine Ausnahme hiervon bildet die Verwaltung der Staatsdomänen
und des Montanwesens, bei welchen Zweigen die Jahres-, hinsichtlich des Montanwesens grösstentheils Semestral-Rechnung von den
bezüglichen Aemtern verfasst wird.

gebarung des Staatshaushaltes zusammen, indem sie die ersteren und zwar zunächst bezüglich der Rechnungs-Einstellungen für den laufenden Dienst einer eindringlichen Prüfung hinsichtlich der etwa sich ergebenden Differenzen zwischen dem Erfolge und dem Staatsvoranschlage, hauptsächlich aber in Betreff der richtigen Eintragung in die gehörigen Rubriken unterzieht. Der Staats-Rechnungs-Abschluss hat die gesammte reelle Gebarung sowohl rücksichtlich der Staatseinnahmen wie der Staatsausgaben zu umfassen. Er folgt in seiner Zusammenstellung den Rubriken des Staatsvoranschlages, so dass für jeden einzelnen Etat die Vergleichung des Erfolges mit dem Voranschlage und die Evidenz aller Erübrigungen und Ueberschreitungen in den einzelnen Rubriken hergestellt wird. Ein Hauptaugenmerk wird darauf gerichtet, dass hierbei die für frühere Jahre realisirten Einnahmen und bestrittenen Ausgaben von der Gebarung des behandelten Verwaltungsjahres getrennt, und die am Schlusse des Jahres noch aushaftenden Einnahmen und noch zu bestreitenden Ausgaben nachgewiesen werden. Am Schlusse wird die Darstellung der Ursachen, welche den erfolgten Ueberschreitungen und den bewirkten Ersparungen zum Grunde liegen, beigefügt.

Der Staatsrechnungsabschluss wird von der obersten Rechnungs-Controlsbehörde zur a. h. Kenntniss Sr. Majestät gebracht, gleichzeitig aber an den Finanzminister geleitet und von diesem nach geschehener Drucklegung mit Anfügung der Beilagen und Bemerkungen dem Reichsrathe zur Prüfung und Schlussfassung vorgelegt, was im Laufe des zweiten nachfolgenden Jahres zu geschehen hat.

Bei der Verfassung des Staatsrechnungsabschlusses waltet folgende Einrichtung ob. Es wird aus dem Jahresabschlusse für das bezügliche Verwaltungsjahr (welcher, wie erwähnt, in zwei Colonnen gesondert ist, in jene welche den Dienst der vorausgegangenen Verwaltungsjahre und jene welche den Dienst des laufenden [bezüglichen] Verwaltungsjahres betrifft) das Ergebniss aus der Colonne für den laufenden Dienst entnommen und aus dem Jahresabschlusse für das nächstfolgende Verwaltungsjahr (dessen Zusammenstellung sohin abzuwarten ist) das Ergebniss für das demselben unmittelbar vorausgegangene Jahr hinzugefügt. Die Summe dieser beiden Ergebnisse wird sodann mit dem bezüglichen Finanzgesetze verglichen, und bei den sich hiernach herausstellenden Differenzen die Begründung beigesetzt. Der Staatsrechnungsabschluss enthält demnach sieben Colonnen, deren jede sämmtliche Rubriken des

Staatsvoranschlages enthält. In der ersten Colonne ist das Ergebniss des Rechnungsabschlusses bezüglich der in dem behandelten
Verwaltungsjahre vorgekommenen Einnahmen und Ausgaben enthalten. Die zweite Colonne macht (behufs der vorzunehmenden
Abschlagung) die in dem erwähnten Rechnungsabschlusse enthaltenen den Dienst der vorausgegangenen Jahre betreffenden Einnahmen und Ausgaben ersichtlich. In der dritten Colonne erscheinen
die Ansätze, welche sich ergeben, wenn man die Ziffern der zweiten
Colonne von jenen der ersten abzieht, d. h. sie weiset die in dem
behandelten Verwaltungsjahre für dasselbe vorgekommenen Einnahmen und Ausgaben nach. Die vierte Colonne führt die in dem
nächstfolgenden Jahre für Rechnung des behandelten (d. i. des unmittelbar vorausgegangenen) Verwaltungsjahres zur Abstattung gelangten Einnahmen und Ausgaben auf. Die Ergebnisse der dritten
und vierten Colonne zusammengerechnet erscheinen in der fünften
Colonne nachgewiesen, und repräsentiren den wirklichen Erfolg der
für das behandelte Verwaltungsjahr erfolgten Einnahmen und Ausgaben. In der sechsten Colonne erscheinen die Ansätze des Finanzgesetzes und bezüglich des hiermit genehmigten Staatsvoranschlages
für das behandelte Jahr, wornach die siebente Colonne die Differenzen darstellt, welche sich aus der Vergleichung der Ansätze
des Finanzgesetzes mit jenen der wirklichen Gebarung, d. i. der
für das behandelte Jahr bewerkstelligten Einnahmen und Ausgaben
ergeben *).

Rechnungs - Controle.

Die Rechnungs-Controle wird ihrem ganzen Umfange nach
von den Hof- und Landes-Staatsbuchhaltungen und zwar von jeder
derselben für die ihr zur Controle zugewiesenen Verrechnungszweige durch die Censurirung der Journale und die Vornahme des
Rechnungsprocesses gehandhabt. Zu diesem Behufe prüfen sie die
an sie gelangenden Monats-Journale der vollziehenden Organe, vergleichen die darin eingetragenen Posten mit den beigebrachten Belegen, rügen die stattgefundenen unrichtigen Fürgänge, fordern die

---

*) In dieser Weise wurde die dem Reichsrathe vorgelegte Staats-
rechnung für das Verwaltungsjahr 1862 und die zunächst noch vorzulegende für das Verwaltungsjahr 1863 angefertigt, vom Jahre
1864 angefangen werden aber fünf Colonnen genügen.

Erläuterung der zweifelhaften Posten, und schreiben die nicht genügend gerechtfertigten Vorausgabungen zum Ersatze vor, welcher von der administrativen Behörde angeordnet, und bezüglich seiner wirklichen Leistung von der Staatsbuchhaltung strenge überwacht wird, wodurch der Rechnungsprocess zu seiner vollen Durchführung gelangt. Auch wirken sie erforderlichen Falles durch Belehrung der Rechnungsleger auf die Herstellung einer regelmässigen Gebarung ein.

Administrative Controle.

Die Stellung der Staatsbuchhaltungen gegenüber den Administrativbehörden bringt es mit sich, dass letztere dort, wo ihnen keine Rechnungskanzleien zur Seite stehen, alle von den anweisenden Behörden an die vollführenden Organe gerichteten, auf die Gebarung mit Staatsgeldern Bezug nehmenden Aufträge vor ihrer Ausfertigung zur Einsicht erhalten, und dieselben mit ihrem Visum versehen. Für den Fall, als bei dem Auftrage eine Unregelmässigkeit vor sich gegangen, der Budgetansatz überschritten oder eine unrichtige Rubrik bezüglich der Verrechnung darin angegeben ist, gelangen sie hierdurch in die Lage, die administrative Behörde auf diesen ungehörigen Vorgang aufmerksam zu machen, und durch die hierdurch mögliche Berichtigung desselben noch vor der Ausfertigung jeder Unzukömmlichkeit in der Gebarung vorzubeugen. Es wird dieses Verfahren die Controle ab ante genannt, obwohl sie eigentlich keine Controle — welche eine bewirkte Einnahme oder geleistete Zahlung voraussetzt — sondern eine administrative Hilfsleistung ist. Immerhin aber wird hierdurch bewirkt, dass die administrative Controle sich sehr vereinfacht, und nur in seltenen Fällen Anlass zu Bemerkungen findet, indem in den meisten Fällen, wo diessfalls eine Unregelmässigkeit eintreten könnte, dieselbe durch die Vornahme der Controle ab ante hintangehalten wird. Die Elemente zur Handhabung der administrativen Controle werden von den Staatsbuchhaltungen beschafft, indem sie bei Ausübung der Rechnungscensur über die Monats-Journale der vollziehenden Organe, die denselben beiliegenden Zahlungsaufträge der administrativen anweisenden Behörden mit dem durch das Finanzgesetz festgesetzten Staatsvoranschlage vergleichen und dadurch in die Kenntniss allfällig vorgekommener Unregelmässigkeiten gelangen. Diese Wahrnehmung wird sohin von ihnen an die oberste Rechnungs-Controlsbehörde berichtet, welche hierüber mit der bezüglichen Centralstelle in das Einvernehmen tritt, und auf die Beseitigung der vorgekommenen Unregelmässigkeit hinwirkt.

Eine administrative Controle in Beziehung auf das Credit- und Schuldenwesen des Staates wird übrigens auch durch die durch das Gesetz vom 13. December 1860 niedergesetzte Staatsschulden-Commission ausgeübt. Dieselbe ist kein Organ der Verwaltung, sondern ein Ausfluss der Repräsentative, indem jedes der beiden Häuser des Reichsrathes fünf seiner Mitglieder wählt, welche zehn Mitglieder der Repräsentative sich zu einer Commission vereinigen, die auch dann in Wirksamkeit bleibt, wenn der Reichsrath vertagt, das Haus der Abgeordneten aufgelöst wird, oder dessen sechsjährige Functionsdauer erlischt. Den Gegenstand der an die Commission übertragenen Controle bildet die gesammte Staatsschuld. Sie wacht darüber, dass die bestehende Staatsschuld nur im verfassungsmässigen Wege vermehrt oder verändert, und dass mit derselben gesetzmässig gebart werde, sowohl hinsichtlich der Verzinsung, als der Rückzahlung, zu welchem Behufe ihr von der Finanzverwaltung alle erforderlichen Mittheilungen gemacht werden müssen. Bei der Aufnahme eines neuen Anlehens hat sie die Eintragung desselben in das Hauptbuch der Staatsschuld, sowie die Erzeugung und Ausfertigung der Staatsschuldverschreibungen zu überwachen, und zum Zeichen der geübten Controle die Schuldverschreibungen von den mit Zustimmung des Reichrathes abgeschlossenen Anlehen mit der Fertigung des Vorsitzenden und eines ihrer Mitglieder zu versehen. Die Commission veröffentlicht am Schlusse jedes Semesters einen Ausweis über den Stand der gesammten Staatsschuld, und erstattet mindestens einmal Bericht an das Haus der Abgeordneten über ihre Wahrnehmungen mit Beifügung der darauf gestützten Anträge, worüber das Abgeordnetenhaus seine Beschlüsse fasst, und dieselben mit den Vorlagen der Commission an das Herrenhaus leitet. Findet die Commission zu einer Zeit, wo der Reichsrath nicht versammelt ist, Verfügungen, welche von der Finanzverwaltung zu treffen wären, für nothwendig, so kann sie sich desshalb unmittelbar an das Finanzministerium wenden. Ihr Geschäftsverkehr ist aber auf jenen mit dem Reichsrathe, dem Finanzministerium, der Direction der Staatsschuld, der Creditsbuchhaltung und den Cassen beschränkt.

Staatscontrole.

Die **Staatscontrole** ist gegen die Gebarung der Minister und Chefs der Centralstellen gerichtet, und wird durch den Reichsrath mittelst der Prüfung und Beschlussfassung über den ihm vorgelegten Staatsrechnungsabschluss, aus welchem der für jedes Ministerium durch das Finanzgesetz bewilligte Etat und die für Rechnung desselben bewerkstelligten Einnahmen und Ausgaben in der oben angedeuteten Art ersichtlich werden, vollzogen.

Der Staatsrechnungsabschluss gelangt zuerst an das Abgeordnetenhaus, welches ihn einem Ausschusse zur Berichterstattung übergibt, über dessen Gutachten seine Beschlüsse fasst, und sohin den Staatsrechnungsabschluss sammt seinen Beschlüssen an das Herrenhaus leitet, bei welchem der gleiche Vorgang stattfindet. Die beiderseitigen, in Form von Beschlüssen festgestellten Bemerkungen, werden dem Ministerium zur Darnachachtung bekannt gegeben.

Königreich Preussen.

Finanzperiode.

Die Finanzperiode umfasst ein Jahr. Die Etats (Voranschläge, deren Gesammtheit das Budget bildet) für die Ministerien und die sonstigen Centralstellen werden vom Könige unter Contrasignirung des betreffenden Ressort-Chefs und des Finanzministers, die übrigen Etats aber nur von letzterem und dem Verwaltungs-Chef (Ministers oder Chefs der Centralstelle) festgestellt, und unterliegen sohin der Zustimmung der Kammern. Das Budget gelangt zuerst an die Kammer der Abgeordneten, sodann an das Herrenhaus, welches jedoch das Budget nur in der Gesammtheit annehmen oder verwerfen kann. Bekanntlich ist in dem letzten Conflicte davon in so weit abgegangen worden, dass das Herrenhaus nicht das vom Abgeordneten-Hause amendirte Budget, sondern die königliche Vorlage angenommen hat, wornach es zu einer Vereinbarung über das Budget nicht mehr gekommen ist.

Verwaltungs- und Rechnungsjahr.

Das Verwaltungsjahr beginnt mit dem 1. Jänner und endigt mit dem 31. Dezember.

Das Rechnungsjahr ist von dem Verwaltungsjahre insofern nicht verschieden, als die Jahresrechnungen die Ergebnisse des Verwaltungsjahres nachzuweisen haben. Die Cassenverwaltung weicht jedoch hiervon in der Hinsicht ab, dass die Cassen noch nach dem Schlusse des Jahres ihre Cassenbücher eine Zeit lang offen halten müssen (die Special-Cassen bis zum 31. Jänner, die Provincial-Cassen bis zum 10. Februar, die General- und Central-Cassen bis zum 15. März) um die bis zum Schlusse des Jahres noch nicht eingekommenen Einnahmen einzuziehen, und die Zahlungen, welche bis dahin nicht haben geleistet werden können, zu bewirken, damit die von der Casse zu legende Rechnung möglichst ohne Einnahme- und Ausgabe-Reste abschliesst.

Form des Budgets.

Die Form des Budgets ist ein Bruttobudget. Es ist ein schon in der Instruction für die Ober-Rechnungskammer vom 18. Dezember 1824 ausgesprochener Grundsatz, dass alle Einnahmen des Staates im vollen Betrage in den Rechnungen nachgewiesen werden müssen und Ausgaben davon nicht vorweg abgesetzt werden dürfen, statt besonders in Ausgabe verrechnet zu werden. Dieser in früherer Zeit nicht überall stricte zur Anwendung gekommene Grundsatz ist in der neueren Zeit durchweg, auch bei der Etatsaufstellung streng durchgeführt worden, so dass die Etats und das Budget überall die Bruttobeträge enthalten. Extraordinäre Einnahmen, welche im Budget nicht berücksichtigt sind, z. B. Erlöse aus dem zufälligen Verkaufe von Staatseigenthum oder unbrauchbar gewordenen Gegenständen, müssen jederzeit der General-Staatscasse als extraordinäre Einnahme, über welche Seitens der einzelnen Verwaltungen nicht disponirt werden darf, zugeführt werden. Ausgenommen sind hiervon die Erlöse aus dem Abbruch von Gebäuden, welche, wenn an Stelle des abgebrochenen Gebäudes ein neues aufgeführt wird, zum Wiederaufbau mit verwendet werden dürfen. Diese Einrichtung beruht auf dem Grundsatze, dass keine Verwaltung über Staatsmittel disponiren darf, welche ihr nicht durch das Budget zur Verfügung gestellt worden sind. Ein Netto-Budget, welches nur die Ueberschüsse der Special- und Provinzial-Cassen nachweist, existirt nicht. Doch ist die Einrichtung des Budgets eine solche, dass bei den Einnahmen die Erhebungs- und Verwaltungs-, dann die Betriebskosten ersichtlich gemacht werden, so dass sich daraus die Netto-Erträgnisse leicht ableiten lassen.

Die Gebarung der Special-Cassen ist aus dem Budget, d. i. aus der Gesammtübersicht des Staatshaushaltes in der Regel nicht und nur in so weit ersichtlich, als dieselben Cassen für sich bestehender Institute sind, welche ihre eigene Dotation haben oder Vermögen besitzen. Wohl aber werden die Einnahmen und Ausgaben derjenigen Special-Cassen, welche ihren Ueberschuss an die Provincial-Cassen abführen, in besonderen, dem Budget angehängten Nachweisungen nach den Provincial-Verwaltungsbezirken (Regierungs-, Provincial-, Steuer-, Directions-, Ober-Post-Directions-Bezirken) summarisch nachgewiesen.

Staatsrechnung.

Nach dem Regulativ wegen künftiger Einrichtung des Cassen-wesens, vom 17. März 1828, müssen sämmtliche Cassen in jedem Monate, Behufs der überall an einem und demselben Tage stattfin-denden gewöhnlichen Revision der Casse, ihre Bücher abschliessen, und daraus einen den Soll-Bestand der Casse nachweisenden Extract anfertigen. Für den dritten Monat eines jeden Quartals ist, statt dieses die Einnahme und Ausgabe nur summarisch nachweisen-den Extracts, ein specieller Extract, welcher die Soll-Einnahme und Soll-Ausgabe bei den einzelnen Titeln und Unterabtheilungen des Cassen-Etats, die wirkliche Einnahme und Ausgabe und die gegen die Soll-Einnahme und Soll-Ausgabe verbliebenen Reste er-gibt, in der Art aufzustellen, dass in dem Quartal-Extracte für das 2., 3. und 4. Quartal auch die Ergebnisse des, respect. der vorher-gegangenen Quartale mit aufgenommen werden. Der Quartal-Ex-tract für das letzte Quartal enthält somit die Resultate der Cassen-Verwaltung während des ganzen Jahres und bildet die Grundlage der von der Casse zu legenden Jahres-Rechnung, welche mit dem Abschlusse für das 4. Quartal (Final-Extract) in jeder Hinsicht unbedingt übereinstimmen muss. Ist etwa in den Cassen-büchern ein, bis zum Final-Abschlusse nicht entdeckter Irrthum vor-gekommen, so geht er auch in die Rechnung über und wird erst in der nächstfolgenden Rechnung durch Vereinnahmung des zu wenig eingezogenen Betrages oder der zu viel verausgabten Summe als Rechnungs-Defect, respect. durch Verausgabung des zu viel verein-nahmten Betrages oder der zu wenig verausgabten Summe als Rech-nungsvergütung ausgeglichen.

Die Jahresrechnungen enthalten folgende Rubriken:

1. Soll-Einnahme (Ausgabe) nach dem Etat (Voranschlag);
2. Zugang (Ueberschreitung der Etatssummen in Einnahme und Ausgabe);
3. Abgang;
4. Rechnungsmässige Soll-Einnahme (Ausgabe);
5. Ist-Einnahme (Ausgabe);
6. Bleibt -Einnahme- (Ausgabe-) Rest gegen die rechnungs-mässige Soll-Einnahme (Ausgabe).

Dasjenige, was im Laufe des Rechnungsjahres sich als uneinziehbare Einnahme herausstellt, oder von dem Ausgabecredit zu den Ausgaben überhaupt nicht erforderlich ist, wird in der Rubrik 3 als wegfallend nachgewiesen. Die Summen, welche in die Rubrik 6 aufzunehmen sind, werden in die nächstfolgende Rechnung unter einen besondern Abschnitt: „Restverwaltung" übertragen.

Die Final-Abschlüsse werden von den Provinzial-Behörden dem betreffenden Verwaltungschef eingereicht und gelangen auch an den Finanzminister (die Jahresrechnungen aber werden an die Ober-Rechnungskammer geleitet). Der Verwaltungschef stellt aus den Final-Abschlüssen die dem Landtage vorzulegende Staatsrechnung — die Einnahmen und Ausgaben gegen die einzelnen Titel und Abtheilungen des gesetzlich festgestellten Staatshaushaltsetats balancirend — auf, und sendet solche an die Ober-Rechnungskammer, um sie mit der Bescheinigung der Uebereinstimmung mit den Resultaten der von ihr revidirten Jahresrechnungen zu versehen. Die so bescheinigten Staatshaushaltsrechnungen der einzelnen Central-Verwaltungen werden von denselben dem Finanzminister mitgetheilt, welcher sie, nebst den (gleichfalls von der Ober-Rechnungskammer bescheinigten) Special-Rechnungen seines eigenen Ressorts, der Hauptrechnung über den Staatshaushalt des Jahres, welche im Finanzministerium aufgestellt wird, als Unterlagen beifügt. Diese Hauptrechnung — allgemeine Rechnung über den Staatshaushalt benannt — wird gedruckt dem Landtage mittelst königlicher Ordre vorgelegt. Sie führt den Titel: „Allgemeine Rechnung über den Staatshaushalt des Jahres..." und wurde, so viel bekannt, zum letzten Male für das Jahr 1858 in der Landtagsperiode 1860—61 den Ständen vorgelegt.

Rechnungs- und administrative Controle. Ober-Rechnungskammer.

Bis zum Jahre 1826 bestand in Preussen eine General-Controle der Finanzen, welche nicht nur eine Control-Buchhaltung war, sondern auch die Prüfung und Mitvollziehung sämmtlicher Etats hatte. Sie wurde, da sie in die Verwaltung störend eingriff, auf Veranlassung des Finanzministers von Motz aufgehoben. An ihre Stelle trat eine Staatsbuchhalterei, welche aber später als selbstständige Behörde ebenfalls einging. Seitdem wurde die Staatsbuchführung bei dem Finanzministerium selbst bestellt. Vor einigen

Jahren wurde bei demselben eine förmliche Buchhaltung eingerichtet, an welche sämmtliche Provinzial- und Central-Cassen monatlich einen Cassen-Abschluss einzusenden haben, welcher denjenigen Theil des ganzjährigen etatsmässigen Einnahme- und Ausgabe-Solls, der auf die zurückliegende Zeit fällig ist, die wirkliche Einnahme und Ausgabe, welche gegen dieses ratirliche Soll gemacht worden ist, die Einnahme- und Ausgabe-Reste, sowie den zeitigen Barbestand in den verschiedenen Münzsorten und den etwaigen Effecten-Bestand nachzuweisen hat. Bei den übrigen Central-Verwaltungen ist eine eigene förmliche Buchhaltung nicht vorhanden. Die Controle über den Stand der Fonds der Verwaltung wird bei denselben durch die Calculatur unter Aufsicht des Cassen-Departementsrathes geführt.

Die Ober-Rechnungskammer ist dazu bestimmt, nicht nur die Nachweisungen in calculatorischer und formeller Hinsicht — d. i. die Gebarung des Rechnungslegers — sondern auch in materieller Beziehung, d. h. in der Hinsicht zu prüfen, ob nicht gegen gesetzliche Bestimmungen oder Verwaltungsvorschriften verstossen ist; ob ferner die Ausgaben den bestehenden gesetzlichen Bestimmungen, Reglements und Tarifen gemäss geleistet worden und bei der Verwendung der etatsmässigen Credite die nöthige Wirthschaftlichkeit geübt worden ist.

Die Erinnerungen der Ober-Rechnungskammer werden in zwei besonderen Gattungen von Revisions-Protokollen aufgestellt, je nachdem solche von dem Rechnungsleger oder von der demselben vorgesetzten Verwaltungsbehörde zu erledigen sind. Erinnerungen, zu welchen die von den Ministern getroffenen Anordnungen oder Genehmigungen derselben, welche als Belege der Rechnungen betrachtet werden, womit die Ober-Rechnungskammer jedoch nicht einverstanden ist, Veranlassung geben, werden im Wege des Schriftwechsels mit dem betreffenden Minister erörtert. Wird die Controverse auf diesem Wege nicht beseitigt, so wird die Meinungsverschiedenheit in dem Jahresberichte, welchen die Ober-Rechnungskammer Sr. Majestät dem König zu erstatten hat, angezeigt und die Allerhöchste Entscheidung über dieselbe anheimgestellt. Die königliche Genehmigung gilt für die Ober-Rechnungskammer als endgiltige Cynosur und findet damit ihre Ingerenz ein Ende. Die Revisions-Protokolle werden der Provinzialbehörde, welche die Rechnung eingesandt hat, die über die Central-Rechnungen, deren

Einsendung durch die Ministerien erfolgt, dem betreffenden Minister übersandt, um die Erledigung der Erinnerung herbeizuführen und die Beantwortung der Revisions-Protokolle einzusenden.

Für die Einsendung der Rechnungen sind bestimmte Einsendungstermine seitens der Ober-Rechnungskammer festgesetzt worden. Darnach sollen die Special-Rechnungen in der Regel bis Ende Juni des auf das Rechnungsjahr folgenden Jahres, und die Provinzial-Rechnungen bis zum 1. October desselben einkommen. Für die Central-Rechnungen sind etwas spätere Eingangstermine mit den Ministern vereinbart worden. Diese Einsendungstermine sind mit Rücksicht darauf so bestimmt worden, dass die Ober-Rechnungskammer — bei welcher das Geschäftsjahr mit dem 1. April beginnt und mit dem 31. März des folgenden Jahres endigt, weil die Rechnungen für das abgelaufene Jahr, nach Abnahme derselben bei den Verwaltungsbehörden und vorangegangener calculatorischer Feststellung derselben, frühestens im Monate März einkommen können — nach einer im Jahre 1836 ergangenen, die Bestimmung im §. 48 der Instruction vom 18. December 1824 modificirenden Kabinetsordre verpflichtet ist, die Revision und die Decharge der Rechnungen innerhalb zwei Jahren, also bis zum Schlusse des Monat März des dritten, auf das Rechnungsjahr folgenden Jahres, also z. B. der Rechnungen für 1862 längstens bis Ende März 1865 zu bewirken, wie es auch in der Regel mit äusserst seltener Ausnahme einzelner solcher Rechnungen, deren Dechargirung durch nicht erstattete Defecte der Rechnungsleger behindert wird, geschieht. Die Conflicte der Regierung mit der zweiten Kammer haben die Geschäftsführung der Ober-Rechnungskammer, welche sich nach der königl. Genehmigung des Budgets richtet, nicht beirrt. Die Aufgabe der Ober-Rechnungskammer besteht hiernach in jedem Geschäftsjahre in der Revision der Rechnungen des letztverflossenen Jahres, im Geschäftsjahre 1864—65, also für 1863, und in der Dechargirung der Rechnungen des vorangegangenen Jahres, soweit dieselbe nicht bereits früher erfolgt ist, also im Geschäftsjahre 1864—65 für 1862.

Seit 20 Jahren, seit welchen in dieser Beziehung die strengste Controle in der regelmässigen Förderung der Revisionsgeschäfte bei der Ober-Rechnungskammer gehandhabt wird, ist diese Aufgabe regelmässig erfüllt worden. Vorher war dieses allerdings nicht immer der Fall.

Bei Aufstellung des Etats hat die Ober-Rechnungskammer eine Mitwirkung nicht. Ihr liegt dagegen ob, bei der Revision einer Rechnung auch den derselben zum Grunde liegenden Etat, und zwar in der Hinsicht zu prüfen, ob zu den darin enthaltenen neuen Ansätzen, welche grundsätzlich der Allerhöchsten Genehmigung bedürfen, diese vorhanden ist, und ob die Ansätze an steigenden oder fallenden Einnahmen und Ausgaben, welche nach einer Fraction der Ergebnisse der vorangegangenen Jahre bemessen sind, nach den Rechnungen für letztere richtig sind.

Die Verwaltungschefs sind verpflichtet, mit dem ihnen durch das Budget zur Verfügung gestellten Credite auszukommen, Ueberschreitungen einzelner Etats-Titel, auch wenn sie durch Minder-Ausgaben bei anderen Etats-Titeln gedeckt werden, bedürfen der königlichen Genehmigung, es sei denn, dass die Mehrausgabe durch eine Mehreinnahme bei dem, mit dem Ausgabs-Titel correspondirenden Einnahme-Titel veranlasst worden ist. Etats-Ueberschreitungen, welche nicht durch anderweite Ersparnisse gedeckt werden, also einen extraordinären Zuschuss erforderlich machen, dürfen nur mit Zustimmung des Finanzministers stattfinden. Die Frage übrigens, ob nur die Ueberschreitung der Summe eines Etats-Titels, oder auch die Ueberschreitung einer jeden Unterabtheilung eines solchen der Genehmigung bedarf, ist noch eine streitige.

Die Ober-Rechnungskammer ist nach der Instruction für dieselbe vom 18. December 1824, welche, in Ermanglung des in der Verfassungsurkunde verheissenen, bis jetzt aber noch nicht erschienenen Gesetzes über ihre Einrichtung und Befugnisse, zur Zeit noch in Kraft besteht, eine dem Könige unmittelbar untergeordnete Behörde, welcher die Controle des gesammten Staatshaushaltes durch das Mittel der Rechnungsrevision obliegt. Bei derselben findet zwar eine collegialische Berathung statt, die Entscheidung steht jedoch allein dem Chef-Präsidenten, ebenso wie bei den Ministerien dem Minister allein zu. Nur bei einigen Fragen, namentlich bei Cassendefecten, findet eine Berathung der Mitglieder der Ober-Rechnungskammer und eine Beschlussnahme nach Stimmenmehrheit statt. Der Chef-Präsident ist jedoch berechtigt, einen solchen Beschluss, wenn er damit nicht einverstanden ist, zu suspendiren, muss aber in solchem Falle dem Könige über die Sache sofort Bericht erstatten und die Allerhöchste Entscheidung nachsuchen. Die Ober-Rechnungskammer, als Behörde, darf nicht selbst an den König berichten, sondern immer nur durch ihren Chef-Präsidenten. Zu dem Gesammt-Staatsministerium steht sie in einem untergeordneten Verhältnisse nicht, vielmehr zur Zeit noch ganz ausserhalb des Staats-Verwaltungs-Organismus.

Ihr Personale besteht gegenwärtig aus:

einem Chef-Präsidenten,

zwei Directoren,

zehn Räthen,

einem Vorsteher des Bureau's des Chef-Präsidenten,

zweiundfünfzig Rechnungs-Revisionsbeamten, sieben Registratoren und Journalisten und sieben Kanzlisten.

Die Revisionsgeschäfte werden in eilf Revisions-Bureaux für die Rechnungen

1. der General-Staatscassa (Hauptrechnung und Specialrechnungen der Finanzverwaltung), der Staatsschulden-Tilgungscasse, der Civilpensionen und Wartegelder, der Beamten-Cautionen, der Hauptmünze,

2. der geistlichen, Unterrichts- und Medicinal-Verwaltung,

3. der Bergwerks-, Hütten-, Salinen- und Salzdebitsverwaltung,

4. der Justizverwaltung,

5. der Militär- und Marineverwaltung,

6. der Steuerverwaltung,

7. der Domänenverwaltung,

8. der Forstverwaltung,

9. der Postverwaltung,

10. der Gewerbe- und Handel-, Bau-, Chaussée- und Eisenbahn-Verwaltung,

11. der inneren, Polizei- und landwirthschaftlichen Verwaltung, betrieben, und in jedem dieser Bureaux durch einen Rath geleitet, welchem die nöthige Zahl von Revisoren zugetheilt ist. Die Seehandlung legt keine förmliche Rechnung; ihre Cassenbücher, welche an Stelle einer solchen der Ober-Rechnungskammer zur Revision vorgelegt werden, sowie die Rechnung der Hauptbank zu Berlin werden dort an Ort und Stelle durch einen daselbst stationirten Revisionsbeamten und durch den dazu bestimmten Rath, welcher sich von Zeit zu Zeit dorthin begibt, revidirt.

Sämmtliche Rechnungen, welche Einnahmen an Staatsgeldern, Naturalien und Materialien, sowie die Verausgabung derselben nachweisen, unterliegen der Revision der Ober-Rechnungskammer.

Dieselbe ist jedoch ermächtigt (§. 2 ihrer Instruction), auf die Revision der Rechnungen von minderer Wichtigkeit zu verzichten, und dieselbe, sowie die Ertheilung der Decharge über die Rechnung, der Verwaltungsbehörde zu überlassen. Solches ist denn auch hinsichtlich verschiedener Gattungen unbedeutender Rechnungen, namentlich der kleineren Rechnungen der geistlichen und Unterrichts-Verwaltung, der Militär-Verwaltung, z. B. Rechnungen der Divisionsschulen, über die den Compagnien zu kleinen Bedürfnissen ausgesetzten Aversa etc. geschehen. Ferner gelangen die Rechnungen über das Inventarium an Utensilien der Verwaltungsbehörden nicht zur Revision der Ober-Rechnungskammer, welche sich mit einem Atteste der Verwaltungsbehörde begnügt, dass das Inventarium im Laufe des Jahres ordnungsmässig geführt worden ist, die Zugänge darin sämmtlich nachgewiesen und die Abgänge gehörig justificirt worden sind, und der Bestand am Jahresschlusse wirklich vorhanden gewesen ist. Zur Prüfung der Ober-Rechnungskammer gelangen ferner nicht verschiedene Einnahme-Justificatorien, z. B. im Betreff der Einnahmen an Gerichtssporteln, welche bei den Gerichten selbst durch die Departements-Cassen-Revisoren der Obergerichte geprüft werden, der Postkarten, deren Prüfung durch die Verificatur des General-Postamtes erfolgt, der Heberollen über die directen Steuern, welche bei den Provinzial-Regierungen, und der Zoll- und Steuerregister, welche bei den Provinzial-Steuerdirectionen festgestellt werden. Die Ober-Rechnungskammer fordert jedoch dergleichen Postkarten, Heberollen und Register hin und wieder abwechselnd zur eigenen Prüfung ein.

Die Rechnungen der Hauptbank werden zwar bei der Ober-Rechnungskammer revidirt, damit geht aber ihre Wirksamkeit zu Ende. Die Entscheidung über die Beantwortung ihrer Erinnerungen und die Ertheilung der Decharge steht dem Bank-Curatorium zu.

Staats-Controle.

Die Rechnung über den Staatshaushalt wird mittelst königl. Ordre dem Landtage zur Genehmigung vorgelegt, und nachdem diese erfolgt ist, als justificirt erkannt, d. i. die Decharge ertheilt. Diess geschieht von Seite eines jeden der beiden Häuser des Landtages mittelst gefasster Beschlüsse, in welchen auch die Bemerkungen enthalten sind, wozu die vorgelegte Rechnung den beiden Häusern Anlass gibt. Diese Beschlüsse werden vom Präsidium eines jeden der beiden Häuser an den Finanzminister geleitet, welcher hiervon, eventuell zur Darnachachtung hinsichtlich der Bemerkungen, Kenntniss nimmt. In der Gesetzsammlung erscheint hierüber keine Kundmachung, und es wird darüber nichts — ausser den gewöhnlichen Kammerberichten — veröffentlicht. Neuerlich sind bekanntlich auch hierüber Conflicte entstanden, welche einen Stillstand in dem Gange dieses Zweiges der Verwaltung nach sich gezogen haben. Diese Conflicte betreffen insbesondere den Umfang der Befugnisse, welchen der Landtag in der Ausübung der Staat-Controle anspricht. Etatsüberschreitungen werden vom Könige genehmigt, und diese Genehmigung gilt als ausreichend für die Controle der Ober-Rechnungskammer. Ferner verlangt das Abgeordnetenhaus Einsicht in die Controlsgebarung der Ober-Rechnungskammer und Mittheilung der von ihm gemachten und an den König berichteten Beanständungen, welches von der Regierung verweigert wird. Diess ist zunächst der Grund, wesshalb der dem Landtage vorgelegte Entwurf des Gesetzes in Betreff der Einrichtung und der Befugnisse der Ober-Rechnungskammer bisher nicht die Zustimmung des Abgeordnetenhauses gefunden hat.

Zusatz zu der Darstellung des Staats-Rechnungswesens in Preussen.

Die Entlastung der k. Staatsregierung durch den Landtag in Betreff der Staatsrechnung (der allgemeinen Rechnung des Staatshaushaltes) erfolgte bis einschliesslich des Jahres 1858. Obwohl die Verfassung im §. 104 vorschreibt, dass die Staatsrechnung dem Landtage mit den Bemerkungen der Ober-Rechnungskammer vorgelegt werden soll, so wurde doch diese Bestimmung bisher nicht zur Ausführung gebracht, und der Landtag demnach auf die formelle Behandlung der Staatsrechnung und die Genehmigung der Etatsüberschreitungen beschränkt. Neuerlich werden dem Landtage in letzterer Beziehung auch die Monita der Ober-Rechnungskammer durch die Staatsregierung mitgetheilt, wobei jedoch zu berücksichtigen ist, dass die Ober-Rechnungskammer nicht befugt ist, solche Etatsüberschreitungen zu moniren, welche durch königl. Ordre genehmigt sind.

Desshalb drang der Landtag seit mehreren Jahren auf die Vorlage eines Gesetzentwurfes über die Einrichtung und Befugnisse der Ober-Rechnungskammer. Diese Vorlage erfolgte endlich nach langem Zögern mit der k. Ordre vom 21. Jänner 1862.

Der Gesetzentwurf wiederholt im wesentlichen die (der oben in der Aufschrift erwähnten Darstellung des Staatsrechnungswesens zum Grunde gelegten) Bestimmungen der königlichen Instruction vom 18. December 1824. Abgesehen von einer Erweiterung der collegialen Berathung der Ober-Rechnungskammer beschränkt sich im Wesentlichen die Vervollständigung in dem neuen Gesetzentwurfe auf die Bestimmung, dass im Falle einer Etatsüberschreitung des Staatshaushaltsetats der König dieselbe nur mit eingeholter Zustimmung beider Häuser des Landtages genehmigen, beziehungsweise die Erinnerungen der Ober-Rechnungskammer niederschlagen werde, dann auf die Ausführung der Bestimmung des §. 104 der Verfassung, wornach mit der allgemeinen Rechnung dem Landtage die Bemerkungen der Ober-Rechnungskammer mitzutheilen sind, welche enthalten sollen:

1. Die Nachweisung, ob die in der allgemeinen Rechnung als Einnahmen und Ausgaben angeführten Beträge mit jenen übereinstimmen, welche durch die von der Ober-Rechnungskammer revidirten Cassen-Rechnungen nachgewiesen sind.

2. Ob und welche Etatsüberschreitungen stattgefunden haben.

3. Ueber welche Erinnerungen nach §. 18 des Entwurfes (der zu Folge die bei der Revision der Ober-Rechnungskammer aufgestellten Erinnerungen, in soweit sie nicht durch Schriftwechsel mit den Ministern behoben würden, ausschliesslich der königlichen Entscheidung unterliegen, mit der Beschränkung, dass, wenn dieselben stattfanden, weil die verwaltenden Behörden bei der Gebarung mit den Bestimmungen des Staatshaushaltes im Widerspruche standen, der König die Niederschlagung derselben nur mit eingeholter Zustimmung beider Häuser verfügen werde), von beiden Häusern des Landtages zu befinden ist.

Dieser Entwurf genügte dem Abgeordnetenhause nicht, welches über Antrag seiner Commission sehr wesentliche Umgestaltungen dabei vornahm, mit dem ausgesprochenen Zwecke, die Regierung in der Gebarung in ausgedehntester Weise an die Zustimmung des Landtages zu binden, die königliche Einwirkung darauf nahezu ganz zu beseitigen, und die Ober-Rechnungskammer in unmittelbare Geschäftsverbindung mit dem Landtage und dessen Commission zu bringen.

Die beantragten Aenderungen betrafen im Wesentlichen folgende Bestimmungen:

1. Die Mitglieder der Ober-Rechnungskammer können nur mit Beibehaltung ihres Ranges und Charakters zu andern Aemtern übersetzt werden.

2. Verwandte und Verschwägerte von Mitgliedern sind von der Ernennung ausgeschlossen.

3. Nebenämter oder mit fortlaufender Remuneration verbundene Nebenbeschäftigungen der Mitglieder der Ober-Rechnungskammer sind nicht gestattet.

4. Collegiale Berathung hat auch statt zu finden, wenn es sich um ein von der Ober-Rechnungskammer an eines der Häuser des Landtages zu erstattendes Gutachten handelt, oder wenn ein Mitglied diese collegiale Berathung in Antrag bringt.

5. Das dem Militärkörper bewilligte Pauschquantum unterliegt der Revision der Ober-Rechnungskammer.

6. Als Etatsüberschreitungen sind nicht nur solche Ausgaben zu betrachten, welche gegen die Kapitel und Titel des Staatshaushalts stattgefunden haben, sondern auch jene, welche gegen die Titelabtheilungen und gegen die dem Staatshaushaltsetat zum Grunde liegenden und zur Prüfung des Landtages gelangten Specialetats vor sich gingen.

7. Die Ober-Rechnungskammer kann die Acten nicht nur von der Unterbehörde, sondern auch von den Ministerien abverlangen.

8. Die bei der Revision der Rechnungen aufgestellten Erinnerungen, welche der Entscheidung nach erfolgter Zustimmung des Landtages unterzogen werden sollen, haben nicht nur die mit den Bestimmungen des Staatshaushaltsetats im Widerspruche stehende Gebarung zu umfassen, sondern auch jene Gebarung, wobei die zur Prüfung des Landtages gelangten Specialetats überschritten wurden.

9. Die Bestimmung des Entwurfes, wornach die königliche Befugniss, auf einzelne Einnahmen zu verzichten, contractliche Rechte aufzuheben, Defecte niederzuschlagen, aufrecht erhalten wurde, soll aus dem Gesetze entfallen.

10. Die Instruction vom 18. December 1824 soll als aufgehoben erklärt werden.

11. Es wird zur Vorbereitung der Beschlussnahme des
Landtages über die Entlastung der Regierung, bezüglich
über die zu ertheilende Genehmigung der Etatsüberschreitungen und zur Prüfung der Bemerkungen der Ober-Rechnungskammer eine Revisions-Commission niedergesetzt.
Dieselbe ist berechtigt, die Unterlage der Allgemeinen Rechnung über den Staatshaushalt, d. i. die Special- und Central-
rechnungen einer Prüfung zu unterziehen. Ein Mitglied der
Ober-Rechnungskammer kann dieser Commission beigezogen
werden, und die Ober-Rechnungskammer ist verpflichtet, dieser
Revisions-Commission jede verlangte Auskunft über ihre Rechnungen zu gewähren, und ihr sämmtliche Specialrechnungen,
Belege und Acten, deren Einsicht von ihr verlangt wird, vorzulegen.

12. Ueber Gegenstände, welche der Mitwirkung des Landtages be-
dürftig sind, können beide Häuser ohne Vermittlung
der Minister Gutachten von der Ober-Rechnungskammer fordern. Ebenso pflegen sie die Correspondenz
mit derselben ohne Vermittlung der Minister.

Eine verfassungsmässige Erledigung haben diese Anträge
bisher noch nicht gefunden.

Königreich Sachsen.

Finanzperiode.

Die Dauer der Finanzperiode ist auf drei Jahre festgesetzt. Der Staatsvoranschlag wird demnach den Ständen für drei Jahre vorgelegt, in der Art, dass nicht für jedes einzelne Jahr die Einnahmen und Ausgaben nach den Titeln und Capiteln des Budgets ausgewiesen werden, sondern nach eben diesen Titeln nur in einer Jahressumme, welche für jedes der drei Jahre der Finanzperiode die gleiche ist. Die während einiger Finanzperioden (zuletzt für 1858/60) beliebte Trennung des Budgets in ein ordentliches und ein ausserordentliches hat man neuerdings fallen lassen und dagegen die betreffenden ungewöhnlichen Ausgaben an den geeigneten Budgetstellen als zusätzliche Erhöhung des transitorischen Aufwandes eingefügt. In dem Staatsbudget wird, soviel die ordentlichen Einkünfte und Ausgaben betrifft, dem Betrage jedes Titels die Vergleichung mit dem entsprechenden Titel des Voranschlages der letztvorangegangenen Finanzperiode in Mehr oder Weniger gegenübergestellt, und dasselbe mit ausführlichen tabellarischen Nachweisen (Special-Etats) begleitet, welche, rücksichtlich der Staats-Einkünfte, den Voranschlag aller Brutto-Einnahmen, der elementaren Einnahme-Lasten (d. i. der Anlags-, Betriebs- und Unterhaltungskosten, Nachlässe und Restitutionen, Verwaltungs- und Erhebungskosten) und des nach Abzug derselben verbleibenden Reinertrags, rücksichtlich des Staatsaufwandes hingegen: den Voranschlag der vollen Ausgaben, und, wo diesen zur theilweisen Deckung gewisse eigene Einnahmen zugewiesen sind, zugleich den Betrag der letztern und des nach Abzug derselben sich ergebenden eigentlichen Zuschussbedarfes, für jedes der drei Budgetjahre (d. i. für ein durchschnitt-

liches Budgetjahr), so wie durchgehends die Vergleichung in Mehr
und Weniger mit den entsprechenden Beträgen des Voranschlages für die letztvergangene Budgetsperiode zu enthalten haben. Mit
dem Staatsbudget gelangen noch gleichzeitig durch königliches De-
kret zur Vorlage an die Stände der Entwurf des bezüglichen Finanzgesetzes, die Erläuterungen zu dem Erstern und Letztern, ingleichen
eine Uebersicht der finanziellen Ergebnisse der Staats-Eisenbahnen.
In dem Finanzgesetze werden die laufende Einnahme und (ordentliche und ausserordentliche) Ausgabe je in einer Hauptsumme festgestellt, die für die Deckung des Aufwandes erforderlichen Steuern
bezeichnet und zur Verwendung für ausserordentliche Staatszwecke
die verfügbaren Cassenbestände angewiesen.

Das Staatsbudget sollte beim Beginne einer neuen Periode bereits definitiv festgestellt sein, der Erfahrung zufolge aber wird
diess nicht erreicht, obschon die Stände jederzeit vor Ablauf des
dritten Periodenjahres einberufen werden. Es werden daher bei
Anfang einer neuen Periode die bestehenden Steuern in bisheriger
Höhe, jedoch vorbehaltlich der aus der definitiven Budgetbewilli-
gung etwa hervorgehenden Modificationen noch provisorisch auf ein
Jahr ausgeschrieben und forterhoben, und obwohl die Regierung
hierzu ein für allemal und im Voraus ermächtigt ist, so ist doch mit
der Ständeversammlung die Vereinbarung getroffen, dass über das
zu erlassende provisorische (für ein Jahr gültige) Finanzgesetz
deren Zustimmung in der Regel ebenfalls vorher einzuholen sei.

Nachdem die Stände die Budgetvorlagen berathen und hierüber
ihre Beschlüsse gefasst haben, werden dieselben in einer gemein-
samen ständischen Schrift zur Kenntniss des Königs gebracht,
welche Schrift das ordentliche und beziehentlich ausserordentliche
Staatsbudget, dann das Finanzgesetz, wie es aus den übereinstim-
mend gefassten Beschlüssen beider Kammern hervorgegangen ist,
ferner die besonderen hieran geknüpften Anträge, endlich die der
Erwägung der Regierung empfohlenen Petitionen beigefügt werden.
Hierüber wird die königliche Entschliessung mittelst Dekretes den
Ständen bekannt gegeben, worin die Zustimmung zu der von den
Ständen beantragten Fassung der Budgetvorlagen ausgedrückt und
die Anträge erledigt werden. Das Finanzgesetz wird veröffentlicht,
nicht aber das Staatsbudget demselben beigefügt. Alle bisher erwähnten Documente werden gedruckt.

Verwaltungs- und Rechnungsjahr.

Das Verwaltungsjahr beginnt mit dem Kalender-Jahre zusammenfallend mit dem 1. Jänner und endigt mit dem 31. December. Für die Rechnungsführung besteht dieselbe Eintheilung, doch erstreckt sich das Rechnungsjahr bis zum 31. Jänner des nachfolgenden Jahres in der Art, dass für die Centralcassenstellen und einige wichtigere andere Cassenverwaltungen die Rechnungsführung des abgelaufenen Jahres noch bis Schluss Jänners im nächsten Jahre offen zu halten ist, um darin die nachträglich auf den Decembermonat zu rechnenden Einnahmen oder Ausgaben gleichfalls mit aufnehmen zu können. Nach Ablauf des letzten Jänners des auf eine Finanzperiode folgenden Jahres werden die noch auf diese Finanzperiode Bezug nehmenden Einnahmen und Ausgaben — letztere in so weit die für die gedachte Finanzperiode bewilligt gewesenen und noch nicht erschöpften Credite die Mittel dazu darbieten — auf die neue Finanzperiode übertragen, in der Rechnungslegung derselben jedoch in einer abgesonderten Columne ersichtlich gemacht. Innerhalb der Finanzperiode findet — soweit nicht bei gewissen Ausgabetiteln oder Etatsabschnitten den disponirenden Behörden oder Stellen daran liegt, dass der jedem einzelnen Jahre angehörende Aufwand gesondert bleibe — eine solche Ausscheidung nicht statt, da Einnahmen und Ausgaben für dieselbe cumulativ nachgewiesen werden.

Form des Budgets.

Das Budget ist kein Brutto-, sondern, mit wenigen Ausnahmen, ein Netto-Budget. Es entspricht vielmehr thatsächlich genau der Bewegung der Finanzhauptcassen (was in der Wesenheit mit der Form eines Netto-Budgets zusammen fällt). In der Einnahme stehen alle Summen, aber auch nur die Summen, welche in die Finanzhauptcasse fliessen, oder doch, wenn diess in Folge von Ausgabe-Anweisungen auf die einzelnen Specialcassen nicht der Fall ist, bei der Finanzhauptcasse in Rechnung zu bringen sind. Andererseits werden auch nur die Ausgaben ins Budget eingestellt, welche direct aus den Centralcassen bestritten werden oder doch durch deren Bücher gehen. Es kommen daher im gesammten Staatshaushalte sehr viele Einnahmen und Ausgaben vor, welche aus

3 *

dem Haupt-Staatsbudget nicht ersichtlich sind. So stehen
z. B. alle bei der Erhebung der Steuern, bei dem Betriebe der
Forsten, des Bergbaues, der Eisenbahnen, der Post erwachsen-
den Ausgaben — mit alleiniger Ausnahme der aus den Centralcassen bestrittenen Kosten der mittleren und höheren Behörden
— nicht im Ausgabebudget, sondern sind von der Einnahme bereits abgezogen. Andererseits figuriren Einnahmen, wie z. B. die
Schulgelder und Honorare der Staats-Unterrichtsanstalten, die
Sporteln der Unterbehörden u. s. w. nicht im Einnahmebudget,
sondern sind von der Ausgabe, welche nur mit dem wirklichen aus
der Staatscassa zuzuschiessenden Betrage angesetzt wird, im Voraus
abgerechnet. Gleichwohl unterliegen auch alle diese Einnahmen und
Ausgaben der ständischen Cognition, weil dem Budget, wie schon
erwähnt, für jeden einzelnen Abschnitt die Special-Etats beigedruckt
werden, aus denen diese verschiedenen aus der Budgetsumme nicht
ersichtlichen Posten vollständig zu ersehen sind. In der Regel werden
den Finanzdeputationen auch die Uebersichten über das thatsächliche
Ergebniss der Einnahmen und Ausgaben in den letzten vorhergegangenen Jahren zur näheren Begründung der geforderten Summen vorgelegt. Die Monita der Finanzdeputationen und die ständischen Berathungen erstrecken sich sehr häufig auf diese nur aus den Special-Etats ersichtlichen Einnahmen und Ausgaben. Die Erhebungskosten der Steuern, die Administrationskosten der Staatsanstalten,
die Gehalte der bezüglichen Beamten, andererseits die Höhe der
Unterrichtsgelder und dergleichen mehr, sind nicht selten Gegenstand gerade der lebhaftesten Debatten und mancher Anträge der
Stände.

Die Gebarung der Specialcassen wird, wie bereits erwähnt,
aus dem Budget nicht ersichtlich. Zu den Specialcassen, von welchen
beziehentlich nur die Einnahme-, Ueber- und die Ausgaben-Zu-
schüsse in das Budget aufgenommen werden, gehören beispielsweise
im Departement der Finanzen: jene über die dem Finanzressort angehörigen und mit Einlieferung ihrer Ueberschüsse an die
Finanzhauptcasse gewiesenen Einnahmezweige, als: Forsten, Domänen, directe und indirecte Steuern, Stämpel-, Post-, Salz- und
Eisenbahnwesen; im Departement der Justiz: die Sportel-
cassen der unteren Justizstellen; im Departement des Innern:
die Rechnungen der Landes-Straf-, Heil- und Versorgungsan-

stalten, im Departement des Krieges: die Cassen der einzelnen Wirthschafts-Commissionen.

Staatsrechnung (Rechnungsabschluss, Rechenschaftsbericht).

Dem Budget völlig entsprechend ist der (ebenfalls in Druck
gelegte) Rechenschaftsbericht eingerichtet. Er enthält, nach
einer vorausgehenden allgemeinen Uebersicht, in seinem Haupt-
werke eine nach den Hauptcapiteln des Budget's — wie sie zum
Zwecke der Bewilligung gesondert sind — geordnete Uebersicht des
wirklichen Ergebnisses der Einnahmen und Ausgaben für die
ganze Finanzperiode zusammen. Diess geschieht mit specieller
Angabe der innerhalb der Periode bewerkstelligten Einnahmen und
Ausgaben und der zu Ende derselben verbliebenen Einnahme- und
Ausgabereste, welche beiden Summen vereint den eigentlichen
Erfolg darstellen, dann mit Beifügung der in der Periode eingegangenen Reste und bezahlten Ausgabereste früherer Jahre, so wie
der Indebite-Einnahmen und Restitutionsposten, welche beiden nur
durchlaufend sind; zuletzt folgt die Vergleichung mit den An-
schlagssummen des auf dieselbe Finanzperiode von den Ständen bewilligten und in solcher Weise von der Regierung genehmigten Budgets. Dieses ist für die Einzelnheiten der Bewilligung das entscheidende Schriftstück, das Finanzgesetz enthält in Sachsen nur
die budgetmässige Hauptbewilligungssumme, so wie die näheren
Bestimmungen über Erhebung der zur Deckung derselben erforderlichen Steuern und Abgaben, keineswegs aber die den einzelnen
Staatsverwaltungs - Departements bewilligten Summen. In dem
Rechenschaftsberichte ist dann durch beigefügte Bemerkungen und
specielle Nachweise das Mehr oder Minder bei jedem einzelnen Capitel erläutert, und diese Nachweise, von denen allerdings die meisten
nur den Finanzdeputationen schriftlich zugehen, erstrecken sich dann
ebenso auf alle Details der finanziellen Gebarung jedes einzelnen
Verwaltungszweiges während der abgelaufenen Finanzperiode, wie
diess vorher rücksichtlich der Unterlagen zum Budget erwähnt
wurde; ja sie gehen insofern viel weiter, als auf Verlangen der Referenten auch die bei der Ober-Rechnungskammer vorhandenen Unterlagsrechnungen nebst Belegen jederzeit zugänglich sind.

Dem Rechenschaftsberichte sind beigefügt: *a)* eine Uebersicht
über das Verhältniss bezüglich der Brutto- und Netto-Beträge, so

wie der Vermögensbestände bei den einzelnen Einnahme- und Aus-
gabe-Positionen des ordentlichen Budgets, mit Berücksichtigung der
Zu- und Abnahme der Vermögensbestände bei den Provinzial- etc.
Cassen; *b)* eine summarische Uebersicht des Zuwachses und Ab-
ganges bei dem mobilen Vermögen der Centralcassen, der Provinzialcassen und Betriebsanstalten des Finanz-Departements, ingleichen der sonstigen zu anderen Ministerialdepartements ressortirenden Casse-Verwaltungen; *c)* das Verzeichniss der Staatsschulden zu Anfang und am Schlusse der Finanzperiode; *d)* die
summarische Uebersicht des immobilen Staatsvermögens,
sowie der mobilen Vermögensbestände bei den Provinzial-
cassen und Betriebsanstalten des Finanzdepartements, ingleichen
bei den sonstigen zu andern Ministerialdepartements ressortirenden
Casseverwaltungen nach dem Stande zu Anfang und am Schlusse
der Finanzperiode. Diese Vorlagen gelangen sämmtlich gedruckt
an die Stände.

Der Vorgang, welcher bei der Abfassung des Rechenschaftsberichtes eingehalten wird, ist folgender:

Jedes Organ der Staatsverwaltung, welches Staatsgelder
einzunehmen oder zu verausgaben hat, insbesondere die Cassenverwaltungen, ist verpflichtet, über seine Gebarung von Jahr zu
Jahr, und nach Befinden für noch kürzere Zeitabschnitte, Rechnung
zu legen. Es wird zu diesem Behufe jedem Rechnungsführer eine
bestimmte Frist vorgezeichnet, binnen welcher er die von ihm ab-
zulegende Rechnung anzufertigen und sammt den dazu gehörigen
Belegen an die ihm vorgesetzte Examinationsbehörde einzureichen
hat. Die Länge dieser Frist richtet sich nach der Umfänglichkeit
der Rechnungswerke, und ist bei einigen bis zu 18 Monaten ausgedehnt.

Wegen der dem Finanzministerium unmittelbar untergeordneten Special-Cassen und Betriebs-Anstalten steht demselben eine
eigene Rechnungs-Expedition zur Seite, welche die Verwaltungsergebnisse des betreffenden Dienstzweiges in seinen einzelnen Bestandtheilen und weiteren Abstufungen in der gehörigen Uebersichtlichkeit zu erhalten und die darüber abzulegenden Rechnungen zu
prüfen und zu justificiren hat. Eine ähnliche Einrichtung besteht bei
einigen anderen Ministerien für die ihnen untergeordneten Special-
cassen und Anstalten, z. B. bei den Ministerien des Krieges und des

Cultus für alle Dienstzweige derselben, bei dem Ministerium des Innern rücksichtlich der Landes-Straf-, Heil- und Versorgungsanstalten, bei dem Justizministerium in Ansehung des Sportelwesens der unteren Gerichtstellen. Die Ministerien des Krieges und des Cultus, sowie für gewisse Zwecke auch das Ministerium des Innern, sind desshalb mit eigenen Centralcassen versehen, an welche die etatsmässigen Geldbedürfnisse aus der Centralcasse des Finanzministeriums nur *in folle* abgegeben werden. Ein Gleiches ist der Fall mit dem Bedarfe für das Staatsschuldenwesen. Der Rechnungsabschluss sämmtlicher Central- und Special-Cassen und dessen Zahlenergebniss bildet das Material zum Rechenschaftsbericht. Selbiger wird beim Finanzministerium, beziehentlich auf Grund der ihm hierüber aus den anderen Ministerial-Departements zugehenden Mittheilungen zusammengestellt.

Mit Ende des ersten Jahres nach Ablauf einer Finanzperiode (nicht früher, da sich Einnahme- und Ausgabereste immer noch in das folgende Jahr hineinziehen und alle Jahresrechnungen abgeschlossen sein müssen) schreiten nämlich das Finanzministerium, rücksichtlich der Einkünfte und des Staatsaufwandes seines eigenen Ressorts, so wie rücksichtlich derjenigen Ausgaben, wegen deren es der Cassenhalter für andere Ministerien ist, nicht minder die betreffenden anderen Ministerial-Departements wegen der nicht unter jenen Gesichtspunkt fallenden Einnahme- und Ausgabe-Rubriken, auf Grund aller vorliegenden Unterlagsrechnungen (jedoch ohne Rücksicht auf die endliche Erledigung im sogleich zu erwähnenden ordentlichen Rechnungsprüfungswege, durch welche doch erfahrungsmässig nie eine wesentliche Aenderung der Summen herbeigeführt wird) zur Zusammenstellung der wirklichen Ergebnisse der Wirthschaft in der verflossenen Finanzperiode. Diese wird mit ausführlichen Erläuterungen aller vorkommenden Abweichungen von den Budgetsummen und allen zu klarer Einsicht in die Vorgänge nöthigen tabellarischen Zusammenstellungen begleitet. Sobald diese Nachweise dem Finanzministerium vorliegen und beziehentlich aus den anderen Ministerialdepartements mitgetheilt worden sind, wird von ihm, auf Grund derselben, der eigentliche Rechenschaftsbericht mit Hilfe der Finanzbuchhalterei bearbeitet, sodann der Berathung im Gesammtministerium unterbreitet und nach hierüber eingeholter Entschliessung Sr. Majestät des Königs seiner Zeit und beim Zusammentritt des ordentlichen Landtages den Ständen vorgelegt. Der Rechenschaftsbericht schöpft daher sein ganzes Materiale aus dem Rechnungswerke der verschiedenen Behörden, und weicht von den aus den justificirten Jahresrechnungen der letzteren sich ergebenden Resultaten nur insofern ab, als er die endliche Erledigung der calculatorischen Prüfung nicht abwartet.

Den Uebersichten der Rechnungsergebnisse aller Staatsverwaltungszweige, und der Vergleichung derselben mit dem Voranschlage (Budget), worin der eigentliche Rechenschaftsbericht besteht, schliessen sich die übrigen oben unter a) bis d) erwähnten Uebersichten an.

Obwohl daher, da das Staatsbudget nur die in der Central-Cassenverwaltung zusammenfliessenden Einnahmen und Ausgaben in sich einschliesst, die unmittelbar und in ihren Einzelheiten zu gewährende Rechenschaft ebenfalls nur auf die Verwaltungsergebnisse bei den Centralcassen sich zu erstrecken hat, so kommen doch mittelbar auch die Ergebnisse der Provinzial- oder Specialcassen in dem Rechenschaftsberichte zur Erscheinung, nämlich in soweit, als die bei ihnen nach Ausweis der abgelegten Rechnungen verbliebenen Bestände an Geld- und Naturalienvorrath, sowie an Activwerthen nach Abzug der liquiden Zahlungspassiven, besonders zusammenzustellen und als Bestandtheile des mobilen Staatsvermögens mit aufzuführen sind. Alles Zahlenwerk im Rechenschaftsberichte wird nämlich der Endziffer: „Effectivbetrag des augenblicklichen mobilen Staatsvermögens" zugeführt; diese bildet den Schlussstein des Ganzen. Bei deren Feststellung werden als Activwerthe die vorhandenen Geldmittel an Barschaft oder Staatseffecten und Creditspapieren, sowie rückständig verbliebene Steuern und Abgaben, oder andere sofort einziehbare Aussenstände, als Passivwerthe hingegen die etwa in Rest stehenden Ausgaben und sonstige liquide, nicht den eigentlichen Staatsschulden beizuzählende Zahlungsverbindlichkeiten in Berücksichtigung gezogen, und die aus der im Nachweise begriffenen Rechenschaftsperiode sich ergebenden Verwaltungs-überschüsse dem zu Anfang derselben vorhanden gewesenen Bestande des mobilen Staatsvermögens als Zuwachs hinzu gerechnet. Etwaige Ueberschreitungen des Voranschlages werden je nach der grössern oder geringern Erheblichkeit bei den einzelnen Positionen des

Rechenschaftsberichtes durch besondere Anmerkungen mehr oder weniger ausführlich erläutert.

Die Uebersicht der Bruttogebahrung (vergl. oben unter b) dient zur näheren Erläuterung des eigentlichen Rechenschaftsberichtes, in welchem nur die zu den Centralcassen wirklich geflossenen Staatseinkünfte und die von ihnen wirklich bestrittenen Aufwandsbeträge sich aufgeführt befinden.

Durch das Verzeichniss über den Stand des Staatsschuldenwesens (vergl. oben unter c.) wird zugleich über die hierbei stattgefundenen Veränderungen der erforderliche Nachweis gegeben.

Einer ganz besonderen Behandlung und daher besonderer ausführlicher diesfallsiger Mittheilung an die Stände unterliegt der sogenannte Domänenfond, d. h. der Gesammtcomplex desjenigen Besitzes an Forsten, an deren Grundstücken, Gerechtsamen u. s. w., welcher vor 1831 im Eigenthume des Landesherrn war, durch die Verfassung aber, vermöge eines vom jedesmaligen Landesherrn neu einzugehenden Vertrages, gegen Gewährung einer bestimmten Civilliste, insoweit dem Staate überwiesen worden ist, als die Nutzungen davon (über welche auch der gewöhnliche Rechenschaftsbericht das Nöthige enthält) in die allgemeine Staatscasse fliessen. Ueber den Bestand dieses Vermögenscomplexes, welcher in quanto unverändert zu erhalten ist, in quali aber durch Ablösungen und Verkäufe von Wald u. s. w. andererseits sich stets verändert, muss besondere Rechnung geführt werden, da es dem Landesherrn stets freisteht, einzelne Theile (gegen Kürzung des bisherigen Durchschnittsertrages an der Civilliste) in eigene Verwaltung zurückzunehmen, auch bei jedem Regierungswechsel die verfassungsmässige Möglichkeit einer Aenderung des dessfalsigen Abkommens gegeben ist. Bei jedem ordentlichen Landtage wird daher den Ständen über die in den letztverflossenen 3 Jahren beim Domänenfond vorgegangenen Veränderungen eine besondere Uebersicht vorgelegt und, soweit nöthig, deren verfassungsmässige Zustimmung zu den bereits stattgefundenen oder vorhabenden Veräusserungen eingeholt.

Rechnungs-Controle.

Eine allgemeine Staatsrechnungs-Controlbehörde in dem Sinne einer von sämmtlichen Ministerial-Departements unabhängigen, die Einhaltung der bewilligten Etatssummen und die — nicht bloss rechnungsmässige — sondern auch verfassungsmässige Richtigkeit und Zulässigkeit der Ausgaben aller Staatsbehörden vollkommen selbstständig prüfenden Instanz gibt es in Sachsen nicht. Vielmehr gilt im Allgemeinen der Grundsatz, dass jedes Ministerium die Controle im Rechnungs- und Cassenwesen der ihm zugewiesenen Geschäftszweige und Justificirung des darauf bezüglichen Rechnungswerkes in soweit in Obacht zu nehmen hat, als ihm hierbei eine eigene Rechnungs-Expedition zur Seite steht, in allen anderen Beziehungen hingegen, und namentlich in Betreff aller bei den Ministerien unmittelbar bestehenden Cassenverwaltungen, die Rechnungsprüfung der Ober-Rechnungskammer zufällt, während hier wie dort die Finanzbuchhalterei von sämmtlichen Rechnungsergebnissen fortlaufend Kenntniss zu erhalten und darüber, dass selbige mit den jeweiligen Etats und Bewilligungen in Einklang sich befinden, sorgfältig zu wachen, etwa hierunter wahrgenommene Abweichungen oder Unregelmässigkeiten hingegen dem Finanzministerium anzuzeigen hat, von welchem selbige sodann im ordnungsmässigen Geschäftswege zur Erledigung zu bringen sind. Nicht minder ist die Ober-Rechnungskammer befugt, die bei Prüfung der ihr zugewiesenen Rechnungswerke ihr beigegangenen materiellen Zweifel und Bedenken an massgebender Stelle zur Geltung zu bringen.

Obigem Grundsatze gemäss werden die Rechnungen der unteren Finanzstellen alljährlich, und für gewisse Zweige z. B. Grenzzoll, Chausséegeld u. s. w. sogar in kürzern Zeitabschnitten, entweder an das Finanzministerium unmittelbar, oder wo dafür besondere Mittelstellen bestehen (wie z. B. die Zoll- und Steuerdirection, die Oberpostdirection u. s. w.), an letztere abgelegt, daselbst sowohl in calculo, als materiell geprüft und nach Erledigung aller Erinnerungen der endlichen Decharge oder Justificationsschein-Ertheilung entgegengeführt.

Aehnliches findet Statt in Ansehung der Rechnungen über das Sportelwesen der untern Gerichtsstellen: gegenüber dem Justizministerium; rücksichtlich der Rechnungen über das Zeitungswesen (Leipziger Zeitung und Dresdner Journal), Straf- und Versorgungsanstalten u. s. w.: gegenüber dem Ministerium des Innern; und be-

ziehentlich der Militärwirthschafts-Commissionen u. s. w.; gegenüber
dem Kriegsministerium.

Die Finanzhauptcasse, bei welcher sämmtliche von den Special-
und Provincial-Cassen des Landes einzuliefernden Einnahmen zu-
sammenfliessen, bestreitet en detail nur solche Ausgaben, welche
die Verwaltung der daselbst sich ansammelnden Geld- und Effecten-
Bestände verursacht. Im Uebrigen versieht sie in entsprechend grösseren Ratenzahlungen nach Massgabe des Budgets das königliche
Hausministerium (Civilliste, Apanagen u. s. w.), die Staatsschuldencasse (welche unter unmittelbarer Leitung einer ständischen Deputation die Verzinsung und Tilgung aller Staatsschulden besorgt), das Kriegsministerium und das Ministerium des
Cultus (welchen zu dem Ende selbstständige Cassenverwaltungen —
das Kriegszahlamt und die Cultusministerialcasse — zugeordnet sind)
und das Finanzzahlamt (welches allen übrigen Centralaufwand sowohl im Ressort des Finanzministeriums, als in dem der andern
vorstehend nicht genannten Ministerien zu bestreiten hat), mit den
nöthigen Geldmitteln.

Jedes Ministerium hat daher für die unter seine eigene Verwaltung gestellten Fonds seine besondere Cassenverwaltung und
zugleich seine besondere Rechnungs-Expedition. Alle unter einem
Ministerium stehenden unteren, mit Bestreitung von Ausgaben betrauten und dazu mit Mitteln, sei es direct aus dem Finanzzahlamte,
oder aus der bezüglichen Ministerialcasse versehenen Verwaltungsstellen, Anstaltsdirectionen u. s. w. legen ihre Jahresrechnungen an
das vorgesetzte Ministerium ab, welches dieselben durch seine Rechnungs-Expedition prüfen, und nach erfolgter Richtigstellung justificiren lässt. Alle diese Specialrechnungen bilden nun zwar Unterlagsrechnungen für die Hauptrechnung des Finanzzahlamtes, gelangen aber nicht mit dieser letzteren an die Ober-Rechnungskammer, sondern werden dieser nur auf Verlangen, wenn
sie zur Prüfung der Finanzzahlamtsrechnung dessen bedarf, mitgetheilt.

Es wird daher für das einzelne Rechnungsjahr keine Hauptstaatsrechnung abgelegt, welche Alles umfasst und welche
etwa von einer Rechnungscontrolbehörde zusammengestellt würde,
sondern es beruht der Gesammtabschluss über die Jahres-Einnahme
und Ausgabe beim Staatshaushalte auf dem Abschlusse der einzel-

nen Rechnungswerke der bestehenden Central- und der ihnen zu Grunde liegenden Rechnungswerke der betreffenden Special-Cassen-verwaltungen.

Ganz unabhängig von diesen Jahr für Jahr vor sich gehenden, ihrer Form nach nicht durch Gesetz geregelten Rechnungslegungen und Rechnungsprüfungen, deren endliche Erledigung in allen Details zuweilen mehrere Jahre auf sich warten lässt, gehen die für die ständische Controle bestimmten oben erwähnten Arbeiten für den Rechenschaftsbericht vor sich.

Ober-Rechnungskammer.

Der Ober-Rechnungskammer, welche eine unmittelbare Depen-denz des Gesammtministeriums, nicht aber die eines andern Mini-sterial-Departements ist, sind die Rechnungswerke aller bei den Mi-nisterien selbst bestehenden Cassenverwaltungen, so wie diejenigen anderer Behörden oder Cassenführungen zur Prüfung zugewiesen, welche nicht bereits bei den Ministerien selbst in verfassungsmäs-siger Form und Weise der Rechnungsexaminatur unterliegen. Aus diesem letzteren Grunde sind von der Competenz der Ober-Rech-nungskammer ausgeschlossen:

a) im Departement der Finanzen: die Specialcassen über die dem Finanzressort angehörigen und mit Einlieferung ihrer Ueberschüsse an die Finanzhauptcasse gewiesenen Einnahme-zweige, als: Forsten, Domänen, directe und indirecte Steuern, Stämpel-, Post-, Salz- und Eisenbahnwesen etc., für welche die besondere „Finanzrechnungs-Expedition" bei dem Finanz-ministerium besteht;

b) im Departement der Justiz: das Sportelrechnungswerk der unteren Justizstellen, dessen Examinatur durch das Sportel-fiscalat erfolgt;

c) im Departement des Innern: die Rechnungen über die Leip-ziger Zeitung und das Dresdner Journal, dann die Rechnungen der Kunstakademie und jene der Landes-Straf-, Heil- und Versorgungsanstalten u. s. w., welche von der Rechnungs-Expe-dition des Ministeriums des Innern geprüft werden;

d) im Kriegsdepartement: sämmtliche Detailrechnungen der einzelnen Wirthschafts-Commissionen und Militär-Rechnungsführer, indem solche die Calculatur des Kriegsministeriums selbst erledigt.

Dagegen haben an die Ober-Rechnungskammer — selbstverständlich neben den Rechnungen der bei den Ministerien selbst bestehenden Cassenverwaltungen — zu gelangen, die Rechnungen

a) über die Kanzleisporteln bei den Ober- und Mittelbehörden;

b) über die zum königl. Hausfideicommiss gehörigen Sammlungen;

c) über das gesammte Staatsschuldenwesen;

d) über den Landtagsaufwand;

e) über die Ordenskanzlei;

f) über die Landrenten-, Altersrenten- und Landescultur-Rentenbank;

g) über die unter der Oberaufsicht der Ministerien des Cultus und bezüglich des Innern stehenden verschiedenen Familien- und sonstigen milden Stiftungen im Lande ;

h) über den Aufwand für die Landes-Universität Leipzig und die daselbst vorhandenen verschiedenen milden Stiftungen;

i) über die Landes-Immobiliar-Brandversicherungscasse.

Indess beschränkt sich hinsichtlich der dem Cultusministerium untergeordneten milden Stiftungen im Lande g) und des Staatsschuldenwesens c) die Wirksamkeit der Ober-Rechnungskammer nur auf die eigentliche Rechnungsprüfung und den schliesslichen Ausspruch, dass der Justificationsertheilung (der Decharge) kein Hinderniss entgegenstehe, während letztere im Falle sub g) durch das Cultusministerium und sub c) durch die Directorien der bei den ständischen Kammern, denen das Gutachten der Ober-Rechnungskammer bei jedem ordentlichen Landtage durch den verfassungsmässig bestehenden Landtagsausschuss zur Verwaltung der Staatsschulden vorgelegt wird, zu erfolgen hat.

In die für die einzelnen Einnahme- und Ausgaben-Positionen des Staatsbudgets bestehenden Specialnachweise (Special-Etats) hat die Ober-Rechnungskammer sich weder bei deren Aufstellung noch bei deren Ausführung einzumischen; sie erhält davon nur beiläufig nach Verabschiedung mit der Ständeversammlung nähere Kenntniss.

Alle Rechnungsablegung an die Ober-Rechnungskammer erfolgt in schriftlicher Form, d. h. mittelst einer dahin einzusendenden, nach verschiedenen Capitelsrubriken geordneten Rechnung unter Beifügung der darauf bezüglichen Belege, so dass irgend eine mündliche Verhandlung oder Erhebung am Sitze der Cassenstelle Seitens der Ober-Rechnungskammer nicht einzutreten hat, und ebenso wenig von ihr eine eigentliche Cassenrevision vorzunehmen ist. Sie hat bei ihrer Prüfung dem Rechnungsführer gegenüber lediglich darauf zu sehen, dass derselbe zu der in Rede stehenden Einnahme oder Ausgabe im bestimmten Betrage ermächtigt oder verpflichtet gewesen ist. Für den Nachweis dieser Ermächtigung oder Verpflichtung genügt die Anweisung der ihm vorgesetzten höheren Behörde. Wäre aber Seitens der letzteren hierbei irgend eine gesetzliche oder regulativmässige Vorschrift überschritten worden, so hat die Ober-Rechnungskammer ihr diessfälliges Bedenken nicht dem Rechnungsführer, sondern lediglich der betreffenden vorgesetzten Behörde gegenüber durch Vernehmung mit den einschlägigen Ministerien geltend zu machen, etwaige Meinungsverschiedenheiten mit diesen hingegen bei dem Gesammtministerium zum Austrag zu bringen. Die eigentliche Decharge oder Justificationsertheilung darf durch etwa weiter zu erörternde materielle Bedenken nicht aufgehalten werden. Sie erfolgt nach vorausgegangenem Moniturverfahren (schriftliche Zufertigung der gezogenen Erinnerungen — Beantwortung durch die Rechnungsführer — Resolutionsertheilung hierauf abseiten der betreffenden Geschäftsabtheilung der Ober-Rechnungskammer — nach Befinden nochmalige Beantwortung und Resolutionsertheilung) auf Grund einer bei der Ober-Rechnungskammer gefertigten summarischen Zusammenstellung der gefundenen Rechnungsergebnisse vermöge collegialer Beschlussfassung, und es wird in den hierüber auszufertigenden Justifications- oder Liberationsscheinen der Geldbetrag, den der Rechnungsführer noch zu vertreten behalten, nebst den etwa sonstigen Desiderien, deren Erledigung ihm zur Pflicht zu machen ist, jedesmal genau mit angegeben. Es besteht nämlich für die gesammte Staatsrechnungsführung der Grundsatz, dass gefundene Irrthümer nicht in den zur Examinatur vorliegenden Rechnungen corrigirt, sondern nur in der nächstfolgenden Rechnung, oder von jener unabhängig ausgeglichen werden dürfen. Es geschieht diess, um das Zahlenwerk der abgelegten Rechnungen, abgesehen von ihrer endlichen Justificirung, als Material zum Rechenschaftsberichte benützen zu können.

Gegen die Aussprüche um Entscheidungen der Ober-Rechnungskammer ist in Rechnungssachen eine weitere Einwendung von

Seite der Rechnungsführer nicht zulässig. Doch können sie eine
Beschwerde gegen dieselbe bei dem Gesammtministerium entweder
unmittelbar oder durch die ihnen vorgesetzte Oberbehörde erheben.
Zu den Attributionen der Ober-Rechnungskammer gehört auch die
Befugniss, wider säumige Rechnungsführer mit Strafauflagen zu verfahren und die verwirkten Strafen durch die ordentliche Gerichtsbehörde derselben einbringen zu lassen. Die durch sie justificirten
Rechnungen werden zunächst in ihrem eigenen Archive, nach Ablauf
von zehn Jahren aber im Hauptstaatsarchive niedergelegt. Ihre
Einsichtnahme ist den Finanzdeputationen der beiden Kammern
der jedesmaligen Ständeversammlung freigestellt, ohne dass sie
jedoch eine eigentliche Unterlage zu dem denselben vorgelegten
Rechenschaftsberichte bilden.

Staats-Controle durch die Ständeversammlung.

Die Behandlung des Rechenschaftsberichtes bei den
Ständen ist im Wesentlichen dieselbe, wie die Behandlung des
Budgets. Hinsichtlich des Zeitpunctes der Vorlage bestimmt die
Verfassung, dass den Ständen der Rechenschaftsbericht über jede
Finanzperiode allemal bei Beginn des zweiten nachfolgenden Landtages vorzulegen sei. Es ist also die Rechenschaft über die Finanzperiode 1858—60 dem gegen das Ende des Jahres 1863 zusammen-
getretenen ordentlichen Landtage vorzulegen gewesen. Der Rechenschaftsbericht geht mittelst königl. Decretes, vom Finanzministerium contrasignirt, an die Stände, zuerst an die zweite Kammer,
wird dort der Finanzdeputation überwiesen, von letzterer in allen
einzelnen Theilen geprüft, wobei die Referenten von den bestellten
Regierungs-Commissären (jedes Departement stellt mindestens
einen solchen) alle noch wünschenswerthen Erläuterungen ent-
gegennehmen, nach Befinden die Originalrechnungen und Belege
einsehen u. s. w. Gegenstand dieser Prüfung ist nicht sowohl die
formelle Seite und der Calcul, als vielmehr die Verfassungsmässig-
keit der Wirthschaft und die Rechtfertigung etwaiger Abweichungen vom Budget-Anschlage. Ueber das Ergebniss erstattet die Deputation einen gedruckten Bericht an die Kammer, in welchem sie,
so weit sie einzelne Ausgaben nicht für gerechtfertigt erachtet,
oder sonst materielle Erinnerungen zu ziehen hat, die entsprechenden Anträge niederlegt, im Uebrigen aber der Kammer empfiehlt,

bei der ertheilten Rechenschaft Beruhigung zu fassen. — Das gleiche
Verfahren wiederholt sich in der anderen Kammer. Gelangen dabei
die beiden Kammern zu abweichenden Beschlüssen, so treten die
Vorschriften über das Vereinigungsverfahren in Wirksamkeit. Nach
erlangter Uebereinstimmung wird dann in einer ständischen
Schrift der Staatsregierung erklärt, dass man in Bezug auf
diesen oder jenen Punct Ausstellungen zu machen habe, oder mit
der gegebenen Rechenschaft zufrieden sei.

Seit 1830 ist der Fall nie vorgekommen, dass die Kammern
— wenn auch hier und da bei Gelegenheit des Rechenschaftsberichtes einzelne Wünsche geäussert worden sind, deren thunlichste
Beachtung man sich immer hat angelegen sein lassen — irgend eine
Ausgabe für ungerechtfertigt erklärt hätten. Es ist vielmehr stets
der Rechenschaftsbericht im Ganzen als völlig genügend anerkannt
worden. Diese ständische Schrift enthält zugleich die Bewilligung aller etwa stattgefundenen Ueberschreitungen, somit die
nachträgliche materielle Feststellung der Ergebnisse der Wirthschaft
für die betreffende Periode und die materielle Justification der
Staatsrechnung. Hierzu bedarf es nach der Verfassung keines besondern Gesetzes, während allerdings die Schlussziffer des Budgets
durch ein Gesetz (Finanzgesetz) sanctionirt wird. Vielmehr erfolgt
die definitive Erledigung lediglich durch den Landtagsabschied, in
welchem auf die ständische zustimmende Erklärung über den Rechenschaftsbericht Bezug genommen wird. Eine formelle Justification
kann diese ständische Schrift nicht enthalten, da, wie schon erwähnt, die formelle und calculatorische Prüfung durch die verschiedenen Rechnungsbehörden und die Ober-Rechnungskammer neben-
her geht und meist erst viel später definitiv erledigt wird. Die Ober-
Rechnungskammer steht nach ihrer geschilderten Stellung und Aufgabe mit den Ständen in keinem Verkehre. Das Finanzministerium
sammelt zwar formell auch die Rechnungsnachweise aus andern
Ministerial-Departements, stellt sie zusammen und bringt sie an
die Stände, aber materiell vertritt jeder Minister seine Ausgaben
selbst und verkehrt deshalb direct mit den Ständen. Nur insofern
erstreckt sich die Verantwortlichkeit des Finanzministers weiter,
als er zwar keinem Departementsminister zu solchen Ausgaben, für
welche ein Ansatz im Budget vorhanden ist, die Mittel verweigern
kann, auch wenn die Ausgaben den Anschlag überschreiten (es sei

denn, dass der Mehrbedarf die vorhandenen Deckungsmittel der Staatscassen übersteige oder unverhältnissmässig in Anspruch nehme), vielmehr die Vertretung solcher Mehrausgaben verfassungsmässig Sache jedes einzelnen Ministeriums ist; aber er verweigert jede Gewährung von Mitteln aus Staatscassen für Zwecke, welche nicht im Budget vorgesehen sind, wenn dazu nicht eine besondere ausserordentliche ständische Bewilligung, oder, wenn in dringenden Fällen eine solche nicht zu erlangen ist, ein der Verfassung nach für solche Fälle nöthiger Beschluss des Gesammtministeriums vorliegt.

Alles Vorstehende beruht übrigens, abgesehen von den allgemeinen Bestimmungen der Verfassungsurkunde und der Landtagsordnung, durchaus nicht auf Gesetzen, sondern auf administrativen Anordnungen und der Praxis.

Königreich Baiern.

Finanzperiode.

Die Finanzperiode war bisher in Baiern eine sechsjährige. Die gegenwärtige laufende VIII. Finanzperiode umfasst die Jahre 1861 bis 1867. Es ist indessen in der letzten Landtagssitzung dem von der Kammer der Abgeordneten wiederholt ausgesprochenen Wunsche gemäss für die Zukunft eine zweijährige Finanzperiode durch die Seitens der Kammern erfolgte Annahme des darüber eingebrachten Gesetzentwurfes vereinbart worden (Gesetz vom 10. Juli 1865).

Das Budget wird von dem Finanzminister nach erhaltener königlichen Genehmigung (neun Monate vor Ablauf der letzten Finanzperiode) an die Stände, bezüglich an die Kammer der Abgeordneten mit den erforderlichen Erläuterungen geleitet, und (als Beilage der Kammerverhandlungen) gedruckt. Es behandelt je für ein Jahr der Periode nach Titeln, Capiteln und Paragraphen gesondert, den Gesammt-Staatsbedarf, dann die Staatseinnahmen mit der Nachweisung der voraussichtlichen Rückstände und Nachlässe, dann der Erhebungs- und Verwaltungsauslagen, und der nach Abzug aller dieser Lasten verbleibenden Netto-Einnahmen, in einer General-Uebersicht, welcher sehr in das Detail gehende, die einzelnen Provinzen und Administrationen berücksichtigende Specialausweise beigegeben sind. Es ist dabei auf die gleichartigen Positionen des Vorjahres, dann (mit Ausnahme des letzten Jahres) des Erfolges der vorangegangenen Finanzperiode Bezug genommen. Mit dem Budget wird auch der Entwurf des Finanzgesetzes den Kammern vorgelegt. Letztere berathen über die Budgetvorlagen, indem sie je einen Ausschuss zur Begutachtung niedersetzen, in welchem einzelne Berichterstatter über die verschiedenen Zweige der Einnahmen und Ausgaben relationiren, worauf der Ausschuss seine Beschlüsse zu Protokoll gibt, und durch ein Mitglied an die Kammern berichten lässt. Hiermit verfügt der Präsident der zweiten Kammer

die Vertheilung einer vorläufigen Zusammenstellung des Budgets
nach den Postulaten der Staatsregierung und den Beschlüssen des
Ausschusses. Nachdem die zweite Kammer ihre Beschlüsse hierüber gefasst, werden dieselben der ersten Kammer mitgetheilt,
welche das gleiche Verfahren beobachtet, und den Beschlüssen
der zweiten Kammer beitritt oder sie ablehnt, auch selbstständige Anträge formulirt. Die Beschlüsse der ersten Kammer
werden sofort der zweiten Kammer mitgetheilt, welche denselben über die Anträge ihres Ausschusses zustimmt, oder wenn
diess nicht der Fall ist, die Verhandlung neuerdings an die erste
Kammer leitet, bis zwischen beiden ein Einverständniss erzielt ist.
Sodann wird der Gesammtbeschluss beider Kammern über die Budgetvorlagen, sammt den daran geknüpften Anträgen (in soweit
beide Kammern dabei einverstanden sind) in einer a. u. Adresse
dem Könige vorgelegt, welcher in dem Landtagsabschiede auf die
Zustimmung der Kammern und die daran geknüpften Anträge Bezug
nimmt, und das Finanzgesetz erlässt. In dem letzteren wird über
die Verwendung der Ueberschüsse der vorangegangenen Finanzperiode verfügt, die jährliche Durchschnittssumme der Staatsausgaben für je ein Jahr der beginnenden Finanzperiode festgesetzt, es
werden Bestimmungen über die Dotationen der Staatsschulden-
tilgungs-Anstalt, der Pensions-, Amortisationscasse, der Eisen-
bahnbau- und der Grundrenten-Ablösungscasse getroffen, ferner
werden die jährlichen Durchschnittssummen der Staatseinnahmen
sowie die Benennung und die Quote der zu erhebenden Steuern und
der Tarife für die Verkehrsanstalten festgestellt. Das Budget selbst
wird nicht für sich öffentlich bekannt gemacht, doch durch die
Kammerverhandlungen zur öffentlichen Kunde gebracht.

Verwaltungs- und Rechnungsjahr.

Das Verwaltungsjahr beginnt mit dem 1. October und endigt
mit dem 30. September. Das Rechnungsjahr umfasst dieselbe Periode, wird jedoch bezüglich der Einnahmen um drei Monate und
bezüglich der Ausgaben um circa sechs Monate verlängert, wie
später genauer angegeben wird.

Form des Budgets.

Das Budget ist ein Netto-Budget, welches nur die in die Centralcassen einfliessenden Einnahmen und die von denselben bestritte-

4 *

nen Ausgaben umfasst. Doch werden darin sowohl überhaupt als
auch insbesondere in den beigegebenen Specialausweisen auch die
Brutto-Einnahmen, sammt den darauf haftenden Erhebungs- und
Verwaltungsausgaben, dann ebenso die speciellen Einnahmen von
Instituten, die vom Staate dotirt werden, nachgewiesen.

Staatsrechnung.

Jedes Amt, welches Staatsgelder einnimmt oder verwendet,
hat am Schlusse eines jeden Jahres Rechnung zu legen. Diese Rechnungen werden bei den Mittelstellen (Kreis–Finanzkammern, specielle Centralstellen über Verkehrsanstalten etc., oder besondere
Rechnungskammern) revidirt; nach vorgenommener Revision der
Aemterrechnungen stellt die Mittelstelle sämmtliche Aemterrechnungen einschliesslich ihrer eigenen in eine Hauptrechnung zusammen.

Nach dem Schlusse des Verwaltungsjahres haben die Unterämter zunächst die Nebenrechnungen, welche Beilagen der Hauptrechnung bilden, herzustellen und gesondert an die Mittelstelle zur
Revision vorzulegen. Wenn nach Anfertigung des Ausstandslibelles
(welches eine Nebenrechnung und Beilage der Hauptrechnung bildet)
noch eine Zahlung in Einnahme erfolgt, muss sie im nächsten Jahre
unter dem Titel: „Rückstände aus dem Vorjahre" in Einnahme
verrechnet werden. Sind sämmtliche Nebenrechnungen eines Amtes
durch die Mittelstelle revidirt, so wird vom Amte die Hauptrechnung hergestellt, welche in der Regel bis Ende December abgeschlossen, und sofort mit sämmtlichen bereits revidirten
Nebenrechnungen an die Mittelstelle zur Revision vorgelegt
werden muss.

Jede Casse, sowohl bei den Unterämtern, als bei den Mittelstellen und Ministerien, kann nach Schluss des Rechnungsjahres
noch so lange Zahlungen auf die eröffneten Credite nachträglich leisten, als sie ihre Hauptrechnung noch nicht abgeschlossen und zur
Revision vorgelegt hat. Ist dieses schon geschehen, so hat die Casse
an die Mittelstelle Anzeige hierüber zu erstatten, worauf dieser an-
heim gestellt ist, die Zahlungen noch für das vergangene Jahr
leisten zu lassen, oder den Credit auf das nächste Jahr zu transferiren und der Casse die Weisung zur Verrechnung auf das nächste
Jahr zu ertheilen; in der Regel aber geschieht das erstere.

Die primitive Revision der Finanzrechnungen und die definitive
Verbescheidung derselben steht den Kreisregierungen und den Cen-

tralstellen zu, unter deren Leitung und Aufsicht die rechnunglegenden
Cassen und Aemter gestellt sind. Die Revision ist jederzeit durch
das besondere Rechnungs-Commissariatspersonale derjenigen Stelle
vorzunehmen, welcher die Rechnungsverbescheidung zukömmt. Binnen drei Monaten sollen die Mittelstellen die Rechnungen der Unterämter revidirt und mit der eigenen in eine Hauptrechnung zusammengestellt haben.

Die k. Rechnungskammer, welche dem Finanzministerium unmittelbar untergeordnet, den Centralstellen und Kreisregierungen
aber coordinirt ist, besorgt die primitive Revision der Rechnungen
der Ministerien und der ihnen gleichgestellten Dicasterien, als: der
k. Hofstäbe und Intendanzen, des Staatsrathes, des Landtages (bezüglich der Regiecassen der beiden Kammern), des Ministeriums
des k. Hofes und des Aeussern, der Ministerien für Justiz, Inneres,
für Kirchen- und Schulangelegenheiten, der Finanzen, des Handels
und der öffentlichen Arbeiten, dann der Staatsanstalten (Akademie
der Wissenschaften, Akademie der bildenden Künste etc.).

Nach geschehener Revision wird die Superrevision bei den
Mittel- und Centralstellen vorgenommen. Wenn (was binnen drei
Monaten, vom Jänner bis Anfangs April geschehen sein soll) die
Mittelstelle die Rechnungen der Unterämter revidirt und mit der
eigenen in eine Hauptrechnung zusammengestellt hat, entsendet der
oberste Rechnungshof an jede Mittelstelle einen Oberrechnungs-
rath zur Vornahme der Superrevision am Sitze der Mittelstelle.
Ist diese erfolgt, so fertigt die Mittelstelle unter Mitunterschrift
des Oberrechnungsrathes dem Rechnungssteller das Absolutorium
mit oder ohne Reservat aus. Dieses Reservat wird (eventuell)
über Beanständungen des Oberrechnungsrathes gemacht und hierüber mittelst Vortrages die Entscheidung des obersten Rechnungshofes, beziehungsweise (durch denselben) der einschlägigen Ministerien, eingeholt. Der oberste Rechnungshof pflegt über diese Beanständungen collegiale Berathung, in Folge welcher er über formelle Anstände in eigener Competenz letzte Entscheidung trifft,
über materielle Anstände dagegen an das Finanzministerium Bericht
erstattet, welches sodann mit den einschlägigen Ministerien darüber
in Verhandlung tritt.

Die Superrevision durch die acht Oberrechnungsräthe wird bei
den acht Kreisfinanzkammern gewöhnlich in der Zeit von drei Monaten (April, Mai, Juni) beendigt, worauf die acht Oberrechnungsräthe

die Superrevision bei den Centralstellen in München vornehmen, so dass die ganze Superrevision bis September beendigt ist.

Sind die Hauptrechnungen sämmtlicher Mittel- und Centralstellen superrevidirt, so stellt der oberste Rechnungshof die General-Finanzrechnung für jedes Jahr her, und legt sie dem Finanzministerium vor. Die General-Finanzrechnung enthält bloss eine Zusammenstellung der Hauptrechnungen der Mittel- und der Centralstellen, und kann daher durch einen Rechnungscommissär in einem Monate vollendet werden, so dass das ganze Abrechnungsgeschäft in einem Jahre, d. i. ehe ein neues (zweites) Rechnungsjahr beginnt, abgeschlossen werden kann.

Die Vorschriften über die Rechnungsstellung, Revision und Superrevision, sind in der k. Verordnung über das Finanzrechnungswesen für das Königreich Baiern vom 11. Jänner 1826 (Regierungsblatt Seite 169 — 196) enthalten, und haben bisher keine Aenderung erfahren, sich vielmehr als ganz zweckmässig bewährt.

Ein Gesetz über Aufstellung der Staatsrechnung und über das Verfahren bei Controlirung und Erledigung derselben durch den Landtag besteht nicht.

Rechnungs-Controle. Oberster Rechnungshof.

Da in Baiern die Prüfung der Rechnungen der Zusammenstellung derselben bei den verschieden gegliederten Aemtern auf dem Fusse folgt, so musste derselben schon bei der Darstellung der Staatsrechnung Erwähnung geschehen. Diese Prüfung wird bezüglich der unteren Aemter durch die Mittel- und beziehungsweise durch die speciellen Centralstellen vollzogen, während die Ueberprüfung (Superrevision) der Rechnungen aller dieser Aemter durch Organe des obersten Rechnungshofes erfolgt.

Der letztere ist somit eine Rechnungsbehörde zweiter Instanz, welcher nebst der durch seine Mitglieder vorzunehmenden Superrevision, auch die Zusammenstellung der Finanzhauptrechnung obliegt, da letztere nur aus den geprüften Hauptrechnungen der Mittel- und Centralstellen besteht, und da der oberste Rechnungshof ein Organ des Finanzministeriums, welchem er untergeordnet ist, bildet. Der oberste Rechnungshof ist zugleich zweite und letzte Instanz in allen streitigen Rechnungsgegenständen der inneren Verwaltung. Er besteht aus: 1 Präsidenten, 8 Räthen, 1 Secretär, welcher zugleich die Geschäfte eines Registrators zu besorgen hat, und 1 Rechnungscommissär.

Zum Wirkungskreise des Finanzministeriums gehört bezüglich des Rechnungswesens die Aufsicht über den obersten Rechnungshof und die Bescheidung der Berichte der Abrechnungs-Commissäre, bezüglich der besonders ausgesetzten superrevisorischen Erinnerungen, insoweit sie nicht das Rechnungsschema und die Rechnungsziffer berühren.

Staats-Controle.

Wenn die Finanzhauptrechnung zu Stande gebracht ist, lässt das Finanzministerium durch den obersten Rechnungshof summarische Uebersichten über die Staatseinnahmen und deren Verwendung zusammenstellen, welche als Beilagen den summarischen Ergebnissen der Hauptrechnungen mit der Erläuterung ihrer Abweichung vom Budget beigefügt sind. Diese Nachweisungen enthalten die Uebersicht der im Verwaltungsjahre auf Rechnung früherer Finanzperioden und der Vorjahre der laufenden Finanzperiode bewerkstelligten Einnahmen und Ausgaben, ferner den Auszug aus den Rechnungen des Verwaltungsjahres (nach der Gebarung der Centralcassen, daher Netto), endlich die Ausweise über die besonderen, im Budget nicht enthaltenen Staatsfonds, als: Staatsgüterkaufschillinge, Reserve-Getreidemagazine, Unterstützungsfond für Staatsdiener und deren Hinterlassene, Fond zur Begründung einer Pensionsanstalt für Staatsdiener-Witwen und Waisen, Vorschüsse aus dem Dispositiosfonde für allgemeine Staatsanstalten der II. Finanzperiode, Staatsactivkapitalien, allgemeiner Stipendienfond, Industrie-Unterstützungsfond, geleistete Vorschüsse und erworbene Actien aus Centralfonds für Industrie und Cultur.

Den Nachweisungen für die Staatsrechnung werden ferner beigefügt: die summarischen Rechnungen über die Verwaltung der Fonds der k. Staatsschulden-Tilgungsanstalt und die Hauptrechnung der Grundrenten-Ablösungscasse.

Die erwähnten Nachweisungen sind zur Mittheilung an den Landtag bestimmt, in dessen Archive sie fortwährend verbleiben. Sie werden in dem Beilagenbande der Verhandlungen der Kammer der Abgeordneten abgedruckt, aber sonst nicht abgesondert veröffentlicht. Die Finanzrechnungen selbst werden nur dem

Finanzausschusse der Kammer und beziehungsweise ihrem Referenten nach Wunsch zur Einsicht mitgetheilt, verbleiben aber immer bei dem Finanzministerium, beziehungsweise bei dem obersten Rechnungshofe.

Die Nachweisungen wie die Rechnungen selbst werden für jedes einzelne Rechnungsjahr gesondert zusammengestellt und dem Landtage auch gesondert mitgetheilt. Ehe sie an den Landtag gelangen, werden sie vom Finanzminister in ausführlicher Vorlage an S. Majestät den König zur Kenntniss mit dem Ansuchen vorgelegt, die Ermächtigung zur Vorlage in dieser Weise an den Landtag zu ertheilen. Der König überweiset sie dem Staatsrathe, in welchem (pro forma) Vortrag darüber erstattet wird. Die Vorlage an den König erfolgt in jedem Jahre besonders, sobald die Nachweisung auf Grund der abgeschlossenen Jahresrechnung fertig ist, und wird dann vom Finanzministerium bis zum Zusammentritte des Landtages asservirt. Da der Landtag in der Regel sich nur jedes dritte Jahr versammelt, so kommen gewöhnlich drei solche Jahresrechnungen zusammen, und werden auf einmal — aber in gesonderten Heften — nebst dem Auszuge des an S. Majestät erstatteten Vortrages an den Landtag, und zwar vorschriftsgemäss in einer der ersten Sitzungen durch den Finanzminister übergeben und auf den Tisch des Präsidenten gelegt. Der Kammerpräsident theilt diese Nachweisungen dem Finanzausschusse der Kammer mit, dessen Vorsitzender dann an einzelne Ausschussmitglieder je eine Finanzmaterie, als: Zölle, Militärrechnungen, Bergwerke etc. zur Vortragserstattung vertheilt.

Sobald der Ausschussreferent seinen schriftlichen Vortrag beendigt hat, findet hierüber Berathung im Ausschusse statt, worüber ein Protokoll aufgenomen wird. Sodann berichtet der Finanzausschuss in zwei Hauptvorträgen — Einnahme und Ausgabe betreffend — dann in einer Reihe von Specialvorträgen (über Staatsschuld, Verkehrsanstalten, Zollgefäll, Militärausgaben, Staatsbauwesen) an die betreffende Kammer. Der Vortrag nebst dem Protocolle werden in Druck gelegt, unter die Kammermitglieder vertheilt, und zur Berathung in die Kammer gebracht.

Die Regierung verlangt auf Grund der Nachweisungen nur die Anerkennung der Nachweisungen. Wenn beide Kammern die Anerkennung ertheilen, wird hiervon im Landtagsabschiede einfache Erwähnung gemacht, ein Gesetz aber hierüber nicht erlassen.

Ergibt sich eine Beanständung, welche durch die Erörterung nicht behoben wird, so können die Kammern ein blosses Reservat einlegen, oder für einen speciellen Posten die Nichtanerkennung aussprechen, oder förmlichen Ersatz verlangen und gegen den einschlägigen Minister Anklage stellen. Im Landtagsabschiede wird dann ausgesprochen, dass die Mittheilung der Nachweisungen stattgefunden habe und den Bestimmungen des Titels X. §. 7, der Verfassung Genüge geschehen sei.

Jedes Ministerium vertritt für sich die Verwendung der ihm im Budget zugewiesenen Credite vor dem Landtage. Der Finanzminister hat nur dann die Mithaftung, wenn er zu einer Ueberschreitung des Credits oder zur Verwendung eines Credites, welcher vom Landtage für bestimmte Zwecke bewilligt wurde, für andere Zwecke seine Zustimmung gegeben hat.

Da die bairische Finanzperiode bisher sechs Jahre lang dauerte und das Budget je für sechs Jahre festgestellt wurde, so hatte das Ministerium volle Freiheit, innerhalb dieser Periode Credite von einem auf das andere Jahr zu transferiren, nur im sechsten Jahre, mit welchem die Budgetperiode schliesst, konnten nicht verbrauchte Credite nur mit specieller Zustimmung des Landtages auf die neue Periode transferirt werden, widrigenfalls er mit dem Rechnungsabschlusse der alten Periode erlosch. Durch die neuere Gesetzes-Reform, welcher gemäss die Finanzperiode auf eine zweijährige Dauer beschränkt wird, ist auch die Uebertragungsfähigkeit der Credite entsprechend reduzirt worden.

Königreich Württemberg.

Finanzperiode.

Die Finanzperiode ist eine dreijährige; der Voranschlag wird auf je drei Jahre festgestellt und von den Ständen verwilligt. Doch bestehen ausser dem Hauptfinanz-Etat (dem Voranschlage) noch für jedes Etatsjahr besondere Verwaltungs-Etats. Für das erste Jahr der Finanzperiode dient der mit den Ständen verabschiedete Hauptfinanz-Etat zugleich als Verwaltungs-Etat; im zweiten und dritten Jahre dagegen wird auf Grund der indessen gemachten Erfahrungen oder neuer in Betracht kommender Momente ein besonderer Verwaltungs-Etat von der Ober-Rechnungskammer verfertigt. Dieser wird zur Kenntniss des ständischen Ausschusses gebracht und von ihm berathen, doch ohne dass eine Uebereinstimmung des Ausschusses mit der Regierung erzielt werden müsste, und ohne dass der Ausschuss das Recht hätte, die Regierung zu einer Erhöhung verabschiedeter Positionen zu ermächtigen. Dem Verwaltungs-Etat kömmt nur eine administrative und formelle Bedeutung zu.

Hiernach wird den Ständen in der Regel von dem Finanzminister der Entwurf eines auf die nächsten drei Jahre giltigen Finanzgesetzes mit dem Entwurfe des Hauptfinanz-Etats zur Prüfung und Beschlussfassung vorgelegt. Der Entwurf des Hauptfinanz-Etats gründet sich auf die von den verschiedenen Cassenämtern des Staates entworfenen Special-Etats, welche mit der Begründung und Erläuterung der einzelnen Etatssätze ebenfalls den Ständen mitgetheilt werden. Die Special-Etats werden nach der Verabschiedung richtig gestellt und den betreffenden Stellen zur Nachachtung zugefertigt, auch wird zum Gebrauche bei den verschiedenen Staatsbehörden der Hauptfinanz-Etat in etwas ausgedehnterer Weise, als er im Regierungsblatte abgedruckt ist, zusammengestellt.

Verwaltungs- und Rechnungsjahr.

Das Verwaltungs- und Rechnungsjahr beginnt mit dem 1. Juli und endigt mit dem 30. Juni des darauf folgenden Kalenderjahres.

Form des Budgets.

Das Budget ist ein Netto-Budget. Der in das Budget eingestellte Ertrag des Kammergutes (Staatseigenthums) umfasst nur die reinen Einnahmen der Staatscasse aus den Domänen, der Forst- und Jagdverwaltung, den Berg- und Hüttenwerken und Salinen. Die Kosten der Bezirks- und örtlichen Verwaltung dieser Staatsanstalten und sämmtlicher auf die Production und Zubereitung für den Verkauf verwendete Aufwand sind in Abzug gebracht, wesshalb bei den Ausgaben des „Finanzdepartements" nur die Kosten der Centralverwaltung aufgeführt sind. Ebenso verhält es sich bei den (einen Bestandtheil des Kammergutes bildenden) Verkehrsanstalten (Eisenbahnen, Telegraph, Posten), welche nur mit dem Reinertrage in das Budget aufgenommen werden. Ferner enthalten bei sämmtlichen Steuern der Finanz-Etat und der Staatsrechnungsabschluss nur die in die Staatscasse geflossenen Reinerträgnisse, indem die Kosten der Feststellung, Controle und Erhebung, soweit sie die Staatscasse betreffen, bei den einzelnen Cameralämtern als Verwaltungsaufwand in Abzug kommen. Doch wird im Rechnungsabschlusse auch auf die Roh-Einnahmen Rücksicht genommen, aus welchen, nach Abzug des darauf lastenden Aufwandes, der Reinertrag ermittelt wird. Man erhält hierdurch die Kenntniss des Brutto-Ertrages, doch bleibt dieser innerhalb der Linie, so dass nur die Rein-Einnahme eine wirkliche Rechnungsposition darstellt.

Staatsrechnungsabschluss.

Die Finanzwirthschaft in Württemberg trägt noch ganz die Spuren ihrer Entstehung während der patriarchalischen Regierungsform an sich, wesshalb hier eine Erläuterung vorausgehen muss. Das Prinzip der jetzigen Finanzverwaltung beruht darauf, dass in Gemässheit der Verfassungsurkunde der Staatsbedarf durch Steuern zu bestreiten ist, soweit der Ertrag des Kammergutes nicht zureicht; letzterer deckt auch heute noch nahezu die Hälfte des gesammten Staatsaufwandes. Die

Grösse der Steuern wird daher theils durch die Summen der
nothwendigen Ausgabe, theils durch die Höhe des Ertrages des
Kammergutes bedingt. Die steigende Höhe der Holzpreise wirkt
vorzugsweise auf die Steigerung des Ertrages des (grossentheils
aus Waldungen bestehenden) Kammergutes, somit auf Verminderung des durch Steuern aufzubringenden Bedarfes ein, während
wieder die steigende Höhe der Getreidepreise die Vermehrung
des Staatsaufwandes nach sich zieht, da sowohl bei dem Auf-
wande des Hofhaltes als den Bezügen mehrerer Angestellten ein
Theil in Naturalien verabfolgt wird. Daraus wird zugleich ersichtlich, wie ein Nothjahr auf die Finanzgebarung in Württemberg
weit fühlbarer einwirkt, als anderswo.

Die oberste Leitung der gesammten Verwaltung des Staats-
einkommens und des Staatscassenwesens steht dem Finanzministerium zu. Unter dem Ministerium ist in der Staatshauptcasse die gesammte Einnahme des Staates, aus welcher
Quelle sie erfolgen mag, vereinigt; auch werden durch dieselbe
mit Unterstützung der für jedes Departement errichteten Ministerialcassen die sämmtlichen Staatsausgaben, den Elementaraufwand der Hebecassen ausgenommen, bestritten. Die Rechnung der
Staatshauptcasse fasst daher die Resultate der gesammten Finanzverwaltung zusammen. Gleichfalls dem Finanzministerium
untergeordnet ist die Ober-Rechnungskammer, deren Geschäftsaufgabe neben der Sorge für die Erhaltung des Etats-
systems überhaupt, ferner neben der Entwerfung des Hauptfinanz-
Etats, sowie der Verwaltungs-Etats für das zweite und dritte
Jahr einer jeden Finanzperiode, insbesondere in der Anordnung
des Rechnungsabschlusses, sowohl bei der Staatshauptcasse, als
bei sämmtlichen Erhebecassen, sowie in der Darstellung seiner
Ergebnisse, endlich in der Cassencontrole, dann in der Abnahme,
Revision und Justification der Staatsrechnungen besteht.

Der Rechnungsabschluss der Staatshauptcasse wird auf Anordnung der Ober-Rechnungskammer zusammengestellt, welche
letztere auch über die Ergebnisse des Abschlusses dem Finanzministerium Bericht zu erstatten hat. Das Finanzministerium trägt
darauf dem Könige den wesentlichen Inhalt des Berichtes vor,
setzt letzteren bei dem königl. geheimen Rathe und den übrigen
Ministerien in Umlauf, und bringt sodann die Ergebnisse des
Rechnungsabschlusses mit besonderem Schreiben und unter Bei-

fügung erläuternder Uebersichten und Einzelndarstellungen, welche zugleich die Vergleichung der Rechnungsposten mit den entsprechenden Sätzen des Voranschlages und die erläuternden Bemerkungen hinsichtlich der vorgekommenen Abweichung von den verabschiedeten Etatssätzen enthalten, alljährlich zur Kenntniss der Landstände, oder wenn diese gerade nicht versammelt sind, des (permanenten) ständischen Ausschusses. Die Landstände oder der Ausschuss endlich verlangen, sobald und soweit sie solche bedürfen, die einzelnen Staatsrechnungen auf kurzem Wege unmittelbar von der Ober-Rechnungskammer, beschränken sich dabei übrigens meist auf die Prüfung der Rechnungen der Staatshauptcasse selbst, der Ministerialcassen und der Rechnungen der grösseren Staatsanstalten, im Ganzen etwa von 100 bei einer Gesammtzahl von 475 jährlich abgelegten Staatsrechnungen.

Die bei dem Jahresabschluss der Staatsrechnungen sich ergebenden Ueberschüsse werden mit den Activ- und Passiv-Ausständen unter dem Titel: „Restverwaltung" abgesondert verrechnet, und über ihre Verrechnung bei den dreijährigen Etatsberathungen mit den Landständen Beschlüsse gefasst. Ebenso werden die für veräusserte Bestandtheile des Staatskammergutes sich ergebenden Einnahmen der Staatscasse, sowie die Zahlungen für neue Erwerbungen als „Grundstockverwaltung" abgesondert verrechnet, um die verfassungsmässige Erhaltung des Kammergutes in seinen Bestandtheilen zu sichern. Diese Erhaltung wird dadurch bewerkstelligt, dass die für veräusserte Staatsgüter und Gebäude, dann für abgelöste Grundgefälle eingegangenen Gelder zu neuen Erwerbungen, besonders von Waldungen und geschlossenen standesherrlichen und ritterschaftlichen Gütern, so wie zur Erweiterung der bestehenden gewerblichen Anlagen, oder zur Ablösung von auf dem Kammergute haftenden Lasten verwendet werden. Die Verkehrsanstalten gehören ebenfalls zu dem Kammergute und bilden in dem Maasse, als die hierfür aufgenommenen Schulden nach und nach getilgt werden, einen neuen Zuwachs zu demselben.

Bei Nachweisung der Rechnungsergebnisse wird ebenso sehr in's Detail eingegangen, wie bei Anfertigung der dem Hauptfinanz-Etat zu Grunde liegenden Special-Etats, doch werden weder jene Rechnungsabschlüsse, noch diese Special-Etats gedruckt.

Rechnungs-Controle. — Ober-Rechnungskammer.

Die Rechnungs-Controle concentrirt sich in der Ober-Rechnungskammer. Dieselbe ist aufsehende Behörde über das gesammte Staatsrechnungswesen, und hat bei sämmtlichen Staatsbehörden, auch den verrechnenden Stellen anderer Departements, die oberste Leitung und Aufsicht über die Rechnungsgeschäfte zu besorgen. Im einzelnen umfasst ihr Wirkungskreis: 1. die unmittelbare Abnahme, Prüfung und Abhör (Justification) der Rechnungen sämmtlicher Haupt- und Specialcassen und Anstalten des Staates, mit Ausnahme der Rechnungen über die indirecten Abgaben, welche bei dem Steuercollegium, und der Hütten- und Salinencassen, welche bei dem Bergrathe geprüft und erledigt werden; 2. die Abnahme, Prüfung und Abhör der Gefäll- und Zehentablösungscasse und der Rechnungen der Cameralämter über die Verwaltung der Privat-Ablösungscapitalien; 3. die directe Cassencontrole über die ihr unmittelbar untergebenen Cassenbeamten, sowie die Controlirung aller übrigen Cassen in Beziehung auf ihr Verhältniss zur Staatshauptcasse; 4. die Anordnung des jährlichen Rechnungsabschlusses sowohl bei der Staatshauptcasse, als auch bei sämmtlichen Erhebecassen und die Darstellung seiner Ergebnisse; 5. die Entwerfung des Hauptfinanz-Etats und der besonderen Verwaltungs-Etats für das zweite und dritte Jahr einer Finanzperiode und deren Vorlegung an das Finanzministerium; 6. die Sorge für das Formelle und die Controle des gesammten Finanz-Etats und Rechnungswesens zum Zwecke möglichster Einfachheit, Klarheit und Sicherheit; 7. Führung sämmtlicher Pensionslisten und Würdigung aller Reclamationen in Pensionsangelegenheiten und einzelner, die Leistungen an die verschiedenen Pensionsfonds betreffender Gesuche; 8. Untersuchung und Bestrafung der formellen Verfehlungen der ihr untergeordneten Beamten und Diener in Etats-, Cassen- und Rechnungssachen. Die Ober-Rechnungskammer besteht unter dem Vorsitze des Directors aus 6 Collegialmitgliedern und ungefähr 40 Revisoren und anderen Kanzleibeamten.

Der Director der Ober-Rechnungskammer ist zugleich der Vorstand der Staatshauptcasse.

Staats-Controle.

In Württemberg steht die Prüfung des Staatsrechnungsabschlusses in engstem Zusammenhange mit der Bewilligung des
Budgets. Der Verfassungsurkunde gemäss hat dem Ansinnen einer
Steuerverwilligung jedesmal neben einer genauen Nachweisung über
die Nothwendigkeit und Nützlichkeit der zu machenden Ausgaben
und über die Unzulänglichkeit der Kammereinkünfte der weitere
genaue Ausweis über die Verwendung der frühern
Staatseinnahmen voranzugehen. In Consequenz dieser Bestimmung der Verfassungsurkunde erscheint dann die Prüfung der
Staatsrechnungen über die bereits geschehene Verwendung
der Staatseinnahmen in der Vergangenheit durch die Landstände
als die nothwendige Vorbedingung der ständischen Verabschiedung
des Hauptfinanz-Etats für die nächste Finanzperiode. Gemäss der
historischen Grundlage, wornach der Ertrag des Kammergutes
zuerst, und die erhobenen Steuern nur suppletorisch zur Verwendung gelangen sollen, wird die Prüfung der Staatsrechnungen in
der Form einer Prüfung der richtigen, der Verabschiedung ange-
messenen Verwendung der verwilligten Steuern vorgenommen.
Diese Prüfung der Staatsrechnungen wird jedoch in der Regel
(nur das Jahr 1848 machte die Ausnahme), da die Finanzperiode
eine dreijährige ist, und die Landstände dem gemäss zu einem
ordentlichen oder Budgetlandtage nur alle drei Jahre zusammen-
treten, nur im dritten Jahre durch die Stände, beziehungsweise
durch ihre Finanz-Commissionen vollzogen. In den weiteren zwei
Jahren, in denen auch die Darstellung der Ergebnisse des Staatsrechnungsabschlusses, wie erwähnt, an den ständischen Ausschuss
gerichtet wird, besorgt dieser die Prüfung der Staatsrechnungen.
Nur die hierbei noch unerledigten Anstände, sowie die bei der Prüfung der Rechnungsergebnisse des dritten Jahres durch die Finanz-
Commissionen weiter gemachten Ausstellungen werden dann vor die
Kammer selbst gebracht. Die Form, in welcher diess insbesondere
in der Kammer der Abgeordneten geschieht, ist die, dass im Ein-
gange der Commissionsbericht zu den einzelnen Etatsvoranschlägen
zunächst jene Anstände bei den entsprechenden Positionen berührt,
welche damit zur Verhandlung durch die Kammer angemeldet sind.
Sobald die fraglichen Anstände durch die Verhandlungen von den
Landständen im Einzelnen ihre schliessliche Erledigung gefunden

haben, ist auch das ständische Prüfungsgeschäft beendigt. Zur Erleichterung der Rechnungsprüfung werden den Ständen auf Verlangen alle Staatsrechnungen zur Einsichtnahme ausgefolgt; etwaige Anstände aber, welche sich hierüber ergeben, werden durch Rücksprache mit den betreffenden Ministerien, welche ihre Departements-Etats und deren Einhaltung in der Wirklichkeit den Ständen gegenüber zu vertreten haben, zu erledigen gesucht.

Einen formellen Abschluss im Ganzen, wie etwa eine Zusammenstellung der Rechnungsergebnisse, oder eine förmliche Entlastung der Staatsregierung über die von ihr abgelegten Rechnungen, im Wege des Gesetzes, hat man in Württemberg bis jetzt nicht erforderlich gehalten.

Grossherzogthum Baden.

Finanzperiode.

Die Finanzperiode ist eine zweijährige, für zwei Kalenderjahre giltige.

Verwaltungs- und Rechnungsjahr.

Das Verwaltungsjahr beginnt mit dem 1. Jänner und endigt mit dem 31. Dezember. Das Rechnungsjahr fällt mit dem Verwaltungsjahre zusammen.

Form des Budgets.

Das Budget ist ein Bruttobudget, in welchem bezüglich der Ausgaben die Ausgaben für Lasten und Verwaltungskosten und der eigentliche Staatsaufwand abgesondert nachgewiesen werden. Zu den Lasten und Verwaltungskosten gehören alle Ausgaben in umfassendster Weise (mit Einschluss der uneinbringlichen Forderungen und bewilligten Nachlässe), welche zur Erzielung von Staatseinnahmen gemacht werden.

Inhalt des Budgets.

Die Verhältnisse der Staatsrechnungen und deren Prüfung lassen sich für Baden nicht klar darstellen, wenn nicht eine Auseinandersetzung der Verhältnisse des mit der Staatsrechnung in der Form vollständig übereinstimmenden Budgets vorausgesendet wird. Damit aber bei dieser Darstellung des Budgets Wiederholungen vermieden werden, ist es passend, die auf den Staatshaushalt bezüglichen Bestimmungen der Verfassungsurkunde und der sie ergänzenden Gesetze anzuführen.

Verfassungsbestimmungen.

Der Verfassung zufolge muss alle zwei Jahre eine Ständeversammlung stattfinden. Das Auflagengesetz wird in der Regel für
zwei Jahre gegeben. Mit dem Entwurfe des Auflagengesetzes wird
den Ständen das Budget und eine detaillirte Uebersicht über die
Verwendung der verwilligten Gelder von den früheren Etatsjahren
übergeben. Die Auflagen dürfen nach Ablauf der Verwilligungszeit
noch sechs Monate fortbehoben werden, wenn die Ständeversammlung aufgelöst wird, ehe ein neues Budget zu Stande kömmt, oder
wenn sich die ständischen Berathungen verzögern. Jeder die Finanzen betreffende Gesetzentwurf geht zuerst an die zweite
Kammer, und kann nur dann, wenn er von dieser angenommen
worden, vor die erste Kammer zur Abstimmung über Annahme
oder Nichtannahme im Ganzen ohne alle Abänderung angenommen
werden. Tritt die Mehrheit der ersten Kammer dem Beschlusse der
zweiten nicht bei, so werden die bejahenden und die verneinenden
Stimmen beider Kammern zusammen gezählt und nach der absoluten Mehrheit sämmtlicher Stimmen der Ständebeschluss gezogen.
Bei Stimmengleichheit in dieser Vereinigung entscheidet die Stimme
des Präsidenten der zweiten Kammer.

Für die Zwischenzeit, in welcher die Stände nicht tagen, und
sofern sie nicht aufgelöst sind, besteht ein ständischer aus Mitgliedern beider Kammern gewählter Ausschuss. Für Fälle eines ausserordentlichen, unvorhergesehenen dringenden Staatsbedürfnisses ist
die Zustimmung der Mehrheit des Ausschusses hinreichend, eine
Geldaufnahme zu machen, worüber die Verhandlungen dem nächsten
Landtage vorgelegt werden. Bei Rüstungen zu einem Kriege und
während der Dauer eines Krieges kann der Grossherzog zur schleu-
nigen und wirksamen Erfüllung seiner Bundespflichten auch vor
eingeholter Zustimmung der Stände giltige Staatsanlehen machen,
oder Kriegssteuern ausschreiben. Für diesen Fall wird den Ständen
eine nähere Einsicht und Mitwirkung in der Verwaltung, welche die
Verfassungsurkunde näher bestimmt, eingeräumt.

Alle das Staatsschuldenwesen berührenden Einnahmen müssen
in die zur Verzinsung und Tilgung der Staatsschuld bestehende
Amortisations-Casse fliessen, und alle sich darauf beziehenden Ausgaben von dieser geleistet werden. Die Rechnungen und Bilanz der-

selben werden dem landständischen Ausschusse zur Untersuchung und Prüfung vorgelegt, welcher seine Erinnerungen durch die Regierungscommission an das Staatsministerium leitet und über die Ergebnisse dem nächsten Landtage Bericht zu erstatten hat. Derselbe wird zu diesem Ende im ersten Semester nach dem Schlusse eines jeden Rechnungsjahres, wenn aber zu jener Zeit die Stände versammelt sind, innerhalb sechs Wochen nach dem Schlusse des Landtages einberufen. Die Verfassung und Verwaltung der Amortisationscasse regelt das Gesetz vom 31. Dezember 1831.

Zur Erleichterung der Zehentpflichtigen in Aufbringung der Zehentablösungscapitalien wurde eine Zehentschuldentilgungscasse gebildet, welche den Zehentpflichtigen auf Verlangen die benöthigten Capitalien vorzuschiessen und von ihnen nebst Zinsen nach und nach wieder zu erheben hat. Sie führt eine besondere Rechnung, welche auf jedem Landtage den Ständen so wie jedes Jahr dem ständischen Ausschusse vorzulegen ist.

Zur Aufnahme der für den Eisenbahnbau benöthigten Capitalien, so wie zur Verzinsung und allmäligen Rückzahlung für dieselben besteht eine besondere Casse, die Eisenbahn-Schuldentilgungscasse. Dem landständischen Ausschusse muss auch die Rechnung und Bilanz der Eisenbahn-Schuldentilgungscasse mit allen Belegen zur Untersuchung und Prüfung vorgelegt werden, welcher seine Erinnerungen an das Staatsministerium leitet und über die Resultate seiner Prüfung dem nächsten Landtage Bericht erstattet. Die drei letztgenannten besonderen Cassen stehen ausschliessend unter Leitung und Aufsicht des Finanzministeriums.

Die Verhältnisse des Budgets lassen sich in Folgendem darstellen:

Budget.

Gesammtvoranschlag.

Der Gesammtvoranschlag für den Staatshaushalt wird durch Vereinbarung der Staatsregierung mit den Ständen über das Staatsbudget, den Betriebsfond und das Finanzgesetz festgestellt.

Der badische Staatshaushalt besteht aus zwei Theilen, aus dem allgemeinen Haushalte und aus dem hiervon ausgeschiedenen und sonach getrennt behandelten Haushalte der Verkehrsanstalten mit der Eisenbahnbau- und der Eisenbahn-Schuldentilgungscasse. Diese bilden das Budget der ausgeschiedenen

5 *

Verwaltungszweige, welches in das Budget der Post- und
Eisenbahnbetriebsverwaltung oder der Verkehrsanstalten, in jenes
des Eisenbahnbaues und in jenes der Eisenbahn-Schuldentilgungscasse zerfällt.

Hierzu kömmt in der Regel noch das Grundstockbudget.
Das Grundstockvermögen des Staates besteht aus den Gebäuden,
Grundstücken, Grundrechten und Grundgefällen, welche sich im
Eigenthume des Staates befinden, und aus den Activcapitalien,
welche er als Kaufschillinge für veräusserte Liegenschaften, Grund-
rechte und Grundgefälle, oder als Ablösungsbeträge hierfür oder
auf sonstigem Wege erworben hat. Dieses Grundstockvermögen ist
zweierlei Art, Domänengrundstock oder (sonstiger) Staats-
grundstock. Nur bezüglich des ersteren wird ein eigenes Budget
aufgestellt, und auch nur dann, wenn dabei Ausgaben vorkommen,
welche nicht den laufenden Dienst, sondern die Vermehrung des
Grundstockes (meist aus Wiederverwendung der Einnahmen, aus
Veräusserungen einzelner Bestandtheile desselben), zum Gegenstande haben.

Für jede Budgetperiode kommen vor:

1. das ordentliche Budget des allgemeinen Staatshaushaltes,
2. das ausserordentliche Budget desselben (eventuell),
3. das Budget der ausgeschiedenen Verwaltungszweige,
4. das Grundstockbudget.

Das Budget sammt Begründung wird vollständig gedruckt an
die Stände übergeben. Der Budgetentwurf wird ausschliesslich in
Geld aufgestellt, da alle Einnahmen und Ausgaben an Naturalien
in den Hauptrechnungen der Staatscassen zu Geld veranschlagt
vorkommen.

Der Budgetentwurf für den allgemeinen Staatshaushalt enthält sieben Hauptabtheilungen, je nach den einzelnen Ministerien; im ordentlichen Budget kommen beim Staatsauf-
wande alle sieben Hauptabtheilungen vor, bei den Einnahmen,
Lasten und Verwaltungskosten aber nur jene Ministerien,
in deren Verwaltungskreis die für die Budgetperiode bezüglichen
Einnahmen oder Ausgaben vorgesehen sind. Die Untertheilung im
ordentlichen Budget geschieht, wie bei den Rechnungen, nach Titeln
und Rubriken, und zwar für jedes der beiden Budgetjahre besonders. Ist der Betrag nicht ständig, so wird er in der Regel nach

dem Durchschnitte des wirklichen Betrages in den jüngstvorangegangenen drei Jahren aufgenommen, wobei (wie bei der später zu erwähnenden vergleichenden Darstellung) als Grundlage die Ausgaben des jeweilig laufenden Jahres, und im nächsten Jahre jene, die für das vorangegangene Jahr noch bestritten worden sind, angenommen werden, das Gleiche erfolgt hinsichtlich der Einnahme.

Ist der Entwurf des betreffenden Verwaltungszweiges ausgearbeitet, und von den betheiligten Ministerien (dem einschlägigen und dem Finanzministerium) gebilligt, so wird er nach landesfürstlicher Gutheissung in den Entwurf des ordentlichen Staatsbudgets eingereiht, und letzterer hiernach den Ständen vorgelegt. Im ausserordentlichen Budget, sowie in jenem des Domänengrundstockes findet eine Trennung nach beiden Budgetjahren nicht statt, sonst wird es wie das ordentliche behandelt.

Das Budget einer Periode kömmt gewöhnlich zu Stande, bevor mehr als die ersten drei bis vier Monate derselben abgelaufen sind. Die zweite Kammer, an welche die Vorlage zuerst geschieht, verweiset sie an eine zu dem Ende gebildete Commission, die Budgetcommission, welche für die einzelnen Abtheilungen aus ihrer Mitte Berichterstatter wählt, und nach Anhörung von deren Berichten über jeden einzelnen Budgettheil ihre Anträge erstattet. Die Kammer entscheidet hierüber nach gepflogener Discussion, wobei jedoch eine von der Regierung nicht beantragte Ausgabe oder Einnahme nur mit deren ausdrücklicher Zustimmung votirt werden kann. Ueber jeden erledigten Budgettheil lässt die zweite Kammer ihre Beschlüsse unmittelbar an die erste Kammer gelangen, welche dieselben ebenfalls einer Budgetcommission zur Begutachtung übergibt, über deren Anträge ihren Beschluss fasst und denselben der anderen Kammer mittheilt, wobei eine Aenderung in Zahlenansätzen nicht stattfinden kann. Sind alle einzelnen Theile des Budgets in beiden Kammern erledigt, so werden die Ergebnisse in dem, dem Auflagen- (Finanz-) Gesetze beigefügten Haupt-Finanzetat, d. i. in die, die Ergebnisse des Staatsbudgets summarisch darstellenden Hauptübersichten, dann in ihren Gesammtsummen auch in das Auflagengesetz selbst aufgenommen. Hierauf findet über dieses Gesetz sowie über das Staatsbudget, in beiden Kammern, zunächst in der zweiten, die Schlussabstimmung nach Massgabe der Verfassungsurkunde statt.

Die in den Staatscassen befindlichen Cassenbestände, die Naturalvorräthe (im Geldanschlage), die Activ- und Passivreste der Verwaltung bilden den umlaufenden Betriebsfond (das Restvermögen). Davon sind jedoch ausgenommen die Cassenvorräthe, Activen und Passiven der Staatsschulden-Tilgungscassen (Amortisations-, Zehentschuldentilgungs-, Eisenbahn-Schuldentilgungscasse). Zu deren Ermittlung werden je am Schlusse einer Budgetperiode die Reste derselben und die Naturalvorräthe (im Geldanschlage) auf Grund der Staatsrechnungen zusammengestellt, und wird dann von der Staatsregierung hierüber an die Ständeversammlung, zunächst an die zweite Kammer, Vorlage gemacht, zugleich mit den Anträgen, wie über den Betriebsfond verfügt werden soll. Der Scheidung des Staatshaushaltes entsprechend ist die Vorlage über den umlaufenden Betriebsfond eine doppelte, nämlich jene über den umlaufenden Betriebsfond des allgemeinen Staatshaushaltes und jene über denselben des Post- und Eisenbahnbetriebes oder der Verkehrsanstalten.

Bezüglich der Staatsgewerbe, des Salinen-, Berg- und Hüttenwerks-, des Münz-, Post- und Eisenbahnbetriebes wird, je am Jahresschlusse auch der stehende Betriebsfond — die Liegenschaften, Gebäude, Gewerbseinrichtungen, Werkzeuge und Geräthe umfassend — dem Geldanschlage nach erhoben und mit den Hauptjahresrechnungen zur Kenntniss der Stände gebracht. Die Stände prüfen je auf Gutachten der Budgetcommission jeder Kammer die Vorlage über den umlaufenden Betriebsfond, wie er sich zu Anfang der Budgetperiode herausstellt, und bestimmen, welcher Theil hiervon dabei verbleiben, welcher als überschüssig zu anderen Zwecken, z. B. zur Schuldentilgung verwendet werden, und eventuell, welche Ergänzung der Betriebsfond aus anderen Quellen erhalten soll. Das Ergebniss der Prüfung wird in das Auflagegesetz aufgenommen und durch dieses mit zur Schlussabstimmung gebracht.

Nach Berathung aller Theile des Budgets und der Vorlage über den umlaufenden Betriebsfond wird von den Ständen das von der Staatsregierung je für eine Budgetperiode eingebrachte Auflage- (oder Finanz-) Gesetz berathen und festgestellt. Dasselbe enthält die Angabe der Hauptsummen der ordentlichen Ausgaben für ein jedes der beiden Jahre und der ausserordentlichen Ausgaben zusammen für beide Jahre der Budgetperiode, sowie jene der hierfür bewilligten ordentlichen und ausserordentlichen Deckungs-

mittel; es wird ferner darin insbesondere die aus den Staatseinnahmen zu bestreitende Dotation der Amortisationscasse zur Schuldentilgung und zur Beförderung der Zehentablösung bezeichnet. Hierauf wird bestimmt, in wie weit das zu Anfang der Budgetperiode
vorgefundene Restvermögen als umlaufender Betriebsfond des allgemeinen Staatshaushaltes beibehalten, und wie weit es sonst und
wie verwendet, auch was bezüglich der eventuellen Einnahme-
Ueberschüsse der neuen Budgetperiode geschehen soll. Dann werden
die Budgets des Domänengrundstockes und der ausgeschiedenen Verwaltungszweige, bei letzteren auch der umlaufende Betriebsfond,
in ihren Hauptsummen gutgeheissen. Hierauf wird die fortdauernde
Wirksamkeit der Abgabengesetze (wenn nichts geändert worden)
ausgesprochen. Endlich werden rücksichtlich der Verwendung von
Ersparnissen an Besoldungen und Bureaukosten Bestimmungen getroffen. Dem Auflagegesetze ist das ordentliche und ausserordentliche allgemeine Budget, der Voranschlag des umlaufenden Betriebsfondes desselben, das Domänengrundstockbudget und jenes für die
ausgeschiedenen Verwaltungszweige beigefügt.

Obgleich nach der Verfassung die Regierung die Abgaben durch
sechs Monate nach der Verwilligungszeit fortführen kann, hat sich
doch die Uebung gebildet, dass, falls die Stände versammelt sind,
diesen ein darauf bezüglicher Gesetzentwurf zur Berathung und
Zustimmung vorgelegt wird. Ferner kann, wenn im Laufe einer
Budgetperiode Ausgabebedürfnisse erscheinen, die im Staatsbudget
nicht vorgesehen, gleichwohl aber unverschieblich sind, die Regierung
dieselben durch Eröffnung eines Administrativcredites bestreiten; den Ständen liegt es sodann ob, bei Prüfung der Rechnungsnachweisungen über diese Ausgaben sich zu überzeugen, ob wirklich
ein Fall vorgelegen, der die Eröffnung eines Administrativcredites
rechtfertigte.

Staatsanlehen werden mit Zustimmung der Stände angeordnet;
ausgenommen davon sind die Fälle, wenn bei Rüstungen zu einem
Kriege oder während der Dauer desselben ein solches zur Erfüllung
der Bundespflichten für nöthig erachtet wird, wo die Regierung allein
vorgeht, und nur der landständische Ausschuss die richtige Verwendung der Gelder überwacht; dann wenn für ausserordentliche
dringende Staatsausgaben oder wegen ausserordentlicher Revenüen-
Ausfälle ein Anlehen von höchstens einer halben Million Gulden

nothwendig wird, wo die Zustimmung des ständischen Ausschusses
genügt.

Eine Mitwirkung des ständischen Ausschusses bei der Führung des Haushaltes steht demselben nur in zwei Ausnahmsfällen
zu; wenn bei Rüstungen zu einem Kriege oder während der Dauer
desselben eine Kriegscommission gebildet wird, kann der Ausschuss
eine bestimmte Anzahl von Mitgliedern beiordnen, ferner ertheilt
er seine Zustimmung, wenn eine Operation der Amortisationscasse
beabsichtigt wird, welche eine Veränderung des Zinsfusses bezweckt,
und die Casse für die erforderlichen Zahlungen nicht schon die vollständige Deckung hat.

Staatsrechnung.

Dem Staatsministerium steht die oberste Leitung aller, und
sonach auch der auf den öffentlichen Haushalt gerichteten Thätigkeit der Staatsregierung zu.

Die einzelnen Ministerien haben die Oberleitung bezüglich
der Einnahmen und Ausgaben ihres Geschäftskreises, nebstdem
das Finanzministerium, indem ihm die allgemeine Leitung des
Staatshaushaltes obliegt.

Die Einnahmen zu empfangen, die Ausgaben zu leisten, jene
wie diese pünktlich zu verzeichnen und die Ergebnisse hiernach im
treuen und übersichtlichen Bilde darzustellen, ist die Aufgabe der
Staatscassen. Jede derselben hat über die bei ihr sich ergebenden
Einnahmen und Ausgaben eine fortschreitende Nachweisung —
Rechnung — zu führen, indem sie dieselbe einmal nach der Zeit-
folge in ein Tagebuch (Journal) und dann je nach ihrer verschiede-
nen Beschaffenheit unter bestimmten Haupt- und Unterabtheilungen
in ein Hauptbuch einträgt. Dieses Hauptbuch, d. i. die nach
den vorgeschriebenen Haupt- und Unterabtheilungen geordneten
Aufzeichnungen aller einzelnen Einnahmen und Ausgaben einer
Casse ist deren Rechnung. Dieselbe wird für je ein Kalenderjahr
geführt, und gibt einen vollständigen systematischen Ueberblick der
Haushaltsergebnisse in diesem Jahre. Das Hauptbuch oder die
Rechnung enthält vier Theile, die Rückstandsrechnung (für
Reste an Einnahmen oder Ausgaben aus der vorangegangenen Rechnung), die Etatsrechnung vom laufenden Jahre, die Etatsrechnung früherer Jahre (für — grössere oder öfter vorkom-
mende — Beträge, welche zwar einem früheren Jahre angehören,

aber im laufenden Jahre erstmals in die Rechnung kommen — mindere Beträge dieser Art werden in die laufende Rechnung eingetragen —) die Rechnung der uneigentlichen (durchlaufenden) Einnahmen und Ausgaben. Die Rechnung zeigt überall das Soll, was einzunehmen oder auszugeben war, das Hat, was wirklich eingenommen oder ausgegeben wurde, den Rest, welcher an der Einnahme nicht bezogen, oder an der Ausgabe nicht geleistet ward. Die Beträge in der Etatsrechnung für das laufende Jahr werden nach ihrer verschiedenen Beschaffenheit unter vorgeschriebenen Haupt- oder Unterabtheilungen (Titeln und Rubriken) aufgeführt. Die Etatsrechnung früherer Jahre enthält in einer ersten Abtheilung die dem letztvorangegangenen Jahre angehörigen Beträge nach Titeln und Rubriken geordnet, in der zweiten alle älteren Beträge ohne Ausscheidung nach Titeln und Rubriken; eine solche Ausscheidung findet in der Rückstandsrechnung nicht, wohl aber in jener der durchlaufenden Einnahmen und Ausgaben statt. Wo neben Geld auch Naturalien in Einnahme und Ausgabe vorkommen, wird nebstbei ein Naturalien-Haupt- und Tagebuch für Einnahmen und Ausgaben geführt; doch werden diese Einnahmen und Ausgaben zugleich entweder in entsprechendem (durch Vorschriften normirtem) Werthanschlage oder im wirklich erzielten Gelderlös in das gewöhnliche (allgemeine) Hauptbuch aufgenommen, so dass dieses die gesammten Einnahmen und Ausgaben der betreffenden Casse enthält, also deren vollständige Rechnung ist. Diese Rechnung hat jede Staatscasse nach Ablauf des Rechnungsjahres innerhalb bestimmter (höchstens viermonatlicher) Frist in Reinschrift mit den erforderlichen Rechnungsbelegen der vorgesetzten Behörde zur Prüfung einzureichen.

Ausserdem haben die Staatscassen über die Ergebnisse des Haushaltes auch im Laufe des Rechnungsjahres ihrer vorgesetzten Behörde Vorlagen zu machen, und zwar monatlich nach Abschluss ihres Tagebuches und Aufnahme ihres Cassebestandes den Cassestandsausweis, welcher die wirklich vollzogenen Einnahmen und Ausgaben nach den Summen einer jeden der vier Rechnungsabtheilungen, ferner eine Vergleichung der Einnahmen mit den Ausgaben und den hiernach verbliebenen Geldvorrath, endlich den durch die Aufnahme wirklich vorgefundenen Cassebestand enthält, und vierteljährig einen Rechnungsauszug aus dem Hauptbuche, welcher sämmtliche Einnahmen und Ausgaben nach

Soll, Hat und Rest in vollständiger Uebereinstimmung mit dem Hauptbuche nach den vier Rechnungsabtheilungen und den vorgeschriebenen Titeln und Rubriken summarisch, d. i. die Beträge jeder Rubrik in einer Summe darstellt, so zwar, dass der Rechnungsauszug des zweiten Vierteljahres die Einnahmen und Ausgaben für das erste Halbjahr, jener des dritten Vierteljahres für die ersten neun Monate, und jener des vierten Vierteljahres die Einnahmen und Ausgaben für das ganze Jahr umfasst.

Nachweisung über den Haushalt.

Die Nachweisungen über die Führung des Staatshaushaltes bestehen sonach:

1. in den von den einzelnen Staatscassen vorzulegenden, mit den erforderlichen Belegen versehenen Rechnungen,

2. in den monatlichen und vierteljährigen Auszügen aus den Rechnungsbüchern, welche von den die Verwaltung unmittelbar leitenden Mittelbehörden und Ministerien, je zu einem Gesammtbilde über den Cassenstand, beziehungsweise die Rechnungsergebnisse der einzelnen Verwaltungszweige, endlich von der Buchhaltung des Finanzministeriums zu einem Gesammtbilde über den Cassenbestand und die Rechnungsergebnisse des ganzen Staatshaushaltes zusammengestellt werden, und so schliesslich für das vierte Quartal verfertigt, die Hauptjahresrechnungen der einzelnen Verwaltungszweige und des gesammten Haushaltes bilden. Gleichwie der letztere, zerfällt auch die Hauptrechnung in zwei Theile, für den allgemeinen Haushalt und für die ausgeschiedenen Verwaltungszweige der Verkehrsanstalten.

Die Buchhaltungen der betreffenden Mittelstellen und Ministerien besorgen noch eine andere Arbeit, die vergleichende Darstellung. In derselben werden die nach Titeln und Rubriken geordneten Ergebnisse des Haushaltes je für ein Jahr, und dann für die beiden Jahre einer Budgetperiode den gleichen Ansätzen des Voranschlages (Budgets) gegenüber gestellt, um daraus zu entnehmen, in wiefern Rubrik für Rubrik die Wirklichkeit (Rechnung) dem Voranschlage (Budget) entsprochen habe oder nicht. Den Mittel- und Oberbehörden liegt es ob, die Ursache der erheblichen Abweichungen zwischen Voranschlag und Rechnung in kurzen, der vergleichenden Darstellung beizufügenden Erläuterungen anzudeuten, und die Abweichungen selbst, wo nöthig, zu rechtfertigen. Dem Finanzministerium kömmt es endlich zu, darüber zu wachen, dass diese Arbeit gründlich, in angemessenster Weise und gleichförmig für alle Verwaltungszweige vollzogen wird.

Die vergleichende Darstellung weicht in ihrem Inhalte von den aus den vierteljährigen Auszügen zusammengestellten Hauptrechnungen (in der Budgetsprache summarische Auszüge genannt) darin ab, dass letztere die Gebarung im Jahre, erstere aber die Gebarung für das Jahr nachweisen. Die Hauptrechnung enthält, wie erwähnt, die nicht realisirten Einnahme- und Ausgabereste des vorhergegangenen Jahres, die für das laufende Jahr bestrittenen Einnahmen und Ausgaben, dann jene für die vorausgegangene Periode, und zwar abgesondert für das letztvorausgegangene und die früheren Jahre, endlich die durchlaufenden Einnahmen und Ausgaben. In der vergleichenden Darstellung dagegen sind aus der Hauptrechnung eines Jahres nur die für das laufende Jahr ausgewiesenen Einnahmen und Ausgaben, dann aus der Hauptrechnung des nächstkünftigen Jahres die Einnahmen und Ausgaben, welche in demselben für das Vorjahr erfolgten, enthalten.

Da das Rechnungsjahr in Baden mit dem Verwaltungsjahre zusammenfällt, so würde die Rechnung für das bezügliche Jahr sehr unvollständig sein, und viele Posten, die erst in den nächsten Monaten nach Ablauf des Jahres realisirt werden, nicht enthalten, wenn man nicht obigen, allerdings der Genauigkeit noch mehr als der Ausdehnung des Rechnungsjahres entsprechenden Modus angenommen hätte. Daraus folgt übrigens, dass die an die Stände zu machende Vorlage der Hauptstaatsrechnung um ein Jahr weiter geht, und das erste Jahr der laufenden Budgetperiode in sich fasst, während die vergleichende Darstellung die beiden Jahre der bereits abgeschlossenen Budgetperiode behandelt.

Die Uebersichten, welche die Staatscassen am Monatsschlusse über den Stand ihrer Cassen vorzulegen haben, gelangen durch die betreffenden vorgesetzten Behörden an die Buchhaltung des Finanzministeriums, wo sie zum Gebrauche des letzteren bei Ueberwachung des Cassestandes in eine Hauptübersicht vereinigt werden.

In ähnlicher Weise werden die vierteljährigen nach Rechnungstheilen, Titeln und Rubriken geordneten Uebersichten der Ergebnisse des Staatshaushaltes in eine Gesammtübersicht zusammengetragen, welche dem Finanzministerium je von Viertel- zu Vierteljahr den Fortgang des Staatshaushaltes in allen seinen einzelnen Zweigen darlegt, und zu erkennen gibt, wo es einer Einschreitung bedarf. Da die Uebersichten der Rechnungsergebnisse vom letzten Viertel des Rechnungsjahres die vollständigen Rechnungsergebnisse des vollen Jahres anzeigen, so bildet die titel- und rubrikenweise Zusammenstellung der Ergebnisse vom letzten Vierteljahr für die Casse eines Verwaltungszweiges die Hauptjahresrechnung des letzteren. Die Vereinigung dieser Zusammenstellungen aller einzelnen Verwaltungszweige ist demnach die Jahreshauptrechnung des gesammten Staatshaushaltes, oder die Hauptstaatsrechnung für das betreffende Jahr.

Die monatlichen Uebersichten über den Cassestand und die vierteljährigen über die Rechnungsergebnisse dienen für den administrativen Gebrauch der leitenden Verwaltungsbehörden und insbesondere des Finanzministeriums, welches die erforderlichen Fonds beizuschaffen hat. Die Rechnungen jeder einzelnen Staatscassa rechtfertigen die Gebarung derselben, und werden der rechnungsmässigen Prüfung und Justification durch die Buchhaltungen, beziehungsweise die Ober-Rechnungskammer, unterzogen. Die Hauptrechnungen jedes einzelnen Verwaltungszweiges, sammt der Hauptstaatsrechnung, welche den Haushalt des betreffenden Zweiges, bezüglich des Gesammtstaates nachweisen, und die vergleichende Darstellung sammt Erläuterungen, welche die Uebereinstimmung oder Abweichung des Erfolges dem Voranschlage gegenüber ausweisen, werden den Ständen zur Prüfung und Genehmigung vorgelegt.

Rechnungs-Controle.

Prüfung des Staatshaushaltes.

Die Prüfung des Staatshaushaltes wird: 1. den einzelnen Cassen gegenüber durch zeitweise unvermuthete Dienstuntersuchungen und durch Prüfung der Rechnungen mittelst der hierfür bestellten Revisionsbehörden unter Oberleitung der Ober-Rechnungskammer; 2. den Buchhaltungen gegenüber, welche die periodischen Rechnungsübersichten je für ein Jahr zur Hauptrechnung des einzelnen Verwaltungszweiges, beziehungsweise zur Hauptstaatsrechnung zusammenzustellen haben, durch Prüfung dieser Zusammenstellungen von Seiten der Ober-Rechnungskammer, und was die vergleichende Darstellung anbelangt, durch Prüfung derselben beim Finanzministerium besorgt; 3. der Staatsregierung selbst gegenüber: *a)* bezüglich der Staatsschuldentilgungscassen und der Grundstocksrechnungen durch den ständischen Ausschuss, *b)* bezüglich aller Theile des Staatshaushaltes durch die Stände selbst bewirkt.

Ober-Rechnungskammer.

Prüfung und Zusammenstellung.

Um darüber zu wachen, dass alle Staatsrechnungen rechtzeitig und pünktlich gestellt, alsbald und genau geprüft und vorschriftsmässig erledigt werden, besteht als besondere Centralbehörde die Ober-Rechnungskammer. Ihr liegt die Abhör (Revision, Prüfung) eines Theils und Oberabhör (Superrevision) des anderen Theils der Rechnungen der Staats- und Staatsanstaltencassen ob. Sie hat darüber zu wachen, dass Rechnungsstellung und Rechnungsprüfung nirgends im Rückstande bleiben, auch dass beide vorschriftsmässig und treu erfolgen. Sie hat ferner darüber zu wachen, dass auch die den Cassen vorgesetzten Verwaltungsbehörden in ihren Weisungen an die Cassen die Schranken einhalten, welche ihnen ihre Amtsbefugnisse, Gesetze und Verordnungen und das Staatsbudget selbst gezogen haben. Sie ist in den den Staatshaushalt betreffenden Angelegenheiten oberste Controlsbehörde, nicht bloss den Staatscassen und verwaltenden Mittelbehörden, sondern auch den Ministerien gegenüber, wesshalb sie den einzelnen Ministerien gleichgestellt, und unmittelbar dem Staatsministerium und den Mittelbehörden, was die Rechnungsprüfung und das hierzu bestellte Personale betrifft, vorgesetzt ist. Mit den Ständen hat die Ober-Rechnungskammer in keiner Hinsicht zu verkehren, wie sie auch auf die Vorlagen an die Stände und die Verhandlungen mit denselben keinen Einfluss nimmt. Sie besteht aus 1 Präsidenten, 3 Collegialräthen, 7 Revisions- und 5 Kanzleibeamten sammt einigen Schreibaushelfern.

Zur Vornahme der Rechnungsprüfung selbst sind sowohl ihr als der Hofdomänenkammer, der Direction der Forste, Berg- und Hüttenwerke, der Steuerdirection, der Zolldirection, der Kreisregierungen, der Oberdirection des Wasser- und Strassenbaues und der Direction der Verkehrsanstalten, endlich dem Kriegsministerium Rechnungsrevisoren, d. i. die erforderliche Anzahl von Beamten zur Prüfung der Rechnungen zugetheilt. Die Ober-Rechnungskammer besorgt selbst die Prüfung der Rechnungen der Staatscentralcassen (Generalstaatscasse, zwei Kreiscassen, Amortisations-, Eisenbahn - Schuldentilgungs-, Zehentschulden-tilgungs-, Münz-, Papiergeldeinlösungs-, Generalpostcasse), ein-schliesslich der Hauptkriegscasse, sowie die Prüfung der Rech-nungen der Staatsanstaltencassen (Strafanstalten-, Heil- und Pflegeanstalten-, polizeilichen Verwahrungsanstalts-, Landes-gestütscasse). Die Revisionsstellen der genannten Mittelbehörden dagegen besorgen die Prüfung der Rechnungen der den Mittel-behörden untergebenen Bezirkscassen, und die Revisionsstelle des Kriegsministeriums besorgt die Prüfung aller Rechnungen der Specialkriegscassen. Den Bescheid auf Erinnerungen (Revisions-notate, Revisionsbemerkungen) ertheilt je die Behörde, welcher die Revisionsstelle zugehört, bezüglich die Ober-Rechnungskam-mer. Die nicht unmittelbar bei ihr selbst geprüften Rechnungen unterwirft die Ober-Rechnungskammer in beliebiger Auswahl von Zeit zu Zeit durch ihre Revisionsstelle einer Superrevision, damit sie sich überzeuge, ob die erste Prüfung ordnungsmässig vorge-nommen worden. Der Bescheid auf Erinnerungen, welche sich bei der Superrevision etwa ergeben, geht von der Ober-Rechnungs-kammer aus.

Staatscontrole.

Der ständische Ausschuss prüft alljährlich die Rech-nungen der Amortisationscasse, des Domänen- und Staatsgrund-stockes, der Zehent- und Eisenbahn-Schuldentilgungscasse je für das abgelaufene Jahr. Bezüglich des Grundstockvermögens stellt die Buchhaltung des Finanzministeriums aus den Rechnungsergeb-nissen der einzelnen Cassen, welche Grundstockgelder verwalten, alljährlich eine Hauptrechnung des Grundstockvermögens zusam-men, und zwar abgesondert für das in Capitalien bestehende be-wegliche Vermögen: a) des Domänengrundstockes und b) des Staatsgrundstockes. Beide Grundstocksrechnungen werden von der Ober-Rechnungskammer geprüft und als richtig bestätigt, und sohin an den ständischen Ausschuss geleitet, ebenso wie die summarische Darstellung der Amortisationscassenrechnung sammt Hauptbilanz, der Zehentschuldentilgungs-Casserechnung und der

Eisenbahn-Schuldentilgungs-Casserechnung sam mt Hauptbilanz. Die Originalrechnungen dieser drei Staatschuldentilgungscassen sammt Beilagen werden überdiess dem Ausschusse zur beliebigen Einsicht übergeben. Dieser lässt die Vorlagen durch seine Referenten prüfen, welche darüber schriftlichen Bericht an den Ausschuss erstatten. Etwaige Erinnerungen werden mit der Regierungscommission besprochen, und im Falle der Aufrechthaltung in die betreffenden Berichte der Referenten aufgenommen, welche sohin mit den etwa anzubringenden Aenderungen von dem Ausschusse als seine Berichte anerkannt und an das Staatsministerium geleitet werden. Letzteres erhebt über jeden der Ausschussberichte einen schriftlichen, die etwaigen Erinnerungen beleuchtenden Vortrag des Finanzministeriums und lässt seiner Zeit au den künftigen Landtag die dem Ausschusse gemachten Vorlagen, die Berichte des Ausschusses und die Vorträge des Finanzministeriums zur ständischen Prüfung und Schlussfassung gelangen.

Die Prüfung des Staatshaushaltes durch die Stände ist durch die Verfassung vorgezeichnet, welcher zufolge „mit dem Entwurfe des Auflagengesetzes das Staatsbudget und eine detaillirte Uebersicht über die Verwendung der verwilligten Gelder von den früheren Etatsjahren den Ständen übergeben werden muss." Späteren Gesetzen zufolge werden denselben auch, wie bereits erwähnt, die Staatsschuldentilgungs-Cassenrechnungen mit den Berichten des ständischen Ausschusses übergeben.

Obige detaillirte Uebersicht, auch kurz die Rechnungsnachweisung genannt, besteht:

1. aus der Hauptstaatsrechnung für jedes der beiden Jahre sammt den Hauptrechnungen aller einzelnen Verwaltungszweige für jedes dieser beiden Jahre;
2. aus der Darstellung des umlaufenden Betriebsfondes am Schlusse eines jeden dieser beiden Jahre;
3. aus den Darstellungen der drei Staatsschuldentilgungscassen und der Grundstocksrechnungen sammt den Berichten des Ausschusses und den Aeusserungen des Finanzministeriums darüber;
4. aus den Hauptrechnungen der ausgeschiedenen Verwaltungszweige für jedes der beiden Jahre sammt den Uebersichten des laufenden Betriebsfondes je am Jahresschlusse.

Dazu gehört noch die Darstellung der stehenden Betriebsfonds der Staatsgeneralcassen am Schlusse eines jeden der beiden Jahre. Sämmtliche Darstellungen gelangen, mit Ausnahme der ad 1. erwähnten Hauptrechnungen der einzelnen Verwaltungszweige (diese bloss geschrieben in je einem Exemplare an jede Kammer), gedruckt an die Stände.

Sollten noch weitere Aufklärungen verlangt werden, so zeigen die bei den einzelnen Buchhaltungen beruhenden Uebersichten, aus welchen jede Hauptrechnung zusammengestellt ist, welche einzelne Cassen, und wie viel sie zu dieser oder jener Rubrik beigetragen haben, und die Rechnungen der einzelnen Cassen belehren dann schliesslich darüber, aus welchen einzelnen Beträgen bei einer jeden die Summe gebildet ist, welche sie zur Gesammtrubrik geliefert hat.

Seit dem Jahre 1831 kamen zu diesen Vorlagen noch die vergleichende Darstellung, welche eine Ergänzung der „detaillirten Uebersicht über Verwendung der verwilligten Gelder" bildet. Dieselbe umfasst indessen nicht alle Theile des Staatshaushaltes der jüngst vergangenen Budgetperiode, da sie weder die Ergebnisse der Staatsschuldentilgungscassen, welche schon in den Rechnungsnachweisungen vorkommen, noch die Rechnungen über den Aufwand für den Eisenbahnbau, worüber eine besondere Nachweisung geliefert werden muss, in sich begreift. Sie zerfällt in die beiden Abtheilungen für den allgemeinen Staatshaushalt und für die ausgeschiedenen Verwaltungszweige, und ihr sind überall die erforderlichen Erläuterungen beigefügt.

Die Prüfungsarbeit einer jeden der beiden Kammern der Stände ist eine doppelte, nämlich:

1. eine summarische, indem sie die Hauptrechnungen der beiden, bei ihrem Zusammentritte bereits abgelaufenen, Jahre (d. i. des zweiten Jahres der letztvorhergegangenen, und des ersten Jahres der laufenden Budgetsperiode) auf Grund der Rechnungsnachweisungen (desshalb summarische Auszüge genannt) und (bezüglich der Schuldentilgung und des Grundstockes) der Berichte des ständischen Ausschusses würdigen, was von jeder Kammer auf einen Hauptbericht ihrer Budgetcommission geschieht. Diese Würdigung besteht darin, dass sie die summarischen Darstellungen der Hauptstaatsrechnungen sowohl, als die Rechnungen der ausgeschiedenen Ver-

waltungszweige einer vorläufigen allgemeinen Kenntnissnahme, jedoch vorbehaltlich der speciellen Prüfung bei den vergleichenden Darstellungen unterziehen, und die Rechnungen der Schuldentilgung und des Grundstockes zur Erledigung durch die Stände bringen·

2. eine specielle, indem sie auf Grund der vergleichenden Darstellung für die beiden Jahre der bei ihrem Zusammentritt jüngst abgelaufenen Budgetperiode und auf Grund der von ihrer Budgetcommission (beziehungsweise von den einzelnen Berichterstattern derselben für die verschiedenen Verwaltungszweige) erstatteten Berichte sich überzeugen, in wie ferne die Rechnungsergebnisse von den Budgetsätzen abweichen, und indem sie über etwa hierbei sich ergebende Erläuterungen Beschlüsse fassen. Die Schlussfassungen der zweiten Kammer gehen an die erste zu gleichmässiger Prüfung, und wenn das Prüfungsgeschäft beendigt ist, wird das Gesammtergebniss von der zweiten Kammer in einer Adresse an den Grossherzog zusammengefasst, welche, wenn sie in der Kammer angenommen worden, zum Beitritte oder zur Ablehnung an die erste Kammer und, ist sie durch Zustimmung beider Kammern oder im Falle der Abweichung durch die erste Kammer mittelst verfassungsmässiger Vereinigung der Stimmen beider Kammern zu Stande gekommen, an den Grossherzog gelangt und durch das Regierungsblatt verkündet wird. Ein Gesetz hierüber wird nicht erlassen.

Kaiserthum Frankreich.

Finanzperiode.

Die Finanzperiode ist in Frankreich eine einjährige.

Verwaltungs- und Rechnungsjahr.

Das Verwaltungsjahr beginnt mit 1. Jänner und endigt mit 31. Dezember. Das Rechnungsjahr erstreckt sich noch um acht Monate über das Verwaltungsjahr hinaus, indem Geld-Einnahmen, welche das Verwaltungsjahr betreffen, noch bis zum 31. Juli (Materialeinnahmen und Ausgaben bis 31. Jänner) des nächstfolgenden Jahres, und Geld- Ausgaben, wofür in dem Verwaltungsjahre Credite eröffnet worden, noch bis 31. August des nächstfolgenden Jahres für das gedachte Verwaltungsjahr in Rechnung gestellt werden können. In der französischen Budgetsprache kommen dafür zwei Ausdrücke vor, welche dieses Verhältniss sehr präcis bezeichnen, *année* und *exercice*. *Année* bedeutet das Sonnen- oder Verwaltungsjahr, *exercice* das Finanz- oder Rechnungsjahr. Die Cassenrechnung *(service de trésor)* folgt dem Sonnenjahre *(année)*, die allgemeine Finanzrechnung (in dem *Compte général de l'administration des finances*) ebenfalls dem Sonnenjahre, die eigentliche definitive Budgetrechnung (in den *Comptes définitifs des recettes* des Finanzministers und *des dépenses* der einzelnen Minister) aber dem Rechnungsjahre *(exercice)*. Die Berücksichtigung beider Momente complicirt in etwas die französische Staatsrechnung. Hier mag gleich noch zweier Ausdrücke erwähnt werden, welche in den französischen Budgetschriften häufig vorkommen, und nicht anders als mit einer Umschreibung übersetzt werden können; es sind damit die Bezeichnungen *exercice clos* und *exercice périmé* gemeint. *Exercice clos* heisst das geschlossene Rechnungsjahr, bezüglich die

Summen der Einnahmen und Ausgaben, welche das Verwaltungsjahr
betreffen, und in diesem oder bezüglich der Einnahmen in den
nächstfolgenden sieben Monaten, bezüglich der Ausgaben in den
nächstfolgenden acht Monaten zur Behandlung kamen. Ausgaben,
wofür in dem *exercice clos* Credite eröffnet waren, die aber während
desselben nicht zur Auszahlung gelangten, werden während eines
Zeitraumes von fünf Jahren (einschliesslich des *exercice clos*) in das
laufende Budget aufgenommen, ohne dass es einer besonderen Ermächtigung dazu bedarf *). Also Ausgaben, für welche in dem Budget des Jahres 1860 vorgesehen worden, werden vom 1. Jänner 1860
bis 31. Dezember 1864 ohne neue Ermächtigung budgetmässig behandelt, d. h. realisirt. Die Nachweisung dieser Ausgaben (z. B.
vom Schlusse des Rechnungsjahres 1860 bis zum Schlusse des Sonnenjahres 1864) heisst das (sohin nahe an vier Jahre umfassende)
service des exercices clos. Nach dem Verlauf von fünf Jahren
verfällt das Recht auf die an den Staat zu stellenden Forderungen,
die durch Credite eines Budgetjahres bedeckt waren, durch Verjährung, und die Credite werden annullirt, ausser wenn die verzögerte
Auszahlung der Regierung zur Last fällt, oder eine Berufung vor
den Staatsrath stattfindet. Aber auch in diesen Fällen, wo nämlich
keine Verjährung stattfindet, müssen die Ausgaben, d. i. die denselben entsprechenden, wie oben erwähnt, bereits annullirten Credite neuerdings in den Budgetvoranschlag eingestellt, und wie neu
vorkommende Posten behandelt werden, so wie auch hierfür in der
Rechnung für das laufende Budget (dem *Compte général des finances*) bei jedem Dienstzweige, wo deren vorkommen, eine eigene
Rubrik besteht. Die Nachweisung über solche die früher abgethanen
Budgetjahre betreffenden Ausgaben heisst das *service des exercices périmés* (als welche z. B. in dem Rechnungsjahre 1864 die
vom 1. Jänner 1860 rückwärts liegenden Jahre angesehen werden).
Das *service des exercices clos* und jenes *des exercices périmés* wird
in den französischen Staatsrechnungen stets abgesondert behandelt
und in besonderen Capiteln (in der Generalfinanzrechnung) und
Nachweisungen (in den *Déclarations générales* des Rechnungshofes)
für jeden einzelnen Dienstzweig dargestellt.

---

*) Eine allgemeine Ermächtigung wird — den bestehenden Gesetzen
gemäss — in der *loi des Comptes* ertheilt.

Form und Inhalt des Budgets.

Das Budget ist ein Bruttobudget, und zwar in der strengsten Auslegung, da keine Ausgabe von der Einnahme vorweg abgezogen werden darf, und jede Einnahme in die Cassen des Finanzministeriums fliesst, welches sie in seinen Büchern und seiner Rechnungsführung centralisirt.

Die Staatseinnahmen und Ausgaben bilden das Staatsbudget, welches in ein ordentliches und ein ausserordentliches zerfällt. Das ordentliche Budget umfasst das allgemeine Budget für die allgemeinen Einnahmen und Ausgaben des Staates, und das specielle Budget für die *services spéciaux (ressources spéciales et dépenses sur ressources spéciales)*, welches letztere jedoch nicht ausgeschieden, sondern bei den einzelnen Einnahme- und Ausgabezweigen dem allgemeinen Budget beigefügt wird. Endlich besteht noch eine Abtheilung des Budgets für die *services spéciaux (recettes et dépenses) rattachés pour ordre au budget*, welche zwar abgesondert behandelt, aber am Schlusse eines jeden Dienstzweiges beigefügt werden. Diese einzelnen Abtheilungen machen das französische Budget höchst complicirt, und wirken auf die Grösse und den Umfang desselben (jedoch in verschiedener Weise) ein. Das *service sur ressources spéciales* betrifft die Departemental- und Communalverwaltung, deren Kosten dem grössten Theile nach von der Staatsverwaltung bestritten werden, indem sie Zusatzcentimes zu den directen Steuern erhebt und dieselben an die Departements und Gemeinden zur Bestreitung der Ausgaben für bestimmte Zwecke (eigentliche Verwaltung, Strassen, Primärunterricht, Unterstützung der Steuerpflichtigen bei zufälligen Elementar- und Brandbeschädigungen, Steuernachlässe, Steuerumlegungskosten) ertheilt. Diese Einnahmen und Ausgaben erscheinen in dem eigentlichen Budget und erhöhen dessen Ziffern, wirken aber auf das Gleichgewicht nicht ein, da sich Einnahmen und Ausgaben stets ausgleichen (d. h. da nur die wirklich eingehobenen Einnahmen für jene Zwecke verwendet werden). Sie machen eine sehr bedeutende, 220 Millionen Francs übersteigende, Summe aus. Die *services rattachés pour ordre au Budget* betreffen Staatsanstalten, welche ein eigenes Vermögen und eigene Einnahmen haben und vom Staate nur Subventionen (die aber im allgemeinen Budget schon enthalten sind) empfangen; die Einnahmen und Ausgaben derselben erscheinen daher in dem eigentlichen Budget nicht einbezogen und wirken deshalb auf dessen Ziffer nicht ein. Dazu gehören die Ehrenlegion, die Staatsdruckerei, die Consulatskanzleien, die Münz- und Medaillenfabrication, die Armee-Dotationscasse (aus den Geldern der Loskäufe gebildet), die Marine-Invalidencasse, die *École centrale des arts et manufactures*. Die Gesammteinnahmen und Ausgaben dieser Anstalten steigen auf mehr als 100 Millionen Francs.

Ausserdem gibt es aber noch im französischen Budget *recettes et dépenses spéciales*, welche zu den einzelnen Dienstzweigen gehören und wahre Bestandtheile des allgemeinen Budgets bilden. Sie betreffen die Beziehungen des Staates zu den Eisenbahngesellschaften, welche ihre Schuld für die ihnen überlassenen Eisenbahnstrecken in Obligationen abtragen und für den Ausbau des Eisenbahnnetzes Subventionen von der Regierung erhalten, die Verwendung der Fonds für die grossen öffentlichen Bauten, und jenes für den Schutz der Städte gegen Ueberschwemmungen, dann den aus Holzverkäufen gebildeten Fond für den Bau der Forststrassen, Ausgaben für Renten-Conversion, eingezahlte Kriegsentschädigungen, Anlehens- und Ausgleichungszahlungen mit Griechenland und Sardinien etc.

Das Budget umfasst in zwei Hauptabtheilungen die Staats-Einnahmen und Ausgaben. Letztere werden nach Ministerien, Capiteln und Artikeln getrennt nachgewiesen, und es wird darüber früher in den Kammern verhandelt, als über die Einnahmen, welche bestimmt sind, die Ausgaben zu decken. Jeder Minister bereitet sein besonderes Budget auf Grundlage der Bewilligungen für das vorausgegangene Budgetjahr und mit Berücksichtigung der neu entstandenen Bedürfnisse oder Dienstzweige vor. Er tritt darüber mit dem Finanzminister in Verhandlung, welcher als der das gesammte Einnahmebudget verwaltende Centralisator allein in der Lage ist zu beurtheilen, ob die Gesammtheit der verfügbaren Mittel zur Bedeckung des Erfordernisses hinreicht, und die Gränze zu bezeichnen, bis wie weit sich die zu erhebenden Einnahmen zu erstrecken haben. Nachdem er die Specialbudgets der einzelnen Minister coordinirt hat, bereitet der Finanzminister den Gesetzentwurf bezüglich der Feststellung des Gesammtbudgets, welcher zugleich der Entwurf des Finanzgesetzes ist, vor. Dieser Entwurf, welcher die Hilfsquellen und Bedürfnisse eines jeden Finanzjahres (*exercice*) in eine Uebersicht zusammenfasst, und hiermit die Einheit des Systemes feststellt, das die Grundbedingung der Ordnung in den

Finanzen ist, wird zuerst im Minister-Conseil discutirt, dann der eingehenden Prüfung des Staatsrathes unterzogen. Hierauf wird mit kais. Genehmigung der Budget- (und Finanzgesetz-) Entwurf gedruckt und ausgestattet mit einem *Exposé* der Motive und zahlreichen Documenten, dem gesetzgebenden Körper vorgelegt, was mehrere Monate vor dem Beginne des Verwaltungsjahres geschieht. Das Budget wird in den Kammern nicht von dem Finanzminister oder den sonstigen Ministern, sondern vom Staatsrathe vertreten und vertheidigt. Die Votirung in der Kammer geschah seit 1831 nach Capiteln, seit dem Senatus-Consult vom 25. December 1852 blos nach Ministerien, seit dem neuesten Senatus-Consult vom 31. December 1861 aber nach Ministerialsectionen, deren es im Ganzen 55 gibt, die aber sehr ungleich vertheilt sind, so dass die Extreme der ihnen gewidmeten Budgetansätze zwischen 800.000 Francs und 685 Millionen Francs variiren.

Die Eintheilung des Budgets ist folgende: Staatsschuld und Dotationen (des kaiserlichen Hofes und des Senates sammt Diäten der Deputirten und sonstigen Kosten der beiden Kammern) 1 Section. Allgemeiner Dienst der Ministerien, und zwar: Staatsministerium 4 Sectionen, Justizministerium 4 Sect., Auswärtiges Ministerium 3 Sect., Ministerium des Innern 6 Sect., Finanzministerium 3 Sect., Kriegsministerium 5 Sect., Gouvernement von Algier 4 Sect., Marineministerium 5 Sect., Ministerium des öffentlichen Unterrichts und des Cultus 8 Sect., Ministerium für Ackerbau, Handel und öffentliche Bauten 5 Sect., Einhebungs- und Verwaltungskosten der Steuern und anderen Einnahmen 6 Sect., Nachlässe und Rückzahlungen 1 Section. Das Finanzministerium umfasst übrigens 11 Sectionen, da auch jene, welche sich auf die Staatsschuld, die Einhebungskosten und die Steuernachlässe beziehen, in sein Ressort gehören.

Amendements können von den Deputirten über alle Punkte, die ihnen der Verbesserung fähig erscheinen, gestellt werden; doch dürfen sie nur dann zur Berathung in der Kammer zugelassen werden, wenn sie von der Budget-Commission und von dem Staatsrathe vorläufig adoptirt wurden. Der Senat votirt nur über das ganze Budget mit der Formel, dass er sich demselben nicht widersetzt.

Nachdem das Budget nach Sectionen votirt ist, erfolgt die Repartirung der den verschiedenen Ministern eröffneten Credite nach Capiteln (selbstverständlich fast immer in der Form und nach dem

Ausmasse, wie sie in dem dem gesetzgebenden Körper vorgelegten Budgetsentwurfe enthalten waren) durch kais. Decret über Vernehmung des Staatsrathes (dieselbe Form wird bei den sogleich zu erwähnenden Virements beobachtet).

Das ausserordentliche Budget wird in derselben Form, wie das ordentliche behandelt, doch wird es abgesondert und später dem gesetzgebenden Körper vorgelegt. Es ist in der Regel sehr bedeutend und enthält nebst den Nachforderungen für Krieg und Marine die beträchlichen Summen, welche in Frankreich für ausserordentliche öffentliche Bauten aufgewendet werden. Den hiermit beantragten Ausgaben müssen in dem ausserordentlichen Budget auch die Einnahmen gegenüber gestellt werden, wodurch jene ihre Bedeckung finden; es sind nebst den Ueberschüssen des vorausgegangenen ordentlichen Budgets ausserordentliche, als Verkauf vom Staatseigenthum, hauptsächlich von Holzfällungen, Kriegsentschädigung, Anlehen und Vermehrung der schwebenden Schuld. Die weitere gesetzliche Behandlung erfolgt wie bei dem ordentlichen Budget.

In dem Budget werden den verschiedenen Ministern die Credite eröffnet, mit denen sie zu gebaren haben. Unter Credit wird die zur Deckung einer Ausgabe im Budget vorgesehene Summe verstanden. Da aber die im Budget enthaltenen Credite fast niemals für die einzelnen Ministerien ausreichten, und dieselben immer Nachtragsforderungen stellten, so entstanden dadurch neue Arten von Crediten, insbesondere 1. *Crédits supplémentaires*, welche zur Vervollständigung einzelner im Budget vorgesehener Credite für bestimmte Zwecke dienen, wenn letztere Credite nicht ausreichend befunden werden. 2. *Crédits extraordinaires*, welche zur Deckung ausserordentlicher und dringender im Budget nicht vorgesehener Ausgaben dienen. 3. *Crédits complémentaires*, welche zur Deckung der Ungenügenheit einzelner Credite dienen, die erst bei der Herstellung der definitiven Jahresrechnung zur Erscheinung kommen; sie sind niemals von grossem Belange (betragen für alle Dienstzweige im Jahre ungefähr 18—19 Millionen Francs) und werden durch kais. Decret eröffnet, dann mit dem Gesetze des *règlement définitif du budget* geregelt.

Die ersten beiden genannten *(supplémentaires* und *extraordinaires)* Credite beliefen sich dagegen meist auf mehrere Hunderte von Millionen, und brachten, da sie durch kais. Decrete bewilligt werden konnten, eine solche Unordnung in das Budgetwesen, dass das

vom gesetzgebenden Körper bewiligte Budget gewöhnlich um circa
300—400 Millionen Francs geringer war, als die laut der Schlussrechnung wirklich verausgabten Summen. Da dadurch (zur grossen
Beunruhigung der öffentlichen Meinung) die schwebende Schuld namhaft anwuchs, indem die mehr verausgabten Millionen keine andere
Deckung im Budget fanden, als höchstens den Ueberschuss der wirklich eingehobenen über die veranschlagten Einnahmen, und die Bedeutung des legislativen Factors herabsank, machte der Kaiser die
Concession, dass laut Senatus-Consult vom 31. December 1861
künftig keine Nachtragscredite mehr ohne vorläufige Genehmigung
des gesetzgebenden Körpers eröffnet werden sollten, und an die
Stelle dieser für den Fall ausserordentlichen Bedarfes den Ministern
das mit kais. Genehmigung von Fall zu Fall eingeräumte Recht der
Uebertragung aus einem Capitel in das andere, *virement* genannt, zu-
stehen sollte. Es ist diess das Recht, in einem Dienstzweige (Capitel) bewilligte Credite, welche voraussichtlich nicht zur Verwendung
kommen, für andere Zwecke (Capitel) desselben Ministeriums verausgaben zu können. Dieses Recht wurde gegen die gesetzliche Bestimmung so weit ausgedehnt, dass man auch dort Summen vorweg
nahm und zur Uebertragung benützte, wo deren regelmässige Verwendung nothwendig war und nur in einem späteren Zeitpunkte des Finanzjahres eintreten musste, so dass dafür dann neue Credite nach-
zusuchen waren, die aber nicht mehr den wirklichen Gegenstand des
Bedarfes, sondern einen allgemeinen Dienstzweig, der schon ursprünglich bedeckt war, bezeichnen, — eine Praxis, die zwar vielfach
als eine versteckte Umgehung des Budgets angefochten wurde, bisher
aber im Falle extremen Bedarfes festgehalten wird. Obgleich hiermit
ein Auskunftsmittel für plötzlich eintretenden Bedarf gefunden
wurde, so reichte er doch lange nicht für die das bewilligte Budget
überschreitenden Ausgaben der Verwaltung hin. Es ward aber auch
hierfür ein leichtes Mittel gefunden, denn da das Budget vor dem Beginne des Verwaltungsjahres dem gesetzgebenden Körper vorgelegt
wird, und derselbe bis ungefähr zur Mitte desselben Jahres versammelt bleibt, so liegt es in der Macht der Regierung, der Kammer
ein Nachtragsbudget *(Budget supplémentaire)* von Crediten für
die einzelnen Dienstzweige (mit welchen immer auch zugleich die
Deckung mittelst ausserordentlicher Einnahmen oder Verkäufen vom
Staatseigenthum, oder Vermehrung der schwebenden Schuld, oder
Reste früherer Anlehen etc. verbunden ist) zur Bewilligung vorzu-

legen. Diese Credite, eigentlich *supplémentaires*, werden in der neueren Finanzsprache zuweilen *extrabudgétaires* genannt, und sind in der Regel so hoch bemessen, dass gegenwärtig von einem Deficit (in dem budgetmässigen Sinne, dass die Ausgaben die bewilligten Credite überschreiten) eigentlich gar nicht mehr die Rede sein kann. Es kam solches in der neuesten Zeit auch nur ein einziges Mal, und zwar mit der geringen Summe von 35 Millionen Francs vor, nämlich für das Jahr 1862 während des mexikanischen Krieges, wo die von der in Mexiko weilenden Flotten- und Armeeverwaltung auf den Staatsschatz gezogenen Wechsel so spät einlangten, dass sie nicht mehr in die *Crédits extrabudgétaires* einbezogen werden konnten, und wo ferner die zu gewährenden Rückzölle oder Prämien bei der Zuckerausfuhr eine ungewöhnlich hohe Summe in den letzten Monaten des Jahres in Anspruch nahmen.

Die Beilage 1 enthält eine ausführliche Beschreibung des Budgets nach Form und Inhalt desselben. *)

Staatsrechnung.

Das Grundgesetz, welches in Frankreich die Staatsrechnung überhaupt und insbesondere das Budget regelt, ist die k. Ordonnanz vom 31. August 1838, modificirt bezüglich des Budgets in einigen Puncten durch die Senatus-Consulte vom 25. December 1852 und 31. December 1861 und durch die Constitution vom Jahre 1852, neuerlich aber hauptsächlich durch das kaiserliche Decret vom 31. Mai 1862.

Die durch das Finanzgesetz für die Ausgaben eines Dienstzweiges (Capitels) eröffneten Credite können (mit Ausnahme der neuerlich eingeführten *Virements*) zu keiner Ausgabe eines anderen Dienstzweiges (Capitel) verwendet werden. Als einem Finanzjahre (*exercice*) angehörig, können nur jene Ausgaben für einen Dienstzweig angesehen werden, welche einen in dem Jahre, welches dem *exercice* den Namen gibt (d. h. im Sonnenjahre) wirklich bestrittenen Dienst betrifft. In jedem Monate macht der Finanzminister nach

---

*) In dieser und den folgenden Beilagen wurde die Beschreibung auf die Vorlage für ein bestimmtes Jahr bezogen, wodurch mehr Klarheit bei kürzerer Fassung geboten werden kann.

den von den übrigen Ministern gestellten Begehren dem Kaiser seinen Vorschlag über die Vertheilung der Fonds, worüber die Minister im nächsten Monate verfügen können. Jede Zahlung-anweisung *(ordonnance)* und jeder Zahlungsauftrag *(mandat)* muss mit dem Belege versehen sein, aus welchem erhellet, dass die Zahlung einer gehörig gerechtfertigten Forderung an den Staat entspricht. Alle Ausgaben eines Finanzjahres *(exercice)* müssen in demselben Jahre, welches dem *exercice* den Namen gibt, oder spätestens in den acht darauffolgenden Monaten, d. i. bis 31. August des nachfolgenden Jahres, liquidirt, angewiesen und bezahlt werden. Nach Ablauf dieses Termins wird das Finanzjahr *(exercice)* geschlossen. Kommen nach Schluss noch Ausgaben vor, welche für dasselbe zu bestreiten waren, so werden sie auf die Fonds des laufenden Finanzjahres angewiesen, in dessen Budget jedesmal ein specielles Capitel für derlei nachträgliche Ausgaben enthalten ist.

Die Staatsrechnung wird in Frankreich, freilich mit einem grossen Apparate, wie ihn nur ein intelligenter und umfangreicher Staat liefern kann, musterhaft durchgeführt, so wie auch die Rechnungs- und Verwaltungscontrole trefflich organisirt ist. Im Staatsrechnungswesen kommen gewisse Ausdrücke häufig vor, welche einer Erläuterung bedürfen. Bei den Einnahmen werden zuerst berücksichtigt die Voranschläge *(évaluations)*, deren Höhe sich nach den Voranschlägen des vorausgegangenen Budgetjahres, zum Theile nach dem Erfolge des zweitletzten Budgetjahres und der ersten Monate des letzten Budgetjahres richtet. Hierauf kömmt die Gebührenschuldigkeit *(droits constatés à la charge des redevables envers l'État)* zur Sprache, d. h. die Summe, welche nach den Steuerrollen und dem Stande der Steuerpflichtigen von denselben für das bestimmte Budgetjahr zu bezahlen war; diese Summe ist namhaft höher als jene der *évaluations*. Dieser folgt die Summe der wirklich bewerkstelligten Einhebungen *(Recouvrement* oder *droits recouvrés)*, welche selbstverständlich geringer ist, als jene der *droits constatés* aber mit der nun folgenden Rubrik der noch zu erheben erübrigenden Einnahmen *(droits à recouvrer)* der Gesammtsumme der *droits constatés* gleich kömmt. Bei den Staatsausgaben wird zuerst die Zahlungsschuldigkeit des Staates den gerechtfertigten Forderungen der Staatsgläubiger gegenüber (die *droits constatés des créanciers de l'État)* in Rechnung angesetzt. Es ist hierbei zu erwähnen, dass in der streng logisch gegliederten französischen Staatsrechnung die

Unterscheidung der liquidirten Forderungen an den Staat *(droits liquidés)*, der in Folge der Liquidirung der Forderungen darauf gemachten Zahlungsanweisungen *(droits ordonnancés, ordonnances de paiement)* und der wirklich geleisteten Zahlungen *(paiements effectués)* auch in den Ausweisen festgehalten wird. Die *droits constatés* sind (in den Jahresrechnungen) solche, welche *liquidés et ordonnancés* sind, hinsichtlich welcher also die Zahlungsschuldigkeit des Staates vollständig anerkannt ist, und nur die materielle Ausführung, d. i. die wirkliche Zahlung erübrigt *). Die wirklich geleisteten Zahlungen und die noch zu bewerkstelligenden Zahlungen zusammen stimmen mit der Summe der gemachten Anweisungen *(droits constatés)* überein.

Zu den in der Staatsrechnung zunächst vorkommenden staatlichen Organen gehören die **Rechnungsleger** *(comptables)* und die **anweisenden Behörden** *(ordonnateurs)*, ferner die **Centralbuchhaltungen** der Ministerien und die **Generalfinanzbuchhaltung.**

Wer mit Staatsgeldern gebart, muss darüber Rechnung legen und wird ein Rechnungsleger *(comptable des finances* oder *comptable envers le trésor,* oder auch kurzweg *comptable)* genannt. Seine Schriften und Geschäftsbücher werden am 31. December jeden Jahres (oder bei dem Aufhören seiner Gebarung) von eigens dazu bestimmten administrativen Agenten geschlossen, seine Casse und sein Portefeuille wird von eben denselben verificirt und darüber ein Protocoll aufgenommen. Die *Comptables principaux* sind verantwortlich für die Operationen ihrer Untergebenen, so weit sich dieselben auf die Rechnungslegung beziehen. Die Aufschreibungen der Rechnungsleger sind in der Regel nach der doppelten Buchführung eingerichtet *(sont tenues en partie double)* und bestehen aus einem *Journal,* welches zur ersten Aufschreibung und als Cassebuch dient, einem Hauptbuche *(grand-livre)* und den Hilfsbüchern. Das *Journal* ist zur Aufzeichnung aller Operationen im Momente, wo sie erfolgen und mit allen erforderlichen Details bestimmt. Diese Operationen

---

*) Wo in den Rechnungen, wie z. B. in den Monatsausweisen der Centralbuchhaltungen, zwischen liquidirten und zur Zahlung angewiesenen *(ordonnancés)* Forderungen unterschieden wird, heissen auch die *droits liquidés* (und zwar mit vollem Rechte) schon *droits constatés.*

werden am Ende jedes Tages auf das Hauptbuch, in offene Rechnungen, wofür bestimmte Rubriken bestehen, übertragen. Für die weiteren Unterabtheilungen der offenen Rechnungen bestehen die Hilfsbücher.

Keine Ausgabe für den Staat kann bestritten werden, wenn sie nicht vorher angewiesen *(ordonnancé)* worden ist, sei es durch einen Minister *(Ministre ordonnateur)*, sei es durch einen *ordonnateur secondaire* kraft seiner Delegation. Damit eine Anweisung von dem Finanzminister anerkannt und zugelassen werde, muss sie sich auf einen regelmässig eröffneten Credit beziehen, und sich innerhalb der Gränzen der monatlichen Vertheilung der Fonds halten.

Die Anweisungen *(ordonnances)* der Minister theilen sich in Zahlungsanweisungen *(ordonnances de paiements)* und in Delegationen *(ordonnances de délégation)*. Durch erstere werden unmittelbar vom Minister Zahlungen an die Staatsgläubiger geleistet, durch letztere ermächtigen die Minister die *ordonnateurs secondaires* über einen Theil ihres eigenen Credites durch Zahlungsaufträge zu Gunsten von Staatsgläubigern zu verfügen. Die *ordonnateurs secondaires* in den Departements sind die Präfecten, die Militär-Intendanten, die Artillerie- und Fortificationsdirectoren, die Commandanten der Regiments- und Applicationsschulen, die Generalcommissäre der Marine, die Directoren der Hüttenwerke und Giessereien, der Marine-Commissär mit besonderen Aufträgen in den Colonien und in Algier, der Präsident der Münzcommission, die Regierungs-Commissäre bei den Münz-Etablissements, die Directoren der Finanzadministrationen, die Postinspectoren, der Director der kais. Forstschule, die Wälderconservatoren, ein Comitémitglied der Direction der Packetboote im Mittelmeere, der Ober-Ingenieur der Baudirection *(des ponts et chaussées)* und die Militär-Unterintendanten. Die Signatur der *ordonnateurs secondaires* wird dem Zahlmeister bekannt gegeben. Die *ordonnateurs secondaires* übermachen an jedem Abend dem Zahlmeister des Departements die Verzeichnisse der Zahlungsaufträge *(mandats)* die sie im Laufe des Tages an deren Cassen erlassen haben, und fügen die Documente oder Behelfe der bezüglichen Forderungen bei.

Bei jedem Ministerium ist eine Centralbuchhaltung bestellt, welche über alle die Liquidirung, die Anweisung *(ordonnancement)* und die Bezahlung der Ausgaben betreffenden Operationen Buch führt. Sie hat ein General- und ein Hauptbuch *(en parties doubles)* worin alle auf die Ausgaben bezugnehmenden Operationen, welche die Zahlmeister den *ordonnateurs secondaires* und diese den vorgesetzten Ministerien bekannt geben, aufgezeichnet werden. Das Ergebniss dieser Buchführung wird nachderhand den Aufschreibungen der Generalbuchhaltung des Finanzministeriums einverleibt, welche der definitiven Regelung des Budgets zur Grundlage dienen. Die *ordonnateurs secondaires* führen ebenfalls ein Journal und ein Hauptbuch. Am 10. jedes Monats verfassen dieselben, nachdem sie sich von der Uebereinstimmung der Ergebnisse des Hauptbuches mit jenem des Journals überzeugt, monatliche Gebarungsausweise und übersenden dieselben dem vorgesetzten Ministerium. Diese Ausweise enthalten nach den Capiteln und Artikeln des Budgets gereiht:

1. den Betrag des delegirten Credites,
2. die liquidirten Gebühren *(droits constatés)*,
3. den Betrag der ausgefertigten Zahlungsmandate,
4. jenen der wirklich geleisteten Zahlungen.

Am Ende des Verwaltungsjahres, wo alle Bücher gleichzeitig geschlossen werden, wird eine allgemeine und definitive Uebersicht von den *ordonnateurs secondaires* an das vorgesetzte Ministerium eingesendet. Der Rechnungshof unterzieht zwar die Rechnungen der Zahlmeister seiner Prüfung, darf aber keine Jurisdiction über die *Ordonnateurs* ausüben, noch kann er die Zustimmung zu den Zahlungen verweigern, die der Zahlmeister über die regelmässigen Anweisungen derselben geleistet hat.

Bei dem Finanzministerium besteht eine General finanz-buchhaltung *(comptabilité générale de l'Administration des finances)*. Der Director derselben ist beauftragt, unter den Weisungen des Ministers die Formen für alle Rechnungen von öffentlichen Geldern zu regeln, periodisch die Elemente derselben sammt deren Belegen *(pièces justificatives)* zu sammeln, die Ergebnisse derselben zu controliren, und sie in seinen Centralaufschreibungen (Journal und Hauptbuch) zu constatiren, welche den dem Minister vorzulegenden Rechnungen und Standesausweisen zur Grundlage dienen. Er wacht darüber, dass die Rechnungsleger in ihren Aufschreibungen alle Liquidirungen von Einnahme- und Ausgabeschuldigkeiten constatiren, er verfolgt die rechtzeitige Einhebung der Auflagen, und beantragt die auf die definitive Regelung des Budgets und die Bereinigung der das Rechnungsjahr betreffenden Operationen *(apurement de l'exercice)* Bezug nehmenden Verfügungen.

Er wirkt im Einvernehmen mit der obersten Cassenverwaltung *(direction du maniement général des fonds)* zu der Ueberwachung der Geschäftsführung der Rechnungsleger mit, betreibt die ihm nöthig scheinenden Verificationen und ist verpflichtet, alle ihm aufstossenden Unregelmässigkeiten zur Kenntniss des Ministers zu bringen. Auch schlägt er im Einvernehmen mit den betreffenden Directionen die Sicherheits- und Regressmassregeln, welche er dem Interesse des Dienstes gemäss erachtet, vor. Er sammelt die Rechnungen aller Finanzrechnungsleger *(comptables des finances)*, prüft und beglaubigt die Uebereinstimmung derselben mit seinen Aufschreibungen, und übersendet dem Rechnungshofe die allgemeinen Uebersichten *(résumés généraux)* der individuellen Rechnungen und die Vergleichungsausweise *(états comparatifs)*, die den Rechnungshof in den Stand setzen, die Ergebnisse der individuellen Rechnungen mit der Generalfinanzrechnung zu vergleichen und darüber seine *déclarations générales* zu erlassen. Eine Ausnahme bilden die Uebersichten des Hauptzahlmeisters *(caissier payeur central du trésor)*, welcher dieselben direct dem Rechnungshofe übermacht. Die Expeditionen der Beschlüsse des Rechnungshofes gelangen an den Director der Generalfinanzbuchhaltung, welcher die Ausführung derselben überwacht. Der Verifications-Commission stellt er alle zur Vollziehung ihrer Aufgabe erforderlichen Nachweisungen zur Verfügung. Es kommen ihm die Abschriften der Journale und Bilanzen, sowie alle Rechnungsbelege und sonstigen zur Controle der Gestion der Rechnungsleger und zur Herstellung der allgemeinen Finanzrechnung erforderlichen Documente zu. Er erhält von den anweisenden Ministern *(Ministres ordonnateurs)* und den einzelnen Directionen des Finanzministeriums die Elemente zu seiner Buchführung, und theilt denselben alle für ihren Dienst erforderlichen Resultate seiner Geschäftsführung mit. Er überwacht insbesondere die Vollziehung der Vorschriften in Betreff der Einhebung der directen Steuern, und rücksichtlich der Verantwortlichkeit der Rechnungsleger. Dem Finanzminister legt er die Uebersichten und Belege vor, welche erforderlich sind, um ihm die periodische Kenntniss des Standes jedes verrechnenden Amtes, des Ganges der Einnahme- und Ausgabe-Dienstzweige, des Standes des Budgets und der Bilanz der Finanzverwaltung zu gewähren.

Seine Hauptaufgabe besteht aber darin, periodisch die Ergebnisse der elementaren Rechnungen über Einnahme und Ausgabe

zu sammeln, zu prüfen, sie nach Classen der Rechnungsleger zu
ordnen und in monatliche Ausweise zusammenzufassen, welche den
centralen Aufschreibungen der Generalfinanzbuchhaltung zur Grundlage dienen. Diese Aufschreibungen werden nach Art der doppelten Buchhaltung *(en partie double)* geführt, und umfassen das
Journal général, das Hauptbuch *(Grand-livre)* und die Hilfsbücher. Nach den Bilanzen dieser Bücher stellt der Director die
Monatsrechnungen, die Generalfinanzlage und alle anderen Ausweise zusammen, die er dem Minister vorzulegen hat.

Auf Grundlage der Aufschreibungen der Generalfinanzbuchhaltung wird der General finanzbericht (für das Rechnungs-
und das Verwaltungsjahr) zusammengestellt; vergleichende Uebersichten der allgemeinen Ergebnisse derselben erhält der Rechnungshof, um ihm die Mittel zu gewähren, die Genauigkeit derselben und die Uebereinstimmung mit seinen Beschlüssen über die
individuellen Rechnungen der Rechnungsleger zu constatiren.

Die Documente, in welchen die Staatsrechnung ihren Ausdruck findet, sind zweifacher Natur; sie umfassen nämlich das
Verwaltungsjahr *(année)* oder das Rechnungsjahr *(exercice);* die
ersteren sind provisorischer Natur und der Zeit nach der Gegen-
wart um ein Jahr näher gerückt, die letzteren dagegen haben
den Charakter der definitiven Schlussrechnung für das behandelte
Rechnungs- oder Finanzjahr. In sämmtlichen Staatsrechnungen,
der provisorischen sowohl, als der definitiven, ist übrigens das
ordentliche und das ausserordentliche Einnahme- und Ausgabe-Bud-
get, welche bezüglich der Voranschläge getrennt behandelt werden, zusammengefasst, und werden bei jedem Dienstzweige die
ausserordentlichen Ausgaben mit den ordentlichen (doch abgesondert) aufgeführt. Die provisorische Staatsrechnung ist in dem wichtigsten Documente der französischen Staatsrechnung, dem vom
Finanzminister veröffentlichten General finanzberichte *(Compte
général de l'Administration des finances)* enthalten. Er umfasst die gesammte Budgetrechnung, sowie die Cassenrechnung *(le
service du trésor)* eines Verwaltungs- oder Sonnenjahres. Bezüglich seines Haupttheiles, der Budgetrechnung, ist in der allen
Budgetabtheilungen folgenden Nachweisung eine Sonderung gemacht zwischen den Einnahmen und Ausgaben des vorausgegangenen Rechnungsjahres, deren Realisirung aber in das laufende
Verwaltungsjahr hineinreicht, und zwischen den Einnahmen und

Ausgaben des laufenden Rechnungsjahres, welche zwar mit dem
1. Jänner des gleichlautenden Verwaltungsjahres beginnen, aber
mit dem 31. December nicht schliessen, sondern ihrer Realisirung
nach in das nächste Verwaltungsjahr (Jänner, beziehungsweise
Juli und August desselben) hinüberreichen. Beide zusammen, die
nachträglich für das vorausgegangene Rechnungsjahr bewerkstelligten Einnahmen und Ausgaben und die für das laufende Rechnungsjahr bis zum 31. December bewerkstelligten Einnahmen und
Ausgaben bilden die Operationen des Verwaltungsjahres und sind
in dem *Compte général des finances* dargestellt. Jener Theil,
welcher das vorausgegangene Rechnungsjahr betrifft, ist nach den
definitiven und bereits controlirten Rechnungen für dasselbe ein-
gesetzt, und daher definitiv; jener Theil dagegen, welcher das
laufende Rechnungsjahr betrifft, kann nur provisorisch sein, da
die Rechnung für dasselbe erst nach dessen (im nächsten Verwaltungsjahre erfolgenden) Schlusse definitiv zusammengestellt
und der Controle unterzogen werden kann.

In der Anlage 2 ist die nähere Beschreibung des General-
finanzberichtes nach Form und Inhalt desselben enthalten.

Am Schlusse eines jeden Rechnungsjahres *(exercice)* werden
die definitiven Rechnungen für dasselbe zusammengestellt. Es ist
dabei zu unterscheiden zwischen den Einnahmen und den Ausgaben. Die definitive Rechnung für die gesammten Staatseinnahmen stellt der Finanzminister (nach den Vorlagen der Generalfinanzbuchhaltung) zusammen und veröffentlicht sie *(Compte
définitif des recettes rendu par le Ministre des finances)*. Bezüglich der Ausgaben dagegen stellen die einzelnen Minister, jeder
für sein Departement, ihre definitiven Rechnungen zusammen,
wozu ihnen die dem Ministerium beigegebene Centralbuchhaltung
das Material liefert.

Diese Rechnungen sind definitiver Natur, und heissen: *Compte
définitif de l'exercice... Ministère de .....* Sie werden gedruckt
und einzeln für jedes Ministerium veröffentlicht. Diese definitiven
Rechnungen, sowohl für die Einnahmen als für die Ausgaben,
werden der Kammer der Repräsentanten vorgelegt und dienen als
Grundlage für den Gesetzentwurf zur definitiven Regelung des
Budgets. Die Ausgaben darin sind detaillirter, als jene des *Compte
général des finances* welcher sämmtliche Ministerien umfasst und
in seinem ersten Theile ebenfalls das geschlossene Rechnungsjahr

behandelt. Die definitiven Rechnungen gelangen selbstverständlich um ein Jahr später zur Publication als der *Compte général des finances.*

Die Anlagen 3 und 4 enthalten eine detaillirte Beschreibung der *Comptes définitifs* für die Einnahmen und für die Ausgaben des Staates.

Rechnungs-Controle. Rechnungshof. Verwaltungs-Controle.

Die gesammte Rechnungscontrole concentrirt sich in Frankreich in dem Rechnungshofe, der *Cour des Comptes;* ausgenommen sind nur die Rechnungen der untergeordneten *Agents comptables.* wie der Gemeindesteuereinnehmer und der untergeordneten Agenten für die Einhebung der indirecten Abgaben, für welche die *comptables principaux* verantwortlich sind, und deren Gebarung in ihre eigene Rechnungen aufnehmen; dann der Rechnungsleger für die Gemeinden und die öffentlichen Anstalten, deren Einnahmen nicht 30.000 Francs jährlich erreichen. Diese Rechnungs-Controle erstreckt sich nicht nur auf die Gebarung der Staatsgelder, sondern auch auf jene der (grösseren) Gemeinden und öffentlichen Anstalten, da in Frankreich alle Gemeinden und öffentlichen Anstalten der Ueberwachung der Regierung, insbesondere hinsichtlich ihrer Gebarung unterstehen. ·

Alle Rechnungsleger (mit obiger Ausnahme) müssen ihre Rechnungen durch das Finanzministerium (der *Caissier payeur central du trésor* aber direct) dem Rechnungshofe nach Schluss des Verwaltungsjahres *(année)* einsenden, welcher sie prüft und darüber in feierlicher Erklärung *(déclaration spéciale)* seinen gerichtlichen Beschluss *(arrêt)* erlässt, dieser wird sowohl direct an den Rechnungsleger, als auch an das Finanzministerium mitgetheilt. Zu den Rechnungslegern gehört auch der *Agent comptable des virements.* Es lässt nämlich der Finanzminister an den Rechnungshof eine Uebersicht der Uebertragungen, *(résumé général des virements de comptes)* welche von der Generalfinanz-Buchhaltung bestätigt ist, gelangen, um jene Einnahme- und Ausgabeartikel nachzuweisen, welche nur eine Veränderung der Zuweisung, Compensationen, Cassenbewegungen und andere durchlaufende Auslagen betreffen. Dieses *résumé général* wird von einem eigenen Rechnungsleger *(agent comptable des virements)* nach den für die anderen Staatsrechnungen bestehenden Anordnungen verfasst und unter eigener Verantwortlichkeit an den Rechnungshof geleitet.

Das geprüfte und richtig gestellte Ergebniss der individuellen Rechnungen stellt der Rechnungshof in Uebersichten nach den einzelnen Dienstzweigen zusammen, welche sohin die gesammte Staatsrechnung, abgesondert für das geschlossene Rechnungsjahr *(exercice clos)* als auch für das Verwaltungsjahr (letztere nur vorläufig vor vollendeter Prüfung) in sich fassen.

Bei der Prüfung der Einzelrechnungen steht dem Rechnungshofe eine Controle über die verwaltenden Organe (die *ordonnateurs* oder anweisenden Behörden) nicht zu, d. h. er muss die Einzelrechnungen genehmigen, wenn der Rechnungsleger sich darüber ausgewiesen hat, dass ihm die Einhebung oder die Zahlung in gesetzlicher Form von dem betreffenden *ordonnateur* aufgetragen worden ist, und die anderen Rechnungsbelege beigebracht worden sind. Doch übt er über sie eine Verwaltungscontrole in anderer Weise aus. Es werden nämlich sowohl die definitiven Rechnungen der einzelnen Minister über das geschlossene Rechnungsjahr, als auch der *Compte général de l'Administration des finances* über das Verwaltungsjahr an den Rechnungshof geleitet, und er nimmt die Vergleichung derselben mit den Ergebnissen der Einzelrechnungen der Rechnungsleger vor, constatirt deren Uebereinstimmung oder die Ursachen der Nichtübereinstimmung, und prüft, ob die anweisenden Behörden bei der Anweisung den in Bezug auf die Staatsrechnungen bestehenden Gesetzen und Reglements gemäss vorgegangen sind. Vorgefundene Anstände über Unregelmässigkeiten werden mittelst *Référé's* den Ministern mitgetheilt, und auf diesem Wege behoben, oder andernfalls von dem Rechnungshofe zur Kenntniss des Kaisers (und des gesetzgebenden Körpers, diesem indirect durch Mittheilung der bezüglichen Druckschrift) gebracht.

Den Schluss der Operationen des Rechnungshofes bildet der von demselben an den Kaiser über die Finanzgebarung während des geschlossenen Rechnungsjahres erstattete Bericht *(rapport à l'empereur)* sammt den *Déclarations générales sur les comptes de l'année et de l'exercice*....(der letzte veröffentlichte betrifft das Jahr 1861). Der Bericht an den Kaiser enthält eine vollständige Nachweisung der gesammten Finanzgebarung in ihren Hauptumrissen, sammt den Vergleichungen mit früheren Jahren, und es werden darin an den bezüglichen Stellen die nicht behobenen Beanständungen beigefügt. Die *Déclarations générales* enthalten die feierliche Erklärung, dass das Ergebniss der vom Rechnungshofe ge-

prüften Einzelrechnungen mit den Nachweisungen und Rechnungen der Minister übereinstimmt. Es sind deren drei, von welchen die erste das Verwaltungs- (oder das Sonnenjahr) bezüglich des *Compte général des finances (déclaration générale sur les comptes de l'année....)*, die zweite das geschlossene Rechnungsjahr, bezüglich der definitiven Rechnungen der einzelnen Minister *(déclaration générale sur la situation définitive de l'exercice....)*, wobei die vorgekommenen und beanständeten Unregelmässigkeiten speciell (doch ohne weitere Begründung) aufgezählt werden, und die dritte die Materialrechnungen *(déclaration sur les comptes-matières)* betrifft. Beigefügt denselben sind die Erläuterungen der Minister *(éclaircissements en réponse aux observations de la Cour des Comptes)* worin sie sich über die gemachten Beanständigungen des Rechnungshofes rechtfertigen.

Dieser Bericht sammt *déclarations* und *éclaircissements* wird gedruckt den Kammern, zunächst dem gesetzgebenden Körper mitgetheilt, damit derselbe bei der gesetzlichen Reglung der Staatsrechnung *(règlement définitif du budget de l'exercice....)* durch das Staatsrechnungsgesetz *(loi des comptes)* darauf Rücksicht nehmen kann.

Das nähere Detail über die Zusammensetzung und den Wirkungskreis des Rechnungshofes enthält die Beilage 5, und jenes über den Inhalt des Berichtes an den Kaiser und der *Déclarations générales* die Beilage 6.

Es ergibt sich daraus die hohe und unabhängige Stellung, welche der Rechnunghof in dem französischen Staatsorganismus einnimmt. Er ist beauftragt, über alle öffentlichen Rechnungsleger durch seine Beschlüsse das Urtheil zu fällen, wobei er ihnen durch die Inamovibilität seiner Mitglieder die Garantie einer unabhängigen Rechtsprechung gewährt. Berufen über alle Staatseinnahmen und Staatsausgaben zu erkennen, erklärt er feierlich die Uebereinstimmung seiner gerichtlichen Controle mit den administrativen Rechnungen der Minister und gewährt der legislativen Gewalt die sicheren Anhaltspunkte zur definitiven Reglung des Budgets durch das Staatsrechnungsgesetz, er hebt ferner in seinem Berichte an den Staats-Chef alles hervor, was ihm in seiner Prüfungsvornahme geeignet scheint, die Aufmerksamkeit der Regierung auf sich zu ziehen, und spricht seine Ansichten über jene Verbesserungen aus, welche ihm das Studium der Thatsachen und der Gesetze dar-

bietet. Er wird dadurch ein nützliches und nothwendiges Hilfs-
werkzeug für eine Regierung, welche darauf bedacht ist, alle Acte
ihrer Finanzgebarung einer ernsten Prüfung zu unterziehen, und
ein helles Licht auf die Gesammtheit der Staatsrechnung zu
werfen *).

Es besteht aber in Frankreich noch eine andere eigenthümliche administrative Controle sowohl über die Budgetrechnung, als
insbesondere über die Cassenrechnung *(service du trésor)* und die
Staatsbilanz.

Am Ende eines jeden Jahres schlägt der Finanzminister dem
Kaiser die Ernennung einer aus neun Mitgliedern bestehenden Commission vor, welche aus Mitgliedern des Rechnungshofes, des
Staatsrathes, des Senates und des legislativen Körpers gewählt
wird. Dieselbe erhält den Auftrag, das Journal und das Hauptbuch
der General-Finanzbuchhaltung am 31. Dezember zu schliessen
und die Uebereinstimmung der Rechnungen der Minister mit den
Ergebnissen der Centralaufschreibungen beim Finanzministerium,
so wie mit jenen der Beschlüsse des Rechnungshofes über die
Einzelrechnungen der Rechnungsleger zu constatiren. Es wird darüber ein Protocoll aufgenommen, welches an den Finanzminister
geleitet und von diesem der Legislatur mitgetheilt wird.

Dieser Commission wird eine Uebersicht mitgetheilt, welche für
das geschlossene Rechnungsjahr (dessen definitive Reglung
den Kammern zur Genehmigung vorgelegt worden) die Vergleichung
der von den Ministern gelegten Rechnungen mit den Ergebnissen
der Rechnungsprüfungen von Seite des Rechnungshofes enthält.
Diese Nachweisung wird von der Commission geprüft und verificirt,
und sodann mit ihrem Berichte (welcher auch die allenfalls vorgekommenen Beanständigungen enthält) durch den Finanzminister
an den gesetzgebenden Körper geleitet. Die Commission controlirt
gesondert die in dem Verwaltungs-(Sonnen-)Jahre für Rechnung der *exercices ouverts* (d. i. des am 31. August zu Ende
gehenden Rechnungsjahres und des vom 1. Jänner bis 31. December laufenden, aber noch nicht geschlossenen Rechnungsjahres)
gemachten Einnahmen und Ausgaben, damit ihre Certificate die

---

*) Der Budgetansatz für den Rechnungshof erscheint in der Staats-
rechnung bei dem Finanzministerium aufgeführt.

Genauigkeit der definitiven Rechnungen der Minister für das geschlossene Rechnungsjahr bestätigen.

Auf eine gleiche Weise verificirt diese Commission die Journale und Bücher der Direction der Staatsschuld, um den Betrag der eingeschriebenen Renten und Pensionen festzustellen. Sie constatirt ferner die Uebereinstimmung dieser Aufschreibungen mit der Rechnung (dem *compte rendu*) des Finanzministers, das Ergebniss dieser Operationen wird in das Protocoll aufgenommen und dem gesetzgebenden Körper vorgelegt.

In einer ähnlichen Art wie die Budgetrechnungen werden die Rechnungen über die fundirte Schuld, das *Amortissement*, die *rentes viagères*, die Pensionen, die Cautionen und die schwebende Schuld behandelt.

Die detaillirte Angabe der Arbeiten und Vorlagen der Verifications-Commissionen ist aus der Anlage 7 zu entnehmen.

Hiermit ist der Kreislauf der Rechnungs- und administrativen Controle der Staatsrechnungen geschlossen. Der Rechnungshof prüft die Einzelrechnungen der Rechnungsleger und stellt deren Ergebniss in Uebersichten zusammen. Die Minister veranstalten mit Benützung ihrer administrativen Aufschreibungen durch ihre Buchhaltungen, bezüglich des Rechnungsjahres, die Rechnungen für ihre Departements, der Finanzminister bezüglich des Verwaltungsjahres für die gesammte Finanzgebarung. Der Rechnungshof vergleicht diese Rechnungen mit dem Ergebnisse seiner Beschlüsse über die Einzelrechnungen der Rechnungsleger, die Verifications-Commission hinwieder vergleicht die Ergebnisse der Prüfung und Zusammenstellung des Rechnungshofes mit den Rechnungen der Minister und fügt die Controle des Cassendienstes hinzu. Gleichwie die Aufschreibungen der einzelnen Rechnungsleger am 31. Dezember durch Agenten der Administration geschlossen werden, so schliesst die Verifications-Commission das *Journal général* und das Hauptbuch der Generalfinanzverwaltung und beglaubigt die von ihr geprüfte Generalbilanz der Finanzverwaltung.

Staals-Controle.

Nach diesen Vorgängen erübrigt der legislativen Gewalt noch der endgiltige Beschluss über die Reglung der Staatshaushaltsrechnung. Sie empfängt die definitiven Rechnungen der Minister über das geschlossene Rechnungsjahr, den Generalfinanzbericht

(Compte général de l'administration des finances) über das letzte Verwaltungsjahr, den an den Kaiser erstatteten Bericht und die *Déclarations générales* des Rechnungshofes, endlich den Bericht und das Protocoll der Verifications-Commission. Auf dieser Grundlage beruht das *Règlement définitif du Budget de l'exercice....* für das geschlossene Rechnungsjahr, welches mit dem Gesetzesentwurf des Staatsrechnungsgesetzes, der *loi des Comptes* (eigentlich *loi portant règlement définitif du budget de l'exercice....)* vom Finanzminister (mit kais. Ermächtigung) dem gesetzgebenden Körper zur ordnungsmässigen Behandlung vorgelegt wird. Diess soll in den ersten zwei Monaten des Jahres, welches auf den (am 31. August stattfindenden Schluss des abgelaufenen Rechnungsjahres *(exercice)* folgt, geschehen. Gewöhnlich nimmt der gesetzgebende Körper in einer der letzten Sitzungen der Session die Berathung über diesen Gesetzentwurf vor, welche sich in der Regel auf eine Abstimmung über dasselbe beschränkt und sohin zu einer einstimmigen Annahme des Gesetzentwurfes führt. Nachdem der Gesetzentwurf durch den Senat gegangen ist, wird das Gesetz mit der kaiserlichen Sanction versehen, in dem *bulletin des lois* veröffentlicht, womit die feierliche und definitive Genehmigung der in einem Finanzjahre bewerkstelligten Einnahmen und Ausgaben ausgesprochen ist.

In der Beilage 8 ist die Detaillirung des *règlement définitif* für das Rechnungsjahr 1861, welches in der letzten Sitzung des gesetzgebenden Körpers am 28. Mai 1864 (siehe Moniteur vom 29. Mai 1864) zur Behandlung gelangte, enthalten.

Beilagen zu Frankreich.

1. Budget de l'Exercice.

Es wird ein zweifaches Budget angefertigt, das ordentliche und das ausserordentliche. Das erstere, weitaus das wichtigere, auch *Budget général* genannt, enthält, wie es dem gesetzgebenden Körper gedruckt vorgelegt wird, vier Abtheilungen, welche a) das *Exposé des motifs*, b) den Entwurf des Finanzgesetzes mit den erforderlichen Erläuterungen, c) das Budget der Einnahmen, d) das Budget der Ausgaben der verschiedenen Ministerialdepartements enthalten.

Das Finanzgesetz umfasst fünf Titel. In dem ersten wird die Summe der bewilligten Credite (Ausgabenbudget), die Gattung und Quote der autorisirten Auflagen (und sonstigen Staatseinnahmen), dann die voraussichtliche Summe der Einnahmen (*évaluation des voies et moyens*) und das Ergebniss der Vergleichung der Ausgaben mit den Einnahmen festgesetzt. Der zweite Titel betrifft das Ausgabenbudget *sur ressources spéciales*, welche sich nach den wirklich erhobenen Einnahmen richten; es wird die Summe der für Departemental- und für Communal-Ausgaben bestimmten Credite ausgedrückt, die hierfür gewidmeten Auflagen (Zusatzcentimes) bezeichnet, die Höhe der zulässigen Selbstbesteuerung der Gemeinden für die verschiedenen Zwecke fixirt und endlich die veranschlagte Summe der zur Deckung der bezüglichen Credite dieses Titels bestimmten Einnahmen angegeben. Der dritte Titel beschränkt sich auf die Feststellung der (für Einnahmen und Ausgaben gleichlautenden) Summe für die *services rattachés pour ordre*. Unter dem vierten Titel werden specielle Bestimmungen getroffen bezüglich der Ermächtigung des Finanzministers zur Ausgabe verzinslicher Schatzbons mit fixer Verfallszeit für den Dienst des Staatsschatzes, (250 Millionen Francs, wobei die an die Amortisationscasse hinausgegebenen Bons, dann die an die Bank als Garantie des Anlehens ausgefolgten, endlich die Bons für Industrie-Anlehen nicht inbegriffen sind) ferner bezüglich des Kriegs- und Staatsministers zur Eröffnung eines bestimmten Credits für Pensionen, die im Finanzjahre verliehen und in das grosse Buch der Staatsschuld eingeschrieben werden, dann bezüglich der Höhe der von der *Caisse des travaux publics* der Stadt Paris auszugebenden Bons, weiter bezüglich der auf Frankreich fallenden Quote des von ihm garantirten griechischen Anlehens, endlich die Bestimmungen hinsichtlich des Ausbaues der Forststrassen und der dafür angewiesenen Einnahmen. Im fünften Titel endlich ist die allgemeine Bestimmung aufgeführt, dass Niemand andere als die autorisirten Auflagen einfordern dürfe, unter der Androhung der darauf gesetzten Strafen.

Dem Finanzgesetz-Entwurfe sind Beilagen, neun an der Zahl, beigefügt und zwar folgenden Inhalts:

1. Das *Budget général* der ordinären Ausgaben, welches den Betrag der eröffneten Credite je nach den einzelnen Sectionen der verschiedenen Ministerien enthält.

2. Die Uebersicht der directen Steuern, je nach den einzelnen Steuergattungen gereiht, mit der Bezeichnung jener Summen, welche für die allgemeinen Auslagen, und jener, welche für die Special-Auslagen (Departemental-Verwaltung, Steuernachlässe etc.) gewidmet sind.

3. Die Vertheilung der Grund-, Personal-, Mobiliar-, Haus- und Feustersteuer nach den einzelnen 89 Departements.

4. Die Uebersicht der in dem Patent-Steuertarife eingetretenen Modificationen.

5. Die Aufzählung aller bestehenden indirecten Steuern, Gebühren und Taxen, welche sowohl für den allgemeinen Staatsdienst als für die Gemeinden und öffentlichen Anstalten erhoben werden, mit Angabe der gesetzlichen Begründung.

6. Das *Budget général* der ordinären Staatseinnahmen *(des voies et moyens ordinaires)*, nach den einzelnen Einnahmezweigen geordnet.

7. Die Uebersicht der Einnahmen *sur ressources spéciales* — und damit übereinstimmenden — Ausgaben (Zuschläge zu den directen Steuern, eventuelle Departemental-Einnahmen, Special-Einnahmen des Primär-Unterrichtes, verschiedene Special-Einnahmen, Ausgaben für Departemental-Verwaltung, Steuer-Rückvergütungen, Primär-Unterricht etc.)

8. Uebersicht der Einnahmen und Ausgaben der *services spéciaux rattachés pour ordre*, (Ehrenlegion, Staatsdruckerei, Consulatskanzleien, Münzfabrication, Armeedotationscasse, Marine-Invalidencasse, *École centrale des arts et manufactures).*

9. Uebersicht der Holzfällungen in den Staatswaldungen zur Deckung der Kosten der zu·erbauenden Forststrassen.

Die dritte und vierte Abtheilung der ordentlichen Budget-Vorlagen betrifft das ordentliche Budget der Einnahmen und Ausgaben. Beiden wird eine Reihe von *Documents généraux* vorausgesendet.

Diese enthalten:

1. Eine allgemeine Uebersicht des ordinären Ausgabenbudgets nach den Capiteln des Budgets geordnet.

2. Eine allgemeine Uebersicht des Special-Ausgabenbudgets *(Budget des dépenses sur ressources spéciales)*, ebenfalls nach den Capiteln des Budgets geordnet.

3. Eine allgemeine Uebersicht der für die *services spéciaux rattachés pour ordre* eröffneten Credite, nach den Capiteln des Budgets geordnet.

4. Eine *Note générale*, die Gesammtübersicht der Zahlen für Einnahmen und Ausgaben des ordinären Budgets und des Budgets *sur ressources spéciales*, und die Vergleichung derselben mit jenen des Budgets für die vorausgegangenen Jahre enthaltend.

5. Eine allgemeine Uebersicht der Einnahmen (nach Einnahmezweigen) und der Ausgaben (nach Ministerien) und Vergleichung derselben mit den Voranschlägen des vorausgegangenen Jahres sowohl für das allgemeine ordentliche Budget als für jenes *sur ressources spéciales*.

Es folgt nun das *Budget des recettes* (sowohl der gewöhnlichen Einnahmen als jener *pour dépenses spéciales)* Nach einer einleitenden *Note préliminaire* über die Gesammt-Ansätze und deren Vergleichung mit dem Vorjahre folgt ein *Tableau résumé* über die Einnahmen nach Haupteinnahme-Zweigen und die Vergleichung mit den entsprechenden Ansätzen des vorjährigen Budgets. Sodann wird das detaillirte Einnahmebudget nach Einnahmezweigen und nach der Natur der *perception* aufgeführt, an dessen Schluss ein *Tableau de développement et de comparaison* beigefügt ist, welches nach den einzelnen Ansätzen die Vergleichung mit dem vorjährigen Budget enthält.

Die vierte (weitaus umfassendste) Abtheilung ist dem Ausgabebudget, d. i. den *Budgets particuliers des dépenses des Ministères* gewidmet. Bei jedem Ministerium folgt nach einer einleitenden, eine Uebersicht gewährenden *Note préliminaire*, eine Darstellung der Ausgaben nach Capiteln und Artikeln, in steter Vergleichung mit dem Vorjahre, sodann ein *Développement*, eine nähere Zergliederung der Artikel in Unterabtheilungen, mit Beifügung der Besoldungsstände der Beamten, welchen nach Erforderniss noch Special-Ausweise über einzelne bei den verschiedenen Ministerien bestehende Anstalten oder Vorkommnisse beigefügt sind.

Die Ausgaben der *services rattachés pour ordre* kommen bei den Ministerien vor, welchen die einzelnen dahin gehörigen Anstalten und Institutionen unterstehen, und zwar die Ehrenlegion bei dem Staatsministerium, die Staatsdruckerei bei dem Justizministerium, die Consulatskanzleien bei dem Ministerium des Auswärtigen, die Münz- und Medaillenfabrication bei dem Finanzministerium, die Armeedotationscasse bei dem Kriegsministerium, die Marine-Invalidencasse bei dem Marine-Ministerium, die *École centrale des arts et manufactures* bei dem Handelsministerium.

Die Ausgaben des General-Gouvernements von Algier bilden, obgleich dasselbe dem Kriegsministerium untersteht, einen für sich bestehenden Abschnitt des Budgets.

Das ausserordentliche Budget wird in gleicher Weise verfasst, dem gesetzgebenden Körper mittelst eines eigenen Gesetzentwurfes vorgelegt und sodann das bezügliche Gesetz nach erfolgter kaiserlicher Sanction publicirt.

2. Compte général de l'Administration des finances.

Der Generalfinanzbericht *(Compte général de l'Administration des finances)* wird in der von der k. Ordonnanz vom 31. Mai 1838 und dem kaiserl. Decrete vom 31. Mai 1862, welches das allgemeine Reglement der Staatsrechnung enthält, festgestellten Form verfasst.

Es wird aus dem *Journal général* und dem *Grand livre* extrahirt, welche bei der Generalfinanzbuchhaltung *(Direction de la Comptabilité générale des finances)* geführt werden, um alle auf die verschiedenen finanziellen Dienstzweige, deren Bewegung und schliesslicher Stand jährlich dem *Corps législatif* vorzulegen sind, Bezug nehmenden Operationen zu centralisiren. Diese officiellen Aufschreibungen gründen sich einerseits auf die Buchführung aller der Erhebung der Steuern und der Liquidirung der Staatsausgaben vorgesetzten Aemter, und anderseits auf die individuellen Rechnungen der Staats-Rechnungsleger *(Comptables)*, welche mit der Einhebung der Einnahmen und mit den Zahlungen beauftragt sind, sowie auf die gerichtlichen Beschlüsse des Rechnungshofes, welche deren Ergebnisse definitiv feststellen. Diese Garantien werden durch die Verification einer Commission vervollständigt, welche jährlich ernannt wird, um die Generalfinanzrechnung sammt deren Behelfen zu prüfen, dann durch die Veröffentlichung des Protocolles dieser Commission, welchem die Rechnungsbilanz des grossen Buches und ein analytisches Resumé des *Journal général* beigefügt sind. Endlich wird die Gesammtheit dieser Schriftstücke und administrativen Controlen durch die Ordonnanz vom 9. Juli 1826 unter die authentische Controle des Rechnungshofes gestellt, welcher berufen ist, feierlich die Uebereinstimmung seiner Beschlüsse mit den von den Ministerien auf Grundlage der Finanzgesetze veröffentlichten definitiven Rechnungen für das Rechnungsjahr und provisorischen Rechnungen für das Verwaltungsjahr *(comptes de l'exercice et de l'année)* zu erklären.

Der Generalfinanzbericht weiset die jährliche Bewegung und den Stand aller Finanzzweige im Anfange und zu Ende des (Verwaltungs- oder Sonnen-) Jahres nach. Jeder seiner Hauptabtheilungen ist eine *Note explicative* vorausgesendet, welche deren Ergebnisse recapitulirt, und die gesetzlichen oder reglementären Verfügungen, die auf jede specielle Materie Bezug nehmen, beisetzt.

Die in dem Generalfinanzberichte enthaltenen Documente theilen sich in zwei Hauptcategorien, in die *Comptes généraux* und die *Comptes spéciaux*. Die ersteren behandeln die Reihe der Operationen, welche die

Budgets, den Cassendienst *(service de trésorerie)* und die allgemeine Finanzlage betreffen.

Die *Comptes spéciaux* beziehen sich auf die öffentliche Schuld und auf verschiedene specielle Dienstzweige. Beide Categorien sind wieder in besondere Sectionen abgetheilt.

Die *Comptes généraux* enthalten folgende sechs Sectionen, deren jede durch eine reassumirende Note eingeleitet wird.

1. Der *Compte des opérations de l'année.* Er constatirt die bei allen Rechnungslegern zu Anfange des (Sonnen-) Jahres vorhandenen Cassen- und Portefeuillebestände, die von ihnen während der Jahresgestion bewerkstelligten Einnahmen und Ausgaben, und die zu Ende des Jahres in ihren Händen verbliebenen Cassareste *(soldes materiels).* Die Jahresoperationen werden darin, bezüglich der Budgets, nach den Hauptzweigen der Einnahmen und nach den Ministerialdepartements, bezüglich der Cassenbewegung nach der Hauptbeschaffenheit des Dienstzweiges recapitulirt. Es ist eine nach den Classen der Rechnungsleger gereihte Erläuterung der in den Rechnungen vorkommenden Thatsachen beigefügt, welche zum Zwecke hat, den *Déclarations générales* zur Grundlage zu dienen, die vom Rechnungshofe jährlich erlassen werden, um die Uebereinstimmung seiner Beschlüsse über die individuellen Rechnungen der Rechnungsleger mit den von den Ministern veröffentlichten *Comptes généraux* nachzuweisen.

2. *Compte des contributions et revenus publics.* Darin werden die in den *Comptes des opérations de l'année* nur summarisch nachgewiesenen Budgeterträgnisse nach der Beschaffenheit der Einnahmen im Detail entwickelt. Dieser *Compte* enthält die Einnahme-Schuldigkeit *(droits liquidés à la charge des redevables de l'État),* die während des Sonnenjahres (für Rechnung des vorausgegangenen und abgesondert für Rechnung des laufenden Rechnungsjahres) bewerkstelligten und die auf die Schuldigkeit am Ende des Jahres noch ausständigen Einhebungen. Er bezweckt auch die Nachweisung der Hilfsquellen, welche (in Folge der realisirten Einnahmen) für die beiden Rechnungjahre, auf welche sich das Sonnen- oder Verwaltungsjahr erstreckt, wirklich verfügbar geworden sind. Jene, welche das (mit dem 31. October) geschlossene Rechnungjahr betreffen, erscheinen überdiess mit grösserem Detail in der definitiven Einnahme-Rechnung des Finanzministers *(Compte définitif des recettes de l'exercice)* aufgeführt.

3. *Compte des dépenses publics.* Derselbe ist in der gleichen Form gehalten, wie der vorhergehende. In dem *Compte des opérations de l'année* werden die Staatsausgaben nur nach Ministerien nachgewiesen, hier aber erscheinen sie nach den einzelnen Capiteln detaillirt, und zwar sind darin aufgeführt die liquidirten Zahlungsanweisungen *(droits constatés au profit des créanciers de l'État),* die auf diese Anweisungen wirklich (sei es früher, sei es im Laufe des Jahres) bewerkstelligten Zahlungen, und die zwar liquidirten, aber am Ende des Jahres noch

nicht geleisteten Zahlungen. Ein noch grösseres Detail über diese Staatsauslagen enthalten die definitiven Rechnungen der einzelnen Ministerien *(Comptes définitifs des dépenses de l'exercice...)*, welche die Grundlage des *règlement définitif du budget de l'exercice...* bilden.

4. *Compte du service de trésorerie.* Er enthält die Operationen, welche während des Jahres auf die Activforderungen des Staates, auf die laufenden Rechnungen und übrigen Passivforderungen der Finanzverwaltung Einfluss genommen haben; ferner die Fondsbewegungen, welche zwischen den Rechnungslegern *(comptables du trésor)* stattgefunden haben, die Mittel für die nach der legislativen Ermächtigung realisirten Credite, den Ueberschuss oder Abgang, welcher sich aus der Gesammtheit der Einnahmen und Ausgaben ergeben hat, endlich die Aenderungen in den materiellen Cassaständen, in der Vergleichung der anfänglichen mit den schliesslichen Ständen, wodurch die Genauigkeit der verschiedenen Gebarungen gewährleistet wird.

Die drei ersten Sectionen legen die Gesammtheit der Einnahmen und Ausgaben für alle mit der Einhebung der Einnahmen und Bestreitung der Ausgaben bestellten öffentlichen Organe dar. Es erübrigt noch, diese verschiedenen Operationen einander gegenüberzustellen, und sie mit den Schlussresten der vorausgegangenen Gestionen zu vergleichen, und den Stand der verschiedenen finanziellen Dienstzweige zu Ende des Jahres nachzuweisen. Dieses geschieht in der 5. und 6. Section.

5. *Compte des budgets.* Er umfasst eine Reihe von Nachweisungen über den definitiven Stand des im laufenden Verwaltungsjahre zu Ende gegangenen und am 31. October geschlossenen Rechnungsjahres; diese Nachweisungen führen die Modificationen an, welche der ursprüngliche Budgetentwurf durch die legislativen Beschlüsse erfahren hat, und vergleichen, bezüglich der Einnahmen, die Voranschläge *(évaluations,* nach dem Finanzgesetze) mit den realisirten Ergebnissen, bezüglich der Ausgaben, die bewilligten Credite mit den gemachten Ausgaben; ferner zeigen sie die noch zu bewerkstelligen erübrigenden Einnahmen und Zahlungsreste, und entwickeln daraus die Schlusslage des Budgets nach Ueberschuss oder Deficit. Andere Nachweisungen eben dieses *Compte* geben in gleichartiger Weise (nur mit weniger Detail) die provisorische Lage des laufenden Rechnungsjahres (am 31. December) und die Operationen kund, welche wegen Dringlichkeit für Rechnung der nächstkünftigen Rechnungsjahre bewerkstelligt worden sind. Dieser Section sind ferner analytische Tafeln beigefügt, welche die Reihe sämmtlicher Budgets von 1830 angefangen betreffen.

6. *Situation générale des finances.* Darin sind enthalten: *a)* eine Bilanz der in dem *Grand-livre de la comptabilité générale des finances* eröffneten Rechnungen, in welcher aus dem Stande zu Anfange des Jahres und den Operationen des laufenden Jahres der Stand zu Ende des Jahres abgeleitet wird. *b)* Eine detaillirte Nachweisung der Activ- und Passivforderungen der Finanzverwaltung am Schlusse des Jahres

nach den Casse- und Portefeuilleresten bei allen Rechnungslegern, den noch einzuhebenden Vorschüssen, den zu bezahlenden Schuldurkunden *(effets à payer)* der Passivforderungen, den Ueberschüssen oder Abgängen des laufenden Budgets und endlich des aus den Abgängen der vorausgegangenen Budgets entstandenen Gesammtdeficits. Dieser Section ist eine resumirende und eine detaillirte Tafel beigefügt, welche für alle seit 1830 verflossenen (Verwaltungs-) Jahre die Activen (nach Barständen und Forderungen abgetheilt) und Passiven (nach dem Betrage der schwebenden Schuld und der Passiven des allgemeinen und der speciellen Budgets abgetheilt) aufzählt.

Die *Comptes spéciaux* bilden zwei Serien, wovon die erste die Rechnungen der öffentlichen Schuld, d. i. der consolidirten Schuld, des Renten-Amortissements, der Anlehen für Brücken, Canäle und andere öffentliche Arbeiten, der Baar-Cautionen, der Leibrenten *(rentes viagères)* und endlich der auf das grosse Schuldbuch eingeschriebenen Pensionen, die zweite verschiedene öffentliche Dienstzweige *(divers services)*, als: endgiltige Feststellung der die bereits geschlossenen Finanzjahre *(exercices)* betreffenden Ausgaben *(Apurement des dépenses des exercices clos)*, Finanzverwaltung von Algier, Münzverwaltung, Verwaltung der alten ausserordentlichen Domäne, endlich die streitigen Activ- und Passivforderungen (sammt den dem Handelsstande im Jahre 1830 geleisteten Anlehen) umfasst.

Der *Compte général des finances* recapitulirt gleichzeitig die Rechnungen der einzelnen Ministerien und die individuellen Rechnungen der Rechnungsleger, er bildet die authentische und unabänderliche Grundlage, auf welcher die legislative Regelung der Budgets beruht. Dieser *Compte* gewährleistet mit seinen zahlreichen Erläuterungen die materielle Genauigkeit aller der alljährlich der legislativen Controle unterzogenen Resultate, welche in den verschiedenen dem *Corps législatif* vorgelegten Documenten enthalten sind, nämlich in dem

Compte définitif rendu par le Ministre des finances pour les recettes de l'exercice expiré;

Comptes définitifs des dépenses de l'exercice expiré, rendus par les Ministres ordonnateurs;

Compte général de l'administration des finances; .

Rapport à l'Empereur et Déclaration générale de la Cour des Comptes;

Éclaircissements en reponse aux observations contenues dans les deux documents émanés de la Cour des Comptes;

Rapport et procés verbal de la Commission instituée pour la vérification des comptes ministériels.

3. Compte définitif des recettes de l'exercice 1860 rendu par le Ministre des finances.

Der *Compte définitif des recettes* besteht aus zwei Hauptabtheilungen, wovon die erste die allgemeinen Resultate der Gebarung nach-

weiset und die zweite die Rechnungen nach den einzelnen Einnahmezweigen enthält. Die erste Abtheilung umfasst nach Voraussendung einer
einleitenden Note folgende Uebersichten:

1. Allgemeine Uebersicht der Voranschläge für das Finanzjahr 1860 *(exercice)* mit den Rubriken: a) für den Voranschlag nach
dem Finanzgesetze, b) für die Modificationen, welche aus der Realisirung
der für die Departemental-Verwaltung und für die speciellen Dienstzweige bestimmten Einnahmen entstehen, c) für die Modificationen, welche
der Voranschlag durch nachfolgende Gesetze erlitten hat (Einnahmen
aus Anlehen und theilweise Verwendung derselben für andere Zwecke),
dann als das Ergebniss der voranstehenden Rubriken, d) für den Voranschlag der Einnahmen, wie er dem *règlement définitif* des Einnahmebudgets zur Grundlage zu dienen hat. Alle die Rubriken werden nach
den einzelnen Einnahmezweigen (welche in der zweiten Abtheilung speciell behandelt werden) ausgefüllt und daran die Nachweisung der aus
den früheren Budgets erübrigten Specialfonds für die Departemental-
auslagen und jene der *services spéciaux* geknüpft.

2. Allgemeine Uebersicht der Einnahmeschuldigkeit
und der wirklich erhobenen Einnahmen *(droits constatés et
recouvrés sur les Contributions et revenus de l'exercice)* mit den Rubriken a) für die am Schlusse des zweitletzten Finanzjahres *(exercice)*
1858 noch einzuheben gebliebenen Gebühren, b) für die Einnahmeschuldigkeit *(droits constatés)* des Finanzjahres *(exercice)* 1860, c) für
das Totale beider, d) für die genehmigten Nachlässe an den *droits constatés*, e) für die nach Abzug derselben im Finanzjahre *(exercice)* 1860
noch einzuhebende Schuldigkeit, f) für die während des Finanzjahres
(exercice) wirklich bewerkstelligten Einnahmen, g) für die darnach am
Schlusse des Finanzjahres *(exercice)* 1860 noch einzuheben gebliebene
Schuldigkeit *(droits)*, welche auf das *exercice* 1861 übertragen werden;
alle diese Rubriken werden durchgeführt nach den einze'nen Einnahmezweigen.

3. Allgemeine und definitive Uebersicht der Einnahmen
während des Finanzjahres *(exercice)* 1860 mit den Rubriken a)
für den endgiltigen Voranschlag (Siehe 1, d), b) für die Einnahmeschuldigkeit *(droits constatés à la charge des redevables de l'État* (S. 2. b.),
c) bewirkte Einhebungen (S. 2. f.), d) darauf noch einzuhebende Reste
(S. 2. g), e) Vergleichung des Voranschlages mit dem Erfolge, f) wirkliche Einnahmeergebnisse für das *règlement définitif* des Finanzjahres
(exercice) 1860; diese Rubriken werden ebenfalls für alle Einnahmezweige, dann für die aus früheren Finanzjahren übertragenen Fonds
ausgefüllt.

4. Allgemeine Uebersicht der im Finanzjahre 1860 bewerkstelligten Einnahmen mit den Rubriken für die einzelnen Einnahmezweige und ausgefüllt nach den einzelnen Departements mit

Beifügung der Einnahmen aus der Reserve des Amortissements und der ausserordentlichen Einnahmen.

5. Vergleichende Uebersicht der Einnahmen der Finanzjahre 1859 und 1860 mit Rubriken für die beiden Finanzjahre und für das Ergebniss der Vergleichung, ausgefüllt nach den einzelnen Einnahmezweigen.

6. Vergleichende Special-Uebersicht der indirecten Abgaben für die Finanzjahre 1859 und 1860 mit denselben Rubriken wie 5., ausgefüllt nach den einzelnen Zweigen der indirecten Abgaben.

7. Vergleichung der am Schlusse der Finanzjahre 1859 und 1860 noch einzuheben erübrigenden indirecten Abgaben mit Rubriken ausgefüllt wie 6.

Die zweite Hauptabtheilung umfasst die speciellen sehr detaillirten Nachweisungen für die einzelnen Einnahmezweige. Dieselben stimmen in ihrer Form mit jener des Einnahmebudgets überein und behandeln a) die directen Steuern, b) das *Enregistrement* sammt Stämpeln und Domänen, c) den Ertrag der Wälder und des Fischfanges, d) die Zoll- und Salzgefällseinnahmen, e) die indirecten Abgaben (Getränkesteuer, Steuer auf den inländischen Zucker, verschiedene Gebühren, Tabak- und Pulvergefäll), f) den Ertrag der Posten, g) die eventuellen dem Departementaldienste zugewiesenen Einnahmen (Subventionen und Localanlehen, Beisteuer zum Strassenbaue etc.), h) die Einnahmen aus Algier, i) Gehaltsabzüge und andere Erträgnisse, welche dem Zweige der Civilpensionen zugewiesen sind, j) den Ertrag der Reserve des Amortissements k) verschiedene Einnahmen des Budgets, l) den Ertrag der neu annexirten Departements, m) ausserordentliche Hilfsquellen (Eisenbahnobligationen und Zahlungen der Eisenbahnen, besondere Fonds für öffentliche Arbeiten und Schutz gegen Ueberschwemmungen, Einnahmen aus Staatsanlehen, chinesische Kriegsentschädigung), n) die übertragenen Fonds *(fonds de report)* des Departementaldienstes (meist nicht verwendete Zusatzcentimen).

Diesen Documenten werden allgemeine Uebersichten vorausgesendet, welche die Vergleichung der Gesammtheit der Abgaben und Einnahmen des Budgetjahres mit den Voranschlägen für dasselbe Finanzjahr *(exercice)* und mit dem wirklichen Erfolge des vorausgegangenen Budgetjahres enthalten, und endlich jeden Einnahmezweig nach den einzelnen Departements zergliedern.

4. Compte définitif des dépenses de l'Exercice 1861.

Am Schlusse des Rechnungsjahres *(exercice)* veröffentlichen die einzelnen Minister die definitive Rechnung der Ausgaben für ihren Verwaltungszweig, welche zusammen sammt der vom Finanzminister veröffentlichten definitiven Rechnung über die Staatseinnahmen, die Grundlage des Gesetzentwurfes über die definitive Regulirung des Budgets des bezüglichen Rechnungsjahres bilden.

Diese definitive Rechnung der Staatsausgaben umfasst:

1. Die Uebersicht der den einzelnen Ministerien zur Verfügung gestellten Credite mit der Angabe der gesetzlichen Bestimmungen, worauf sie beruhen.

Diese Uebersicht ist nach den Capiteln des Budgets (in deren fortlaufender Reihenfolge) abgetheilt und enthält in besonderen Rubriken die Ordnungszahl der einzelnen Capitel, den Dienstzweig, welchen sie betreffen, nach Sectionen und Capiteln gereiht, die durch das Finanzgesetz bewilligten Credite, (ferner für das Finanz-Ministerium speciell: die Modificationen derselben für den Departementaldienst, welche durch die Realisirung der hiefür bestimmten Einnahmen bedingt sind, und die für denselben Dienst aus den vorhergegangenen Rechnungsjahren übertragenen Credite), die aus Creditsübertragungen *(virements de crédits)* hervorgegangenen Modificationen, die Vermehrungen durch nachträglich bewilligte ausserordentliche Credite, dann jene durch eben solche Supplementar-Credite, die durchlaufenden Credite *(Crédits d'ordre)* bezüglich der Ausgaben für bereits abgeschlossene Rechnungsjahre *(exercices clos)* endlich die aus obigen Aenderungen entspringenden definitiven Credite, welche die Grundlage zur definitiven Abrechnung bilden.

Am Schlusse dieser Uebersicht ist ein Ausweis beigefügt, welcher das Detail der einzelnen Virements mit Angabe der kais. Decrete, wodurch sie verfügt wurden, nachweiset, nach den einzelnen Capiteln, welche hierdurch eine Vermehrung, so wie nach jenen, welche eine Verminderung erleiden.

2. Die definitive Rechnung der Ausgaben, nach Capiteln des Budgets abgetheilt.

Dieselbe enthält die Rubriken für die Ordnungszahl der Capitel, für den Dienstzweig nach Sectionen und Capiteln und für die eröffneten Credite (siehe letzte Rubrik der Uebersicht 1.), für die erfolgten Ausgaben, d. h. die constatirten (liquidirten, zur Zahlung angewiesenen) Forderungen der Staatsgläubiger, für die über die Anweisungen des Ministers geleisteten wirklichen Zahlungen, für die Vergleichung zwischen den liquidirten (und angewiesenen) Forderungen und den geleisteten Zahlungen, dann zwischen den bewilligten Crediten und liquidirten Ausgaben, endlich für die Resultate behufs der Regulirung des Budgets und zwar 1. für die zu annulirenden Credite mit der Unterabtheilung bezüglich der nicht verwendeten Credite, a) welche definitiv zu annuliren sind, b) welche Ausgaben betreffen, die noch nicht zur Zahlung gelangt sind, aber in die Budgets der nachfolgenden Rechnungsjahre einbezogen werden, c) welche Departemental-Ausgaben betreffen, die auf das zweitnächste Rechnungsjahr übertragen werden; 2. für die mit Rücksicht auf die bisher erwähnten Aenderungen definitiv festgestellten Credite des behandelten Rechnungsjahres.

3. Dieser Rechnung folgt ein Ausweis, welcher das Detail nach Capiteln, Artikeln und Paragraphen des Budgets für die Rubriken der obigen Rechnung enthält, nämlich für die eröffneten Credite, die liquidirten Ausgaben, die geleisteten Zahlungen, die noch rückständigen Zahlungen, welche auf das nachfolgende Rechnungsjahr (d. i. das laufende zu der Zeit, wo die Rechnung gelegt wird) übertragen wurden, dann für die Crediterübrigungen mit der Angabe der darauf einwirkenden Thatsachen (ursprünglicher Credit, Nachtrags-Credit, Virement, definitive Ausgaben, und daraus sich ergebende Crediterübrigung, welche zu annulliren oder zu übertragen ist).

4. Vergleichende Uebersicht der Ausgaben des behandelten Rechnungsjahres mit jenen des vorausgegangenen Rechnungsjahres.

Dieselbe ist nach Dienstzweigen und nach den Capiteln des Budgets abgetheilt, und enthält die in beiden Rechnungsjahren liquidirten (und angewiesenen) Ausgaben *(dépenses constatées)* mit der Vergleichung derselben nach Mehr und Weniger und erklärenden Bemerkungen über die Ursachen der Unterschiede.

Am Schlusse der definitiven Ausgabenrechnung endlich ist bei jenen Ministerien, deren Ressort sich über Special-Dienstzweige erstreckt, die nicht in das allgemeine Budget einbezogen sind *(services spéciaux rattachés pour ordre au Budget)*, ein Ausweis über die Gebarung derselben nach Einnahmen und Ausgaben beigefügt.

Der definitiven Ausgabenrechnung der einzelnen Ministerien ist eine Einleitung *(note préliminaire)* vorgesetzt, welche die Hauptergebnisse der Rechnung ersichtlich macht. Dieselbe enthält den ursprünglichen Budgetansatz des vom Ministerium entworfenen Voranschlages, die Modificationen, welchen derselbe durch die Verhandlung im gesetzgebenden Körper und das darauf beruhende Finanzgesetz nach der Vermehrung und Verminderung, welche die einzelnen Capitel erlitten haben, unterzogen wurde, die Vertheilung des Ministerial-Budgets in die Hauptabtheilungen, welche durch kais. Decret erfolgt, die durch nachfolgende Gesetze bewilligten Nachtrags-Credite (früher ausserordentliche und Supplementär-Credite, jetzt extrabudgetäre Credite genannt) mit der Abtheilung nach Capiteln des Budgets, die durchlaufenden Credite für frühere bereits geschlossene Rechnungsjahre (durchlaufend, weil aus den Erübrigungen dieser früheren Rechnungsjahre dieselbe Summe in die Credite eingestellt wird, welche in den Ausgaben erscheint), endlich die durch Virements bewerkstelligten Abänderungen der einzelnen Capitel. Nachdem hierdurch der definitive Credit des Ministeriums festgestellt worden, wird demselben die Summe der liquidirten Ausgaben, dann jene der wirklich geleisteten Zahlungen gegenübergestellt und der durch Vergleichung der letzteren mit dem Credite sich ergebende Creditüberschuss nach seiner Vertheilung in zu annullirende, und auf das nächste Rechnungsjahr zu übertragende Credite (beide nach den einzelnen Capiteln des Budgets abgetheilt) analysirt. Endlich wird das

Ergebniss der Vergleichung des behandelten Rechnungsjahres mit dem nächst vorhergegangenen nach Vermehrung und Verminderung der Ausgaben in den einzelnen Capiteln des Budgets beigefügt.

5. Cour des Comptes.

Der Rechnungshof *(Cour des Comptes)* besteht aus 1 ersten Präsidenten, 3 *présidents de chambre*, 18 *Conseillers-maître*, 18 *Conseillers référendaires* 1. Classe und 62 *Conseillers référendaires* 2. Classe, sämmtlich vom Kaiser auf Lebenszeit ernannt, daher inamovibel, aus einem Generalprocurator und einem *Greffier en Chef*. Nebstbei gibt es vom Präsidenten ernannte Practicanten *(aspirans)*. Der Rechnungshof ist aus drei Kammern zusammengesetzt. Der Generalprocurator überwacht die Disciplin und vermittelt die Geschäftsverbindung zwischen dem Rechnungshofe und der executiven Gewalt (dem Ministerium). Die Mitglieder des Rechnungshofes dürfen weder unter einander, noch mit den Chefs der Verwaltung verwandt oder verschwägert sein (siehe Belgien). Der erste Präsident und der Generalprocurator beziehen an Gehalt je 35.000 Fr., ein Kammerpräsident 18.000 Fr., ein *Conseiller-maître* und der *Greffier* 15.000 Fr., ein *Conseiller référendaire* 1. Classe 6000 Fr. und 2. Classe 2.400 Fr. Ueberdiess wird unter die *Conseillers référendaires* jährlich an Remuneration ein Betrag von 400.000 Fr. vertheilt, wodurch die Bezüge eines *Conseillers référendaires* 1. Classe auf 11.000 Fr. und eines solchen 2. Classe auf 7.400 Fr. steigen.

Der Wirkungskreis des Rechnungshofes ist folgender:

1. Comptabilité du trésor public.

Die Hauptaufgabe des Rechnungshofes besteht in der Prüfung und Schlussfassung *(jugement)* über die Rechnungen der Organe der öffentlichen Verwaltung, welche mit Staatsgeldern gebaren *(agents comptables du trésor)*. Ursprünglich prüfte man bloss die Collectiv-Rechnungen der *Directeurs généraux des regies financières*; gegenwärtig werden aber die individuellen Rechnungen von folgenden Rechnungslegern dem Rechnungshofe zur Prüfung vorgelegt:

86 *Receveurs généraux des finances* (darunter 1 *Receveur central des Seine-Departements*), 2879 *Receveurs des enregistrement*, des Stempelgefälles und der Domänen, und Hypotheken-Conservatoren; 107 *Receveurs principaux des douanes*, 301 *Receveurs principaux* der indirecten Abgaben, 86 *Directeurs comptables des postes* in den Departements, 5 *Directeurs* in der Levante, 85 Departements-Zahlmeister *(payeurs)*, 4 Armee-Zahlmeister, 3 *trésoriers payeurs* in Algier, 42 *Receveurs de l'enregistrement* in Algier und 4 *Receveurs des douanes* in Algier, 1 *Caissier payeur central du trésor public*, 1 *Agent responsable des virements de comptes*, 1 *Agent comptable* der von der Marine auf den Schatz gezogenen Wechsel, zusammen 3634 Rechnungsleger, wozu noch jene in den neu annexirten Departements kommen.

2. Comptabilités de divers services spéciaux de l'État.

Zu diesen Dienstzweigen ressortiren nachstehende Rechnungsleger: 9 *Trésoriers* der Colonien und Colonial-Etablissements, 1 *Agent
comptable du service intermédiaire des établissements coloniaux*, 1 *tré-
sorier général des invalides de la Marine*, 1 *Agent comptable spécial*
der Consulatskanzleien, 1 detto des Zuwachses und der Verminderung
der Renten, 1 detto der Uebertragungen und Veränderungen der öffentlichen Schuld in Paris, 85 detto in den Departements, 1 detto der Vermehrung und Reductionen der Pensionen, 1 *Caissier des amortissements*,
1 *Caissier central* der *Caisse des dépôts et consignations*, 1 *Caissier* der
Staatsdruckerei, 7 *Directeurs de la fabrication des monnaies*, 61 *Économes* der kaiserlichen Lyceen, 1 detto der *école normale supérieure*, zusammen 172 Rechnungsleger.
(Hiezu die annexirten Departements.)

3. Comptabilités spéciales et locales.

Die Rechnungen der Gemeinden, der Wohlthätigkeitsanstalten,
der Irrenanstalten *(asiles d'aliénés)* und der Normalschulen *(écoles normales primaires)* werden gleichfalls der Prüfung und Schlussfassung
des Rechnungshofes unterzogen, aber nur jene derselben, deren regelmässige Einkünfte sich durch drei auf einander folgende Jahre auf
mindestens 30.000 Fr. jährlich erheben. Dahin gehören: 4 *Économes des
écoles normales primaires*, 386 Gemeinde-Einnehmer, 227 *Receveurs des
hospices et hôpitaux civils*, *dépôts de mendicité*, *maisons de secours etc.*,
43 *Receveurs* von Wohlthätigkeitsanstalten, 10 *Receveurs et directeurs
comptables* von Leihhäusern *(monts de piété)*, 5 *Receveurs* von allgemeinen Humanitätsanstalten (Taubstummen-, Blinden-), 30 *Receveurs*
von Irrenanstalten, zusammen 705 Rechnungsleger (ohne die annexirten
Departements).

4. Comptabilités des matières soumises au jugement de la Cour.

Gewisse Rechnungen über die Material-Verwaltungen gelangen
gleichfalls zur Prüfung und Beschlussfassung an den Rechnungshof;
sie betreffen meist das Material der indirecten Steuern und des Enre-
gistrements. Dahin gehören: 1 Materialverwalter *(conservateur du ma-
tériel)* der Staatsdruckerei, 20 *Commissaires comptables* der Pulver-
und Salpeterfabrikation, 1 *Garde magasin central* der zu stempelnden
Papiere in Paris, 2834 mit der Verwahrung und dem Verkaufe von
Stempelpapier in den Departements und in Algerien beauftragte *Comptables*, 1 *Garde-magazin central* des Materials der indirecten Steuern in
Paris, 335 *Comptables* detto in den Departements und in Algerien, 33 *Gar-
des-magazin* der Tabakfabriken, 349 Verkäufer *(entreposeurs)* von Tabak,
247 detto von Pulver. Zusammen 3817 Rechnungsleger (ohne die annexirten Departements).

5. Comptabilités des matières soumises au Contrôle de la Cour.

Die Rechnungen über das dem Staate gehörige Material für Consumtion und Umstaltung *(transformation)* bezüglich aller Zweige der Verwaltung stehen unter der Controle des Rechnungshofes, welcher seine *déclarations* über die Rechnungen der hiefür verantwortlichen Agenten erlässt.

Dahin gehören: 882 *Comptables* des Kriegsministeriums (Verpflegs-, Spital-, Montur-Verwaltung, Feldlager, Fuhrwesen, Fourage, Artillerie, Genie etc.), 115 detto des Marine-Ministeriums (für Bekleidung, Ausrüstung, Verpflegung, Spitäler etc.), 1 detto des Finanz-Ministeriums (Postpacketboote im Canal), 18 detto des Ministeriums für Ackerbau, Handel und öffentliche Arbeiten (Specialschulen, landwirthschaftliche Anstalten, Curorte), 21 detto des Ministeriums des Innern (Strafanstalten). Zusammen 1037 Rechnungsleger (ohne die annexirten Departements.)

Im Ganzen macht diess (ohne die annexirten Departements) 9365 Rechnungen aus, wovon 8328 der vollen Jurisdiction und 1037 der Controle des Rechnungshofes unterzogen werden.

6. Comptabilités occultes.

Jeder, der ohne gesetzliche Autorisation sich in die Gebarung der Staatsgelder einmischt, worüber der Rechnungshof Aufsicht pflegt, wird durch diese Thatsache ein der Jurisdiction des Rechnungshofes unterworfener Rechnungsleger.

7. Pourvois devant la Cour des Comptes contre les arrêtés des Conseils de préfecture en reglement des Comptes.

Diejenigen Rechnungen der Gemeinden, Wohlthätigkeitsanstalten, Irrenanstalten und Normalschulen, welche nicht vom Rechnungshofe geprüft werden, weil ihr bezügliches Einkommen nicht 30.000 Fr. erreicht, unterstehen der Prüfung der Präfecturräthe; es kann aber von deren Ausspruch an den Rechnungshof appellirt werden.

8. Déclarations générales de conformité, Rapport annuel à l'Empereur.

Die gerichtlichen Arbeiten des Rechnungshofes werden jährlich durch seine *déclarations générales de conformité* und seinen Bericht an den Kaiser vervollständigt. Durch die *déclarations* constatirt und bestätigt er, dass nach der Erhebung der individuellen Rechnungen der Rechnungsleger und der von ihnen beigebrachten Behelfe, die von dem Finanzminister und den übrigen anweisenden Ministern *(Ministres ordonnateurs)* veröffentlichten Rechnungen *(comptes généraux)* genau sind, bezüglich mit dem Ergebnisse der Prüfung der individuellen Rechnungen der einzelnen Rechnungsleger übereinstimmen. Diese *Dé-*

clarations werden in feierlicher und öffentlicher Sitzung des Rechnungshofes ausgesprochen und sohin dem Finanzminister mitgetheilt, welcher
sie drucken lässt und an den gesetzgebenden Körper leitet, noch bevor
sich dieser mit der definitiven Regelung des Budgets des geschlossenen
Finanzjahres *(exercice)* beschäftigt. Gleiche *Déclarations de conformité*
erlässt der Rechnungshof über die Materialrechnungen, wie er auch
auf ähnliche Art den jährlichen Stand der Verproviantirung der Marine
controlirt.

Der jährliche Bericht an den Kaiser hat zum Zwecke, das allgemeine Ergebniss der Arbeiten des Rechnungshofes bekannt zu geben,
und seine Ansichten über Reform und Verbesserung in den verschiedenen Zweigen der Staatsrechnung auszusprechen. Er wird durch ein
vom Präsidenten gebildetes Comité vorbereitet, und in einer allgemeinen Versammlung des Rechnungshofes festgestellt. Der Bericht wird
gedruckt und in die Kammern vertheilt. Diesem Berichte werden übrigens auch die Aufklärungen beigefügt, welche die verschiedenen Minister über die in dem Berichte des Rechnungshofes an den Kaiser und
in seinen *Déclarations générales* enthaltenen Bemerkungen zu geben
erachten.

9. Attributions diverses.

Die der Jurisdiction des Rechnungshofes unterstehenden Rechnungsleger *(comptables)* müssen vor dem Rechnungshofe ihren Diensteid
ablegen. Keine Rechnung, kein Register oder Papier darf aus der Re-
gistratur ohne vorläufigen Beschluss des Rechnungshofes genommen
werden (die Scartirung ausgenommen). Die Inventare der dem Staate
gehörigen Militärgegenstände müssen in den Archiven des Rechnungshofes deponirt werden.

Aus dem Vorstehenden ergibt sich, dass sich die Jurisdiction des
Rechnungshofes auf folgendes erstreckt:

1. Er beschliesst in erster und letzter Instanz über alle Staatsrechnungen und über die Rechnungen der vorzüglichsten unter Staats-
aufsicht stehenden Corporationen und Anstalten.

2. Er beschliesst als Appelhof über die Berufung gegen die Beschlüsse der Präfecturräthe in Bezug auf die Rechnungen der Einnahmen von Gemeinden und öffentlichen Anstalten, die ein Einkommen
von weniger als 30.000 Fr. haben.

3. Er übt, abgesehen von seiner gerichtlichen Wirksamkeit, specielle Befugnisse aus durch die Controle der Materialrechnungen, durch
seine *déclarations générales de conformité* und durch seinen Bericht an
den Kaiser. Diese Acte haben zum Zwecke, die Verwaltung, den Chef
der Regierung und die gesetzgebende Gewalt über die Anwendung
der Regel der Staatsrechnung und über die Regelmässigkeit der Ministerialrechnungen aufzuklären. Der Rechnungshof richtet überdiess
durch seinen ersten Präsidenten Mittheilungen *(référés)* über die bei
der Prüfung der Rechnungen an den Tag getretenen Unregel-

mässigkeiten, in soweit es sich dabei um die Erörterung einer allgemeinen Frage handelt, an die Minister. Auf demselben Wege werden den Ministern schwere Missbräuche *(faits graves)*, die durch die Prüfung der Rechnungen entdeckt wurden, bekannt gegeben, oder Verbesserungen bezüglich der Staatsrechnungslegung hervorgerufen.

Die Rechnungen der vorzüglichsten *agents comptables du trésor* werden dem Rechnungshofe durch den Finanzminister in zwei abgesonderten Partien zugesendet, wovon die eine die Operationen des abgelaufenen Finanzjahres *(exercice)* und die andere die Gesammtheit der Operationen der Jahresgestion (vom 1. Jänner bis 31. December) betrifft; nur der *Caissier payeur central du trésor* sendet seine Rechnungen sammt Belegen monatlich an den Rechnungshof. Die Rechnungen der Gemeinden und öffentlichen Anstalten, deren Gestion die Periode vom 1. Jänner bis 31. December umfasst, müssen von den Rechnungslegern direct vor dem 1. Juli des nächstfolgenden Jahres an den Rechnungshof eingesendet werden.

Die einlaufenden Rechnungen werden protokollirt und vom ersten Präsidenten an die *Conseillers référendaires* zur Bearbeitung vertheilt, doch kann ein solcher nicht zweimal hinter einander mit der Verification der Rechnungen desselben Rechnungslegers beauftragt werden. Im Verzögerungsfalle der Einsendung kann der Rechnungshof die säumigen Rechnungsleger zu den von den Gesetzen und Reglements bestimmten Strafen verurtheilen. Die *Conseillers référendaires* sind verpflichtet, die ihnen überwiesenen Rechnungen zu prüfen und jede derselben mit zwei Arten von Bemerkungen zu versehen; die ersteren betreffen die Rechnungsrichtigkeit und die allfälligen Bemänglungen, welche in dem Beschlusse des Rechnungshofes ausgesprochen werden sollen; die zweiten gehen aus der Vergleichung der Natur der Einnahmen mit den Gesetzen und der Natur der Ausgaben mit den eröffneten Krediten hervor, und sind (wenn dergleichen sich ergeben) zur Mittheilung an die Gesammtversammlung des Rechnungshofes bestimmt, welche definitiv darüber entscheidet, wenn sie über ihre *Déclaration générale de l'exercice* und den Bericht an den Kaiser berathet. Der Bericht des *Conseiller référendaire* wird vom Präsidenten einem *Conseiller maître* zugewiesen, welcher prüft, ob die Anträge des ersteren begründet sind, und hierauf seinen motivirten Bericht an die Kammer erstattet; letztere beschliesst nach Stimmenmehrheit, nachdem sie das bloss berathende Votum des *Conseiller référendaire* vernommen hat. Der Beschluss wird von einem *Conseiller référendaire* redigirt, vom Präsidenten unterzeichnet, und durch die Kanzlei dem Rechnungsleger mittelst der Post zugesendet. Eine gleiche Expedition darüber erfolgt durch den Generalprocurator an den Finanzminister.

Der Rechnungshof fällt seine Beschlüsse über schriftliche Vorlagen, der Rechnungsleger kann weder persönlich noch durch einen Vertreter sich vertheidigen. Desshalb ist der erste Beschluss des Rechnungshofes über eine Rechnung nur ein provisorischer; es wird dem Rechnungsleger eine Frist von zwei Monaten eingeräumt, um die Bemänglungen zu beantworten und seine Rechtfertigungen vorzubringen. Nach Verlauf dieser Frist kann der Beschluss, wenn dagegen nichts eingewendet wurde, als ein definitiver angesehen werden; doch muss der Rechnungshof diess durch einen neuen Beschluss erklären. Bringt der Rechnungsleger über den ersten Beschluss seine Einwendung und bezüglich Rechtfertigung vor, so prüft sie der Rechnungshof und fällt dann seinen definitiven Beschluss über die Rechnung. Durch den definitiven Beschluss erklärt der Rechnungshof, dass der Rechnungsleger in Ordnung (quitte) oder im Vorschusse, oder im Debet ist. In den beiden ersten Fällen spricht der Rechnungshof dessen definitive Entlastung aus, und entbindet ihn seiner Bürgschaften und hypothekarischen Caution, im letzteren Falle verpflichtet er ihn zur Bezahlung der schuldigen Summe innerhalb der gesetzlichen Frist, er kann auch die Verhaftung (contrainte par corps) gegen ihn aussprechen.

Der Rechnungshof darf in keinem Falle sich eine Jurisdiction über die anweisenden Behörden (ordonnateurs) anmassen, noch den Rechnungslegern eine Zahlung bemängeln, welche sie über eine mit den vorgeschriebenen Förmlichkeiten ausgefertigte Anweisung (ordonnance) gemacht haben und wofür sie die Quittungen der Parteien und die Belege beibringen, welche nachweisen, dass diese Zahlung eine regelmässig gerechtfertigte Schuld des Staates betrifft. Im Falle einer vorgefundenen Fälschung theilt der Rechnungshof die Sache dem Finanzminister und dem Justizminister (wegen der Einleitung des Strafverfahrens) mit.

Im Falle der Berufung spricht sich der Rechnungshof zuerst darüber aus, ob er auf dieselbe eingehe, und gewährt dem Berufenden zwei Monate Zeit, um seine Vertheidigungsschrift über die Sache selbst einzubringen. Hierauf prüft er: 1. ob er bezüglich des Gegenstandes und der Person competent ist; 2. ob die vorgeschriebenen Förmlichkeiten innerhalb der festgesetzten Frist erfüllt worden sind; 3. ob die Jurisdiction des Präfecturrathes erschöpft worden ist. Dann erst urtheilt er durch einen anderen Beschluss über den Grund der Sache. Beide Beschlüsse sind definitiv. Ungeachtet eines vorausgegangenen definitiven Beschlusses kann der Rechnungshof zu einer Revision schreiten, und zwar über Verlangen des Rechnungslegers (wenn letzterer neue, nach jenem Beschlusse erlangte Behelfe zu seiner Rechtfertigung beibringt) oder von Amtswegen, oder über Requisition des Generalprocurators, im Falle eines Irrthums, einer Auslassung oder einer Fälschung, oder eines Doppelansatzes, die bei der Verification anderer Rechnungen erhoben worden sind.

Die Beschlüsse des Rechnungshofes können nicht angegriffen werden, ausser wegen Verletzung der Formen oder des Gesetzes, wo die Berufung an den Staatsrath geleitet wird; sie muss binnen drei

Monaten nach der Notification des Beschlusses erfolgen und hat keine suspensiven Folgen. Auch der Finanzminister wie jeder andere Minister für sein Departement kann innerhalb derselben Frist einen Bericht an den Kaiser erstatten und darin den Antrag stellen, dass sein Verlangen bezüglich der Cassation eines Beschlusses des Rechnungshofes dem Staatsrathe zur Entscheidung überwiesen werde.

6. Vorlagen des Rechnungshofes für 1860.

Diese bestehen aus dem *Rapport à l'Empereur* und den *Déclarations générales* über die Rechnungen des Verwaltungsjahres *(année)* und des Rechnungsjahres *(exercice)* 1860.

I. Rapport à l'Empereur.

Der Bericht enthält eine Auseinandersetzung der Finanzgebarung während des Verwaltungsjahres und (ausführlicher) während des Rechnungsjahres, sowohl bezüglich des allgemeinen Budgets als der *Services spéciaux*, worin mit steter Hinweisung auf die bezüglichen gesetzlichen Vorschriften hinsichtlich der Einnahmen die Voranschläge *(évaluations)*, die Gebührenschuldigkeit *(droits constatés envers les redevables de l'État)*, und die wirklich eingehobenen Einnahmen, und bezüglich der Ausgaben die Zahlungsschuldigkeit *(droits constatés des créanciers de l'État)*, die bewerkstelligten Zahlungen und die noch erübrigenden Zahlungsreste für die einzelnen Dienstzweige nachgewiesen und mit den Ergebnissen des vorausgegangenen Jahres verglichen werden. Bei den wichtigeren Dienstzweigen erstreckt sich die Vergleichung auch auf mehrere vorausgebende Jahre. Die vorgekommenen Unregelmässigkeiten *(infractions aux règlements de Comptabilité publique)* werden bei den einzelnen Dienstzweigen hervorgehoben und das Ergebniss der diessfalls mit den Ministerien geführten Correspondenz beigefügt. Der Bericht enthält ferner die Nachweisung der im Verwaltungs- (Sonnen-) Jahre vorgekommenen Cassenbewegung *(service de trésorerie)* und jene der allgemeinen Finanzlage *(Bilan)* am 1. Jänner 1861, so wie den Stand der öffentlichen Schuld nach seinem Detail am 1. Jänner 1861.

Diese allgemeinen Ergebnisse werden in sechs Beilagen weiter ausgeführt, enthaltend:

1. Die Nachweisung der Einnahmen im Rechnungsjahre *(exercice)* 1860;

2. Die allgemeine Uebersicht der Vergleichung der Einnahmen der Rechnungsjahre 1859 und 1860;

3. die Vergleichung der Einfuhr nach Gattung und Werth der Waaren und der erhobenen Zollgebühren für die Verwaltungsjahre 1859 und 1860;

4. die Vergleichung der Posterträgnisse in den Verwaltungsjahren 1848—1860;

5. den Stand der öffentlichen Schuld von ihrem Entstehen bis zum 1. Jänner 1861.

6. Die Vergleichung der eröffneten Credite und der darauf geleisteten Zahlungen für das Rechnungsjahr 1860, nach Ministerien detaillirt.

II. Déclarations Générales.

Der Rechnungshof erlässt die *Déclarations générales*, in welchen mit Beziehung auf die verschiedenen diessfalls bestehenden Gesetze und Reglements der Befund des Rechnungshofes, nach Vergleichung der von den Ministern vorgelegten Rechnungen mit den Beschlüssen des Rechnungshofes über die individuellen Rechnungen der Rechnungsleger, ausgesprochen wird.

Die erste *Déclaration générale* betrifft die Rechnungen des Verwaltungsjahres 1860, d. i. den *Compte général des finances*, worin dieselben enthalten sind. Der Rechnungshof erklärt darin:

1. dass der *Compte général de l'administration des finances* sowohl bezüglich der das Budget betreffenden Operationen, als bezüglich des Cassendienstes *(service de trésorerie)* mit seinen Beschlüssen über die individuellen Rechnungen der Rechnungsleger übereinstimmt;

2. dass eben so damit die Bilanz der Finanzverwaltung für den 31. December 1860 conform ist;

3. dass die auf die Bereinigung der vorhergehenden Rechnungsjahre *(apurement des exercices clos)* Bezug nehmenden Operationen den bestehenden Gesetzen entsprechen;

4. dass die gesetzlichen Massregeln bezüglich der Anweisungen und Zahlungen der den verfallenen Rechnungsjahren *(exercices périmés)* angehörigen und noch nicht verjährten Forderungen gehörig vollzogen worden sind.

Diese *Déclaration* ist von vier Beilagen begleitet, nämlich:

1. Detaillirte Vergleichung der durch die Beschlüsse des Rechnungshofes constatirten Ergebnisse mit jenen, welche in der General-Finanz-Rechnung aufgeführt sind, nach Einnahmen und Ausgaben während des Verwaltungsjahres 1860, mit der Abtheilung nach den Rechnungsjahren *(exercices)*, welchen sie angehören.

2. Bilanz der Finanzverwaltung nach dem Stande zu Anfang des Jahres 1860, den Operationen während des Jahres und dem Stande zu Ende des Jahres 1860.

3. Operationen, welche im Verwaltungsjahre 1860 für Rechnung der *exercices clos* bewerkstelligt worden sind, und Stand der letzteren zu Ende 1860.

4. Operationen, welche während des Jahres 1860 für die *exercices périmés* gemacht worden sind, und Stand der letzteren zu Ende 1860.

Die zweite *Déclaration générale* betrifft die *situation définitive de l'exercice* 1860 und bezieht sich auf die definitiven Rechnungen für das Rechnungsjahr 1860, welche die einzelnen Minister

veröffentlichen. Es wird darin mit Hinweisung auf die diessfalls bestehenden Gesetze und Reglements und auf den denselben entsprechenden
Vorgang des Rechnungshofes, ferner in Erwägung, dass die dem Rechnungshofe von den Rechnungslegern *(agents comptables des finances)* vorgelegten Rechnungsbelege *(titres justificatifs)* die Mittel darboten, die
materielle Richtigkeit ihrer Rechnungen zu beglaubigen und die Lega-
lität und Regelmässigkeit der Ein- und Auszahlungen in die und aus
den Staatscassen zu controliren, erklärt:

1. Dass die in den Rechnungen der Minister für das *exercice* 1860
aufgeführten Einnahmen und Ausgaben den Ergebnissen der Beschlüsse
des Rechnungshofes entsprachen, welche die Operationen betreffen, die
aus den mit den erforderlichen Documenten belegten Rechnungen der
Rechnungsleger für die Verwaltungsjahre 1859, 1860 und 1861 (weil
in allen diesen drei Jahren Einnahmen und Ausgaben bezüglich auf
das *exercice* 1860 vorkommen) ersichtlich werden;

2. dass die Prüfung der durch die Rechnungsbelege der Rechnungsleger constatirten Thatsachen Unregelmässigkeiten und Ueber-
tretungen *(infractions)* der Gesetze und Reglements betreffs der Staatsrechnung *(comptabilité publique)* nachweisen, welche in der Beilage spe-
cificirt werden;

3. dass Einnahmen und Ausgaben hinsichtlich der *services spéciaux*,
die in den Beilagen der Ministerialrechnungen aufgeführt werden, mit
den Beschlüssen des Rechnungshofes übereinstimmen (vorbehaltlich un-
wesentlicher oder aufgeklärter Austände).

Dieser *Déclaration* sind zehn Beilagen beigefügt, nämlich:

1. Vergleichung der durch die Beschlüsse des Rechnungshofes
constatirten Ergebnisse mit jenen, die in den Ministerialrechnungen
enthalten sind, nach Einnahmen und Ausgaben des *exercice* 1860 detaillirt.

2. Nachweisung der einzelnen (materiellen und formellen) Unregelmässigkeiten, welche vom Rechnungshofe bei der Prüfung erhoben
worden sind.

3.—10. Vergleichung wie ad 1. bezüglich der *services spéciaux*,
nämlich der Ehrenlegion, Staatsdruckerei, Consulatskanzleien, Münzen-
und Medaillenfabrication, Armeedotationscasse, Marine-Invalidencasse,
höherer Unterricht *(Enseignement supérieur)*.

Die dritte *Déclaration* betrifft die Materialrechnungen; im Jahre
1860 kamen aber nur die Materialrechnungen des Kriegsministeriums
für das Verwaltungsjahr *(année)* 1857 zur Behandlung, die anderen
standen noch in der Bearbeitung oder waren dem Rechnungshofe noch
nicht vorgelegt.

———————

Gleichzeitig mit dem Berichte an den Kaiser und den *Déclarations générales* des Rechnungshofes werden gedruckt und der Kammer
vorgelegt die Erläuterungen der einzelnen Ministerien über die Beanständigungen, welche der Rechnungshof in dem Berichte an den Kaiser,

dann in den *Déclarations générales* über einzelne Einnahme- oder Ausgabeposten ausgesprochen hat. Sie weisen entweder darin nach, dass die Beanständigungen nicht begründet sind, oder sie geben dieselben entschuldigend zu, und versprechen für die Zukunft Abhilfe.

7. Rapport et Procès verbal de la Commission de Vérification des comptes des Ministres pour l'exercice 1860 et l'année 1861.

Diese Commission prüft und schliesst *(arréte)* das *Journal général*, das Hauptbuch *(le grand-livre)* und die Bilanz der Rechnungen zu Ende des Jahres. Dabei erstreckt sie ihre Controle auf vier Hauptpuncte:

1. Verification der Centralaufschreibungen *(écritures centrales)* der Finanzverwaltung und Vergleichung ihrer Ergebnisse mit jenen der Rechnungen der einzelnen Ministerien.

2. Prüfung des *Compte général* der Finanzverwaltung für 1861.

3. Prüfung der Rechnung der Ministerien für das *exercice* 1860.

4. Prüfung der Materialrechnungen.

I. Vérifications des écritures centrales.

Sie prüft die Register, Aufschreibungen und Hilfsbücher der Generalfinanzbuchhaltung *(Comptabilité générale des finances)* und vergleicht diese Elemente mit dem *Journal général* und dem Hauptbuche, ob diese Documente, welche sie (ebenso wie die General-Rechnungsbilanz zu Ende 1861) feststellt und schliesst, mit einander übereinstimmen. Sie stellt ferner fest das *Journal général* und das Hauptbuch der fundirten Schuld *(le grand-livre de la dette inscrite)*, die Journale und Bilanzen der Lebensrenten, der Pensionen und der in Geld geleisteten Cautionen, nachdem sie die Aufschreibungen der Staatsschulden-Direction vorläufig geprüft und die Uebereinstimmung dieser Aufschreibungen mit der General-Finanzrechnung *(Compte général de l'administration des finances)* constatirt hat. Die Verification der Operationen der *dette inscrite* wird mittelst der von dem Central-Controlbureau des Finanzministeriums *(le Contrôle central)* gelieferten Behelfe (welche die Operationen bezüglich der perpetuellen Rente, den Hauptstand der im Schatzamte eingeschriebenen Pensionen und Dotationen, die Uebersicht der Veränderungen in der *rente viagère* und eine Uebersicht der Veränderungen der Cautionscapitale während des Jahres 1861 nachweisen) und der Vergleichung der Aufschreibungen dieser Controle mit den Ergebnissen des *Compte de l'administration des finances* bewerkstelligt.

Sie prüft die Aufschreibungen des Central-Controlbureau und der Direction der streitigen Forderungen *(Direction du contentieux)* und constatirt die Genauigkeit der Ergebnisse dieser beiden Dienstzweige.

Sie constatirt die Uebereinstimmung der Aufschreibungen der Finanz-Administration mit den Rechnungen der einzelnen Ministerien für das vorausgegangene *exercice* 1860 durch die beiderseitige Vergleichung.

Sie bezieht sich auf die *Déclaration générale* des Rechnungshofes hinsichtlich der Uebereinstimmung der von den Anweisungsämtern *(les ordonnateurs)* für das vorausgegangene *exercice* gelegten Rechnungen mit den Ergebnissen seiner Beschlüsse über die individuellen Rechnungen der Rechnungsleger *(comptables)*.

In Folge dessen erkennt die Verifications-Commission, dass die Central-Aufschreibungen in der Ordnung sind, dass der *Compte général des finances* eine genaue Uebersicht *(résumé)* dieser Aufschreibungen gewährt, und dass die Rechnungen der Anweisungsämter *(ordonnateurs)* mit diesem *Compte général* übereinstimmen.

Auf Grundlage dieser Erklärung fügt die Verifications-Commission ihrem Berichte bei:

1. Die vergleichende Uebersicht der Einnahmen und Ausgaben des *exercice* 1860, wie sie durch die Beschlüsse des Rechnungshofes constatirt sind, mit den Ergebnissen der definitiven Rechnung, welche zur Grundlage für den dem *Corps législatif* behufs der definitiven Regelung des *exercice* 1860 vorgelegten Gesetzentwurf dienen.

2. Das *Résumé analytique* des *Journal général des finances* für das Jahr 1861.

3. Die Generalbilanz der Rechnungen des Hauptbuches der Finanzverwaltung *(balance générale des comptes du grand-livre de l'administration des finances)* zu Ende des Jahres 1861.

II. Examen du Compte général de l'administration des finances pour l'année 1861.

Die General-Finanzrechnung stellt nach dem von der Direction der *Comptabilité générale des finances* geführten Journal und Hauptbuche die gesammten während des Jahres bezüglich der Einhebung und der Verwendung der öffentlichen Gelder stattgefundenen Operationen dar, mit den Ausführungen, die zum leichteren Verständniss dieser Operationen und erläuternden Bemerkungen über die für die einzelnen Materien geltenden gesetzlichen oder reglementären Dispositionen dienen. Diese Rechnung theilt sich in *Comptes généraux* und *Comptes spéciaux* ab.

Comptes généraux.

Dieselben umfassen die Rechnungen des Sonnen- oder Verwaltungsjahres 1861 über die öffentlichen Einnahmen und Ausgaben und über die Cassengebarung *(le service de trésorerie)*. Die Rechnungen der Budgets, die Bilanz und die Situation der General-Finanzverwaltung, dann die Uebersicht der Finanzlage zu Anfang und zu Ende des Jahres. Die Prüfung der ersten dieser Rechnungen, welche die Jahresoperationen nach Classen der Rechnungsleger *(Comptables)* reassumirt, gestattet dem Rechnungshofe, durch Zusammenhaltung dieser Rechnung mit jener des vorausgegangenen Jahres, seiner Verpflichtung nachzukommen, gemäss welcher er die von den Ministerien bezüglich der geschlossenen Finanzperiode *(exercice clos)* gelegten Rechnungen mit seinen eigenen Beschlüssen (über die Rechnungen der einzelnen Rechnungsleger) zu vergleichen und zu verificiren hat.

Die Rechnungen über die öffentlichen Einnahmen und Ausgaben und über die Cassengebarung enthalten alle Details der Rechnung über die im Jahre stattgefundenen Operationen, und machen die noch einzuhebenden oder zu bezahlenden Forderungen *(droits constatés)*, sowie den Ueberschuss der Ausgaben oder die Ungenügendheit der Budgetressourcen ersichtlich.

Die definitive Rechnung der Einnahmen für das vorausgegangene *exercice* 1860, welche der Finanzminister legt, führt die constatirten Gebühren (die Gebührenschuldigkeit), die darauf bewerkstelligten Einhebungen und die am Schlusse des *exercice* noch ausständigen Reste auf; diese Details machen es möglich, die Gesammtheit der Rollen (Einhebungsquoten der Zahlungspflichtigen) der directen Steuern mit den auf die Umlage der Steuern Bezug nehmenden Bestimmungen des Finanzgesetzes zu vergleichen; ebenso gestatten, was die indirecten Einnahmen betrifft, die Details dieser Rechnung, den Ursprung und die Bedeutung der während der Finanzperiode *(exercice)* 1860 bewirkten Einhebungen kennen zu lernen.

Hierauf wird in dem Berichte das Ergebniss der ordinären und extraordinären Einnahmen des *exercice clos* 1860 angeführt, und dasselbe mit jenem des vorausgegangenen Jahres verglichen, mit Beifügung der Ursachen der in den einzelnen Zweigen vorgekommenen Vermehrung und Verminderung.

Die definitive Rechnung der Ausgaben für 1860 wird in der General-Finanzrechnung nach den einzelnen Ministerien aufgeführt. In dem Berichte wird das Ergebniss der in der Finanzperiode 1860 gemachten (liquidirten) und der wirklich bezahlten Ausgaben sammt dem Unterschiede zwischen beiden ersichtlich gemacht; ebenso wird dabei die Gesammtsumme der den Ministern eröffneten Credite den wirklich geleisteten Zahlungen gegenüber gehalten und die Differenz beigesetzt; letztere wird dann weiter abgetheilt: *a)* in die nicht verbrauchten und definitiv zu annullirenden Credite; *b)* in die Credite für die noch zu bestreitenden Ausgaben, und *c)* in die Credite, welche auf die nächstfolgenden Budgets zu übertragen sind.

Die Rechnung der Cassegebarung zeigt, in Vergleichung mit den Rechnungen der Einnahmen und Ausgaben und mit jenen der Budgets, die Finanzlage zu Ende der Finanzperiode. Der Bericht führt die zu jener Zeit nachgewiesenen *Passiva* und *Activa* auf; der Ueberschuss der *Passiva* ist aus den Deficits *(Découverts)* der einzelnen Budgets gebildet, welche Deficits sohin nach der Budgetsperiode vor 1848, 1848—1851 und 1852—1860 zergliedert werden.

Comptes spéciaux.

Dieselben theilen sich ab in die Rechnungen der Staatsschuld und in jene verschiedener Dienstzweige *(Apurement des dépenses des exercices clos, service departemental, services financiers en Algérie, service des monnaies, ancien domaine extraordinaire, débets et créances litigieuses).* Der Bericht zählt dabei den Betrag der Reserven des Tilgungsfondes und deren Verwendung für die laufenden Staatsauslagen und Deckung der Deficits in einzelnen Perioden auf. Es kommen hierbei auch die Rechnungen der streitigen Activ- und Passivforderungen *(débets und créances litigieuses)* vor; sie bestehen aus den Schuldresten *(débets),* der *receveurs des régies financières* und den *débets administratifs* der Lieferanten und Unternehmer.

III. Examen des comptes publiés par les ministres pour l'exercice 1860.

Die Verifications-Commission prüft die Aufschreibungen in jeder *comptabilité centrale* der einzelnen Ministerien, und untersucht, ob die definitive Rechnung der Staatsausgaben, welche der definitiven Regelung des Budgets für das *exercice* 1860 zum Grunde gelegt werden, mit den Aufschreibungen der einzelnen Ministerien, dann mit dem *Compte général de l'administration des finances* übereinstimmen. Sie führt hierbei bezüglich eines jeden Ministeriums die ihr aufgestossenen Differenzen oder Lücken (welche sich grossentheils auf die Inventarien oder mangelhaften Einrichtungen beziehen) an.

Die Operationen der *services spéciaux rattachés pour ordre au Budget* erscheinen in den Rechnungen der Ministerien, in deren Ressort die Dienstzweige gehören, nicht aber in dem *Compte général de l'administration des finances,* weil sich die Wirksamkeit des Finanzministeriums nicht auf dieselben erstreckt. Sie werden aber von der Verifications-Commission in dieser Abtheilung gleichfalls, bezüglich ihrer Rechnungen, der Prüfung unterzogen.

IV. Partie.

Die Materialrechnungen umfassen — abgesehen von den Inventarien der verschiedenen Ministerien — die werthvollen Vorräthe von Materialgegenständen, welche sich in den einzelnen Verwaltungszweigen, namentlich des Krieges, der Marine und der öffentlichen Arbeiten, vorfinden. Diese Rechnungen werden einer speciellen Prüfung von Seite der Commission unterzogen.

Beilagen zum Protocolle der Verifications-Commission.

1. Vergleichende Uebersicht der (durch Beschlüsse des Rechnungshofes constatirten) öffentlichen Einnahmen und Ausgaben des Rechnungsjahres *(exercice)* 1860 mit den Ergebnissen der definitiven Staatsrechnung, welche dem Gesetzentwurfe,

der dem *Corps législatif* zur Regulirung dieses *exercice* vorgelegt wird, zur Grundlage dienen.

Es erscheinen darin aufgeführt: I. bezüglich der Einnahmen, abgetheilt in *ressources ordinaires* und *extraordinaires*, die von dem Rechnungshofe constatirten Einnahmen, und zwar: für die Rechnungsjahre 1859 (nur Nachträge) und 1860 durch seine förmlichen Beschlüsse, für 1861 durch die Aufnahme der dem Rechnungshofe vorgelegten individuellen Rechnungen der Rechnungsleger in Vergleichung mit den Einnahmen, wie sie in der definitiven Staatsrechnung für das Rechnungsjahr 1860 aufgenommen erscheinen.

Diese Uebersicht wird vervollständigt: *a)* durch die aus früheren Rechnungsjahren in jenes von 1860 übertragenen Beträge mit der Bestimmung für die Departements-Ausgaben und für verschiedene Special-Dienstzweige, welche am Schlusse der früheren Rechnungsjahre noch nicht zur Verwendung gelangten und in das Budget für 1860 aufgenommen wurden — welche Beträge zur Gesammt-Summe der Einnahmen hinzugeschlagen werden; *b)* durch die derselben Bestimmung gewidmeten Beträge, welche im Rechnungsjahre 1860 nicht verwendet und auf die folgenden Rechnungsjahre 1861 und 1862 übertragen wurden — welche Beträge von der Gesammtsumme der Einnahmen in Abzug gebracht werden; endlich *c)* durch den Ueberschuss der Einnahmen des vorausgegangenen Rechnungsjahres 1859, welcher bei der definitiven Regulirung der Gebarung dieses Rechnungsjahres auf das Rechnungsjahr 1860 übertragen wurde — welcher Ueberschuss der Gesammtsumme der Einnahmen hinzugerechnet wird. II. Bezüglich der Ausgaben, abgetheilt in das *Service ordinaire* und in die *travaux extraordinaires*: die von dem Rechnungshofe constatirten Ausgaben, und zwar: für die Rechnungsjahre 1859 (Nachträge) und 1860 durch seine förmlichen Beschlüsse, für 1861 durch die Aufnahme der dem Rechnungshofe vorgelegten individuellen Rechnungen der Rechnungsleger in Vergleichung mit den Ausgaben, wie sie in der definitiven Staatsrechnung für das Rechnungsjahr 1860 aufgenommen erscheinen.

Am Schlusse wird die Gesammtsumme der Einnahmen jener der Ausgaben gegenüber gestellt und der Ueberschuss der Ausgaben (das Deficit) daraus abgeleitet.

Den Schluss bildet die Beglaubigung dieser Uebersicht durch den Director der *Comptabilité générale des finances*, welche dieselbe der Verifications-Commission vorgelegt hat, und durch die Mitglieder der Verifications-Commission, welche dieselbe geprüft und richtig befunden haben.

2. Analytische Uebersicht des *Journal général de l'administration des finances* für das Jahr 1861.

Dieselbe enthält die Aufzählung der in dem *Journal général* eingetragenen Operationen mit der Anführung der verschiedenen Rechnungen, in welchen die verschiedenen Operationen als *Débet* und als *Crédit* mit der bezüglichen Summe aufgeführt erscheinen.

Zu diesen Operationen gehören: die Bilanz der Gesammtheit sämmtlicher Rechnungen *(situation de tous les services)* am Beginne des Jahres (1860), Voranschlag der Staats-Einnahmen und der Ausgaben nach dem jährlichen Finanzgesetze, die bewilligten Supplementar- und ausserordentlichen Credite (gegenwärtig, wo diese nicht mehr bestehen, die extrabudgetären oder Nachtragscredite), die liquidirte Schuldigkeit aller Zahlungspflichtigen *(droits liquidés à la charge des redevables de l'État)*, die liquidirten Forderungen aller Staatsgläubiger *(droits liqui- dés au profit des créanciers de l'État)*, Betrag der durch die Ministerien verfügten Anweisungen über diese Forderungen, das Cassenrevirement bei sämmtlichen Rechnungslegern (Verwaltern von Staatsgeldern, *comp- tables des finances)* in Einnahmen und Ausgaben, die Operationen, welche durch *virements de comptes* ohne Mitwirkung der Rechnungsleger erfolgen (als: Aenderung in der Verwendung der Credite, Bezahlung von Vorschüssen zwischen den Ministerien, Compensirungen von Ein- nahmen und Ausgaben, gezogene Wechsel auf den Staatsschatz, Liqui- dirung von Interessen in laufender Rechnung, Einzahlungen bei andern Cassen für die Centralcasse etc.), präliminirte und wirklich eingehobene Staatseinnahmen, präliminirte und wirklich bezahlte Staatsausgaben, Nachweisungen für die definitive Staatsrechnung (Berichtigung der Schätzung der Einnahmen, nicht verwendete, auf andere Rechnungsjahre *(exercices)* zu übertragende Credite, provisorische zu regulirende Credite, eingehobene auf andere Rechnungsjahre zu übertragende Einnahmen, Einnahmen und Ausgaben des Departementaldienstes), Gebarungsaus- weis über verschiedene specielle Dienstzweige, als: fundirte Schuld *(dette consolidé)*, Amortisirung der Renten, Specialanlehen für den Bau der Kanäle und andere Bauten, Geldcautionen, Leibrenten *(Rentes viagères)*, Pensionen, die in das grosse Buch der Staatsschuld eingetra- gen sind, Richtigstellung der Ausgaben der geschlossenen Rechnungs- jahre *(apurement des dépenses des exercices clos)*, Einnahmen und Aus- gaben in Algier, alte ehemalige Domänen, streitige Forderungen aus Schulden und Darlehen, die dem Handelsstande gemacht worden, Vor- schuss auf die Verzinsung des garantirten griechischen Anlehens und Rückzahlungen darauf, im Staatsschatze deponirte und von dort rück- erhobene Werthe.

3. Generalbilanz der Rechnungen des Hauptbuches der Finanzverwaltung *(du grand-livre de l'administration des finan- ces)* am Schlusse des Jahres (1. Jänner 1862).

Diese Generalbilanz enthält die Bezeichnung der Rechnungen sowohl im *Débet* als im *Crédit*, mit dem Stande derselben vor Anfang, im Laufe und nach dem Schlusse des Jahres 1861, und der dadurch constatirten Beträge *(soldes)*, welche die Staatsschuldner und Staats- gläubiger zu bezahlen und bezüglich zu fordern haben.

Die aufgeführten Rechnungen sind nach Sectionen abgetheilt, und zwar enthält die I. Section die Rechnungen der Einnahme-

Cassen *(Comptes des redevables des impôts et revenues)* nach den für
das vorausgegangene, das laufende und das nächstfolgende Rechnungsjahr constatirten Gebühren, die Rechnungen der Gläubiger der
Ministerien nach den für die Rechnungsjahre 1860, 1861 und 1862
constatirten Forderungen und darauf gemachten Zahlungsanweisungen,
die Rechnungen der Finanz-Rechnungsleger *(comptables des
finances)*, d. i. der *Receveurs* der indirecten Einnahmezweige, der Post-
und Münzamts-Directoren, der *Receveurs généraux des finances*, des
Directors der Staats-Centralcasse, des Zahlmeisters der Staatscasse,
der *Comptables des finances* in Algerien, der Zahlmeister in den Colonien und des verantwortlichen Agenten für die *Virements de comptes.*

Die II. Section enthält die Rechnungen der Abgaben und
öffentlichen Einnahmen *(Contributions et revenus publics)*, je nachdem sie das vorausgegangene, das laufende und das künftige Rechnungsjahr betreffen, mit der Specialisirung der einzelnen Zweige.

Die III. Section enthält die Rechnungen der öffentlichen
Ausgaben, je nachdem sie das Rechnungsjahr 1860, 1861 und 1862
betreffen, mit der Untertheilung in das *Service ordinaire* und die *travaux extraordinaires*, und die Specialisirung der einzelnen Ausgabszweige.

Die IV. Section enthält die Rechnungen des Cassendienstes
(service de trésorerie) und der Special-Dienstzweige, und zwar
bezüglich des ersteren die Nachweisung der ausgestellten Schatzbons,
Obligationen und Wechsel, dann der activen und passiven Forderungen
des Schatzes mit der Specialisirung derselben, der streitigen Forderungen des Cassenvirements, und der Bedeckung der jährlichen Budgets-
Deficite. Die Special-Dienstzweige betreffen den Staats-, Provinzial- und
Municipaldienst, die Geldcautionen, das griechische Anlehen, die Eisenbahngesellschaften, die Escompte-Comptoirs, die Capitalsrückzahlung
der 5% Rente, den Verkauf des Holzes aus Staatswaldungen, die Schulden der Familie Orleans, die Fonds für öffentliche Arbeiten von allgemeinem Nutzen, die Garantiezahlungen für den Zürcher Frieden, das
Anlehen von 1859 im Betrage von 500 Millionen, das Darlehen an die
Industrie vom Jahre 1860, die Forderungen aus den *obligations trentenaires)* und die Abrechnung mit Sardinien.

Die V. Section enthält die Budgetsrechnungen, und zwar
für die Rechnungsjahre 1860, 1861 und 1862, insbesondere die allgemeine Rechnung des Budgets, die Supplementar- und ausserordentlichen
Credite (mittelst Gesetzes bewilligt), die provisorischen Credite (mittelst
kais. Decretes bewilligt), das Budget der Einnahme nach den Schätzungen des Voranschlages und der constatirten Gebührenschuldigkeit
(droits constatés), das Budget der Ausgaben nach den mit dem Voranschlage bewilligten Crediten und den constatirten Zahlungsanforderungen *(droits constatés).*

Die VI. Section enthält die Rechnungen der Staatsschuld, und zwar der consolidirten Schuld, der Rentenamortisation, der Specialanlehen für öffentliche Bauten, der Geldcautionen, der Lebensrente und der zur Staatsschuld gerechneten Pensionen.

Die VII. Section enthält Rechnungen verschiedener Dienstzweige *(de divers services publics)*, nämlich: die Austragung der Auslagen der abgelaufenen Rechnungsjahre *(des exercices clos)*, den Finanzdienst in Algerien, die alte ausserordentliche Domäne, die streitigen Schulden und Forderungen und das Darlehen an den Handelsstand (vom Jahre 1830).

Die VIII. Section endlich enthält die durchlaufenden Rechnungen *(comptes d'ordre)*, nämlich den Vorschuss für das griechische Anlehen, die Activforderungen, welche im Budget in der Ausgabe erscheinen, die Passivforderungen, welche im Budget in der Einnahme erscheinen, verschiedene Specialfonde, die im Staatsschatze deponirten Werthe.

Am Schlusse sind die Beglaubigungen beigesetzt des Unterdirectors der *Comptabilité générale des finances* über die rechnungsmässige Uebereinstimmung der Bilanz mit den Artikeln des *Journal général*, des Directors derselben Behörde über die formelle Uebereinstimmung der Bilanz mit dem Inhalte des *Journal général* und mit jenem des *Compte général de l'administration des finances*, des Finanzministers darüber, dass die von ihm genehmigte Bilanz die Grundlage des *Compte général des finances* bildet, und dass sie der Prüfung der Verifications-Commission vorgelegt werden soll, endlich dieser letztern Commission selbst, wodurch sie die Bilanz mit den daraus sowohl für die vor dem Beginne des Jahres 1861 vorgekommenen Operationen als für diejenigen, welche das Jahr 1861 selbst betreffen, ziffermässig feststellt.

8. Loi portant réglement définitif du Budget de l'exercice 1861.

(Loi des Comptes)

Der Gesetzentwurf enthält vier Titel.

Der erste Titel enthält das eigentliche *Réglement du budget de l'exercice* 1861, durch Feststellung der Ausgaben, der bewilligten Credite, der Einnahmen und des daraus abgeleiteten Gesammtresultates des Budgets. Es wird nämlich darin (§. 1) die Summe der Ausgaben festgestellt, und zwar nach den definitiven Schlussrechnungen der Minister, sowohl die constatirten, d. h. liquidirten und zur Zahlung angewiesenen Ausgaben mit 2.177,836.308 Frcs., als auch die wirklich dafür geleisteten Zahlungen mit 2.170,988.607 Frcs., und der noch zu zahlen erübrigende Rest im Betrage von 6,847.701 Frcs. mit der Bestimmung, dass die für das *exercice* 1861, wie eben erwähnt, noch zu leistenden Zahlungen je auf die Fonde des laufenden *exercice* anzuweisen sein werden. Ferner sind darin (§. 2) die Credite fixirt.

Es werden nämlich die für die ordentlichen und ausserordentlichen Ausgaben des *exercice* 1861 mit Einschluss der durch kais. Decrete angeordneten *Virements* bewilligten Gesammt-Credite im Betrage
von 2.233,295.663 Frcs. reducirt, um *a)* eine nicht zur Verwendung
gelangte und daher annullirte Summe von 32,249.733 Frcs.; *b)* die obige
nicht zur wirklichen Auszahlung gelangte, aber auf die Budgets des
laufenden *exercice* anzuweisende Summe von 6,847.701 Frcs.; endlich
c) die Summe von 23,209.621 Frcs., welche am Schlusse des *exercice* 1861
von dem Ertrage für die Auslagen der Departemental-Verwaltung und
anderer verschiedenen Dienstzweige *(service départemental et de divers
services spéciaux)* — welche Auslagen sich je nach dem wirklichen Ertrage der dafür angewiesenen Zuflüsse richten — noch nicht verwendet
war, und auf die Budgets der *exercices* 1862 und 1863 zu gleicher Bestimmung übertragen wird, mit der Abtheilung in jene für das *service
départemental* und in jene für die *divers services spéciaux*, für beide
weiter nach den *exercices* 1862 und 1863 gesondert.

Die Gesammtsumme dieser Annulationen und Uebertragungen
macht 62,307.056 Frcs. aus, welche, wenn sie von der bewilligten Summe
der Gesammt-Credite, nämlich 2.233,295.663 Frcs. abgezogen wird, die
definitiv festgestellten Credite des Budgets für das *exercice* 1861 mit
2.170,988.607 Frcs. ergibt, welche (wie oben erwähnt) auch wirklich
verbraucht worden sind.

Ferner werden in diesem Titel (§. 3) die constatirten Staatseinnahmen, d. i. die Einnahmeschuldigkeit für das *exercice* 1861 mit
2.013,230.838 Frcs. fixirt, von welchen an ordentlichen und ausserordentlichen Einnahmen bis zum Schlusse des *exercice* wirklich eingehoben
wurden 2.005,576.989 Frcs., sonach zu erheben übrig blieben 7,653.848 Frcs.
Obige Einnahmeschuldigkeit wurde erhöht um 23,718,075 Frcs., als den
Betrag der am Schlusse der *exercices* 1859 und 1860 nicht verwendeten,
für die Bedürfnisse des Departementaldienstes und verschiedener anderer Dienstzweige bestimmten Zuflüsse, wornach die wirkliche Einnahme
(voies et moyens) für das Budget des *exercice* 1861 sich feststellen auf
2.029,295.064 Frcs.

Von dieser Totalsumme sind obige 23,718.075 Frcs., welche für
den *service départemental et de divers autres services* bestimmt sind, auszuscheiden und auf die *exercices* 1862 und 1863 zu übertragen, um für
die Bedeckung der Ausgaben dieser Art, welche am Schlusse des *exercice* 1861 noch nicht bestritten waren, zu dienen, wornach die ordentlichen Einnahmen des *exercice* 1861 auf 2.006,085.443 Frcs. fixirt bleiben·
Endlich wird in diesem Titel (§. 4) auf Grundlage der oben festgestellten Einnahmen mit 2.006,085.443 Frcs. und Ausgaben mit 2.170,988.607
Frcs., die Ueberschreitung der Ausgaben mit 164,903.163 Frcs. festgestellt.

Der zweite Titel betrifft das *réglement des services spéciaux rattachés pour ordre au budget*. Es werden darin die Einnahmen und (der Ziffer nach vollkommen gleichlautenden) Ausgaben

9 *

für jeden der dahin gehörigen sieben Dienstzweige (Ehrenlegion, Staatsdruckerei, Consulatskanzleien, Münz- und Medaillenfabrikation, Armeedotationscassa, Marine-Invalidencasse, Anstalten für höheren Unterricht), und sodann in der Gesammtsumme mit 174,911.896 Frcs. festgestellt.

Der dritte Titel enthält das *Réglement du service départemental pour l'exercice* 1861 *).* Die Einnahmen und die (mit denselben übereinstimmenden Ausgaben für den Departementaldienst des *exercice* 1861, welche provisorisch von den Generalconseils der Departements und definitiv durch kaiserliche Decrete bestimmt sind, werden mit der Summe von 156,239.937 Frcs. festgestellt, wovon 148,743.227 Frcs. auf das Ressort des Ministeriums des Innern, 249.883 Frcs. auf jenes der Finanzen und 7,246.827 Frcs. auf jenes des öffentlichen Unterrichtes entfallen.

Der vierte Titel endlich ist besonderen Bestimmungen *(dispositions particulières)* gewidmet.

Die im Finanzgesetze eröffneten Credite für die Militärpensionen werden definitiv auf 2,568.500 Frcs. festgestellt, und ebenso wird der Stand der Approvisionirungs-Vorräthe in den Häfen und Etablissements der Kriegsmarine am 31. December 1861 fixirt auf die Summe von 238,798.920 Frcs.

In sieben, dem Gesetzentwurfe beigefügten Anlagen werden die in ersterem angesetzten Totalsummen in ihre einzelnen Bestandtheile zerlegt.

---

*) Die Einnahmen und Ausgaben der Departemental-Verwaltung kommen zwar schon im I. Titel §. 2 vor; der Unterschied ist aber der, dass dort nur die im Rechnungsjahre nicht zur Verwendung gelangten, für diesen Dienst bestimmten, und daher auf das nächste Rechnungsjahr übertragenen Summen (von 8—12 Millionen Frcs.) aufgeführt sind, während der dritte Titel die gesammte Gebarung der Departemental-Verwaltung umfasst.

Königreich Belgien.

Finanzperiode.

Die Finanzperiode umfasst in Belgien ein Jahr.

Verwaltungs- und Rechnungsjahr.

Das Verwaltungsjahr beginnt am 1. Jänner und endigt am 31. Dezember. Das Rechnungsjahr, oder wie die Budgetsprache sich ausdrückt, das „*exercice*" wird um weitere neun Monate erstreckt und dauert bis zum 31. October des nächstfolgenden Jahres, bis zu welchem Zeitpuncte für Rechnung des bezüglichen Budgets Einnahmen eingehoben und Ausgaben liquidirt und angewiesen *(ordonnancées)* werden können.

Form und Inhalt des Budgets.

Das Budget ist ein Bruttobudget, und zwar im engsten Sinne des Wortes, so dass keine Ausgabe von der Einnahme vorweg abgezogen werden darf, und jede Einnahme in die Cassen des Finanzministeriums fliesst, welches sie in seinen Büchern und seiner Rechnungsführung centralisirt.

Die Staatseinnahmen und Ausgaben bilden das allgemeine Staatsbudget und werden durch das Finanzgesetz festgestellt. Jeder Minister stellt das Budget seines Departements zusammen, und übermacht es an den Finanzminister, welcher sämmtliche einzelne Budgets dem Könige zur Genehmigung vorlegt, und nach Erlangung der letzteren sie im Namen des Königs an die Kammern der Repräsentanten leitet. Diess soll spätestens 10 Monate vor Beginn des Verwaltungsjahres geschehen. Nachdem beide Kammern die verschiedenen Budgets angenommen, und dem Entwurfe des Finanzgesetzes zugestimmt haben, wird das letztere im ordent-

lichen Wege kund gemacht. Doch zerfällt das Finanzgesetz in
Uebereinstimmung mit der Zahl der einzelnen Budgets in eilf be-
sondere Gesetze, je eines für das Budget der Staatsschuld, der
Nonvaleurs (Nachlässe) und Rückzahlungen, der Einnahmen und
Ausgaben *pour ordre* (meist öffentliche Arbeiten betreffend)
welche durch specielle Gesetze normirt worden sind, der Dotationen (Civilliste, Aufwand für die beiden Kammern und für den
Rechnungshof), für die Ministerien der Finanzen, der Justiz, des
Krieges, des Innern, der auswärtigen Angelegenheiten, der öffentlichen Arbeiten, und das Budget der Mittel und Wege „*des Voies
et Moyens*", d. i. das Einnahmebudget. Jedes Budget ist mit
einem *Développement* versehen, welches bis in das letzte Detail
geht. Jährlich wird in jedes Budget ein Specialcredit eingestellt,
worauf die aus Deficits oder ausserordentlichen Ereignissen entspringenden Verluste gewiesen werden.

Staatsrechnung.

Die Führung der Staatsrechnung ist in Belgien durch die *loi
organique de la comptabilité de l'état* vom 15. Mai 1846 und die
königlichen Decrete *(arrêtés)*, welche die dazu gehörigen Voll-
zugsvorschriften enthalten, insbesondere der *arrêté royal* vom
15. November 1849, dann durch die *loi organique de la caisse
d'amortissement* vom 15. November 1847 geregelt.

Die Minister können keine Ausgabe über die ihnen eröffneten
Credite bestreiten; doch gibt es Credite, welche das Budgetgesetz
als nicht beschränkt erklärt (wie z. B. die Rückzahlungen, sowie
gewisse Credite einzelner Ministerien); wenn die Ausgabe den
Credit übersteigt, wird die Mehrausgabe bei der definitiven Regelung der Staatsrechnung geordnet. Auf die Credite des Budgets
sind alle vom Staate schuldig gewordenen Summen gewiesen,
worauf die Staatsgläubiger während des Verwaltungsjahres einen
Anspruch erworben haben.

Jeder öffentliche Agent, welcher mit Staatsgeldern gebart,
ist ein Rechnungsleger *(comptable)*, welcher von dem Finanzminister oder über dessen Vorschlag ernannt, ihm für seine Gestion
verantwortlich und bezüglich derselben der Gerichtsbarkeit des
Rechnungshofes unterworfen ist. Er legt monatlich einen Ausweis
über seine Gebarung vor, so dass der zweite Ausweis die beiden
ersten Monate, der dritte die drei ersten Monate, und der zwölfte

das ganze Jahr umfasst, und sendet jährlich vor dem 1. März seine Rechnung an den Rechnungshof ein. Die Bücher und Journale der Rechnungsleger werden am 31. December oder bei einer Veränderung in der Person des Rechnungslegers von eigens dazu bestimmten administrativen Agenten, welche über den Befund ein Protocoll aufnehmen, geschlossen. Ebenso legen die Verwalter von Material Rechnung darüber an den Rechnungshof. Diejenigen, welche vom Staate Zahlungen zu fordern haben, erhalten Zahlungsanweisungen (*(ordonnances de payment)*, welche, nachdem sie vorläufig (was sogleich zu erwähnen), das *Visum* des Rechnungshofes erlangt haben, von den Staatscassen realisirt werden.

Die anweisenden Behörden *(ordonnateurs)* sind verantwortlich für die von ihnen angeordneten Zahlungen, welche den Gesetzen und Reglements entgegen sind.

Der Finanzminister ermächtigt zur Zahlung einer angewiesenen Summe nur in so weit das Gesetz einen Credit dafür eröffnet hat. Es können keine Gelder von den Staatscassen ausgefolgt werden, ohne seine Mitwirkung und das vorläufige *Visum* des Rechnungshofes — vorbehaltlich der vom Gesetze festgesetzten Ausnahmen.

Die fixen Ausgaben, als: Gehalte, Pensionen, Bureaukosten etc. werden vom Finanzminister über die von den einzelnen Verwaltungs-Departements ihm übermittelten Collectiv-Ausweise angewiesen; eben diese Departements machen dem Rechnungshofe den Betrag dieser Anforderungen für jeden Artikel des Budgets bekannt, welcher die entsprechende Ausgabe (ohne vorläufiges *Visum* der Collectiv-Anweisung) einregistrirt. Die darauf geleisteten Zahlungen müssen dem Rechnungshofe gegenüber vor Schluss des Rechnungsjahres *(exercice)* gerechtfertigt werden.

Die Aufschreibungen bei der Direction des Staatsschatzes (dem Finanzministerium) werden nach der doppelten Buchhaltung *(en partie double)* geführt; sie bestehen aus dem Journale, dem grossen Buche *(grand-livre)* und den Hilfsbüchern. Am 31. October Abends wird das Register der Anweisungen auf das Budget geschlossen, womit das Rechnungsjahr *(exercice)* sein Ende nimmt.

Die bereits gemachten Anweisungen, welche am Schlusse des Rechnungsjahres *(exercice,* d. i. am 31. October des nächstfolgenden Sonnenjahres) noch nicht wirklich bezahlt sind, und wofür ein regelmässiger Credit eröffnet war, werden von den Staatscassen im Augenblicke der Zahlungen (wenn die Forderung nicht durch

Verjährung schon verfallen ist) als Ausgabe eingestellt, und eben so werden die auf die Einnahmen der geschlossenen *exercices* noch nicht realisirten Summen in Einnahme für Rechnung des Jahres, in welchen sie eingehoben wurden, gestellt.

Die für das Rechnungsjahr *(exercice)* liquidirten Anweisungen, deren Zahlungen innerhalb des Rechnungsjahres nicht gefordert wurde, brauchen nicht erneuert zu werden und können während fünf Jahren, vom 1. Jänner des Rechnungsjahres an beginnend, bezahlt werden; nach Verlauf dieses Zeitraumes sind sie, als z. B. Zahlungen für Bauten, welche im Laufe der Ausführung begriffen sind, so weit sie nicht im Rechnungsjahre geleistet wurden, auf das nächste Jahr nach vorausgegangener Verification der schon geleisteten Zahlungsquote durch den Rechnungshof zu übertragen. Die Belege zu den gemachten Auszahlungen werden vom Finanzminister an den Rechnungshof übermacht, woselbst sie in Verwahrung bleiben.

Die einzelnen Ministerialdepartements schreiten nach Vollendung des Rechnungsjahres auf Grund der (später zu erwähnenden) vierteljährigen Gebarungsnachweisungen zur Zusammenstellung ihrer definitiven Jahresrechnungen, welche das gesammte Rechnungsjahr umfassen, und legen dieselben in jeder Session den Kammern gedruckt vor. Sie sind, obwohl jede für sich ausgefertigt, in einem Bande vereinigt, welcher den Titel : *Comptes rendus par les Ministres* trägt, und bestehen aus folgenden Special-Jahresrechnungen, nämlich: für die öffentliche Schuld, die Dotationen der Ministerien des Auswärtigen, des Innern, der öffentlichen Arbeiten, des Krieges, der Finanzen, der Justiz und endlich für die durchlaufenden Posten (Nachlässe und Rückzahlungen).

Diese Rechnungen enthalten die Operationen im Detail, welche in dem (bald zu erwähnenden) *Compte général de l'administration des finances* nur summarisch aufgeführt sind. Sie umfassen:

1. eine Generalübersicht, welche nach Capiteln und Artikeln des Budgets geordnet, alle Ergebnisse der definitiven Situation des vergangenen Rechnungsjahres, die dem Gesetzentwurfe für das definitive Reglement des Rechnungsjahres zur Grundlage dienen, enthält;

2. die ausführlichen Erläuterungen über die bis zum Schlusse des Rechnungsjahres constatirten, liquidirten und angewiesenen Zahlungen.

Jedes Ministerialdepartement liefert jährlich den Kammern den Ausweis aller · im Laufe des verflossenen Jahres im Versteigerungswege gemachten Contracte, deren Summen je 20.000 Francs übersteigen, dann aller im Regiewege gemachten Contracte von mehr als 4.000 Francs.

Das vom Staate beigeschaffte Mobiliar wird inventarisirt, und die Inventarien werden in den Archiven des Finanzministeriums, des Rechnungshofes und des betreffenden Ministeriums niedergelegt; am Ende jeden Jahres, und wenn sonst eine Aenderung in der Person des Verwalters eintritt, werden die Inventare revidirt.

Die Chefs der Ministerialdepartements übermachen ferner an den Rechnungshof: 1. eine detaillirte Nachweisung des Grundeigenthums und der Rente des Staates; 2. die Protocolle in Betreff der überlassenen Mäuthe, Holzfällungen, Wohnungsvermiethungen, Ernteverkäufe, Mobiliarverkäufe etc.; 3. Auszüge des Betrages der Steuerrollen; 4. überhaupt alle Documente, welche ein vom Staate erworbenes Recht constatiren.

Das wichtigste Document für die gesammte Finanzgebarung bildet die Generalstaatsrechnung *(Compte général annuel de l'Administration des finances)*. Es umfasst alle bezüglich der Einhebung und der Verwendung der Staatsgelder im Laufe des Sonnenjahres d. i. vom 1. Jänner bis 31. December vorgekommenen Operationen, und weiset den Stand aller Diensteszweige in Einnahme und Ausgabe (Activa und Passiva) am Schlusse des Sonnen- (oder Verwaltungs-) Jahres nach. Die darin enthaltenen Rechnungen stimmen in ihrer Anlage mit dem Voranschlage (Budget) für dasselbe Jahr überein, mit Ausnahme der noch hinzukommenden Ausgaben der Dienstzweige, welche nicht im Budget erscheinen, aber mit der Finanzverwaltung in Verbindung stehen, meist öffentliche Arbeiten und andere Ausgaben, welche durch besondere Gesetze normirt wurden *(dépenses pour ordre)*.

Im ersten Vierteljahre jedes Jahres theilt der Finanzminister den Kammern mit und übersendet an den Rechnungshof den *Compte général des finances*, welcher das geschlossene Rechnungsjahr und den provisorischen Stand des nachfolgenden *exercice* (d. i. die im Sonnenjahre für das laufende Rechnungsjahr, welches erst neun Monate nach Schluss des Sonnenjahres endigt, vorgekommenen Einnahmen und Ausgaben) wie er sich am 31. December darstellt, umfasst und mit Beilagen versehen ist.

Es wird in dem *Compte général* nach einer recapitulirenden Einleitung die Hauptübersicht der Operationen der gesammten Finanzverwaltung während des Sonnenjahres gegeben, und zwar mit der Unterscheidung jener, welche das **vorausgegangene** *exercice* (Rechnungsjahr) betreffen und jener, welche dem **laufenden** (aber am **31.** December noch nicht zu Ende gehenden) *exercice* angehören. Dieser Hauptübersicht folgt (in den Beilagen) die weitere Entwicklung der Einnahmen und Ausgaben nach der Classe der Rechnungsleger *(Comptables)* welche zum Zwecke hat, die Uebereinstimmung des *Compte général* mit den individuellen Rechnungen der Rechnungsleger, die der Rechnungshof registrirt, nachzuweisen.

Diese Beilagen enthalten zwei besondere Gattungen von Rechnungen:

1. den *Compte des Budgets*, und zwar:

a) den *Compte définitif* des geschlossenen **Rechnungsjahres** *(exercice)*, welcher die Situation des Budgets am Tage seines Abschlusses d. i. am 31. October des nächstfolgenden Jahres in der Art nachweiset, wie dieses in dem den Kammern vorgelegten *Règlement définitif* des Budgets dargethan ist. Er enthält eines Theils die **Einnahmeschuldigkeit** *(droits constatés à la charge des redevables de l'État)*, die auf diese Schuldigkeit bewerkstelligten Einhebungen und die noch zu machenden Einhebungen für das Rechnungsjahr nach jedem Einnahmezweige und nach der Natur der *perception*, anderen Theils die **liquidirten und angewiesenen Staatsausgaben** *(droits constatés au profit des créanciers de l'État)* die bewerkstelligten Zahlungen und die auf die Credite noch zu machenden Zahlungen für das Rechnungsjahr *(exercice)* für jedes Ministerium und jeden Artikel des Budgets, und ferner noch die Vergleichung zwischen dem Voranschlage *(évaluations)* der Einnahmen, der Schuldigkeit und der bewerkstelligten Einhebungen, dann zwischen den eröffneten Crediten, den zu machenden Ausgaben *(dépenses)*, den liquidirten und angewiesenen Ausgaben und den auf die Anweisungen *(ordonnances)* der Minister gemachten Zahlungen;

b) den *Compte provisoire du Budget* des nachfolgenden (d. i. des laufenden noch nicht abgeschlossenen) **Rechnungsjahres**, wie er sich am 31. December desselben Jahres stellt, mit Berücksichtigung der Operationen (Einnahmen und

Ausgaben), welche noch bis zum Schlusse des Rechnungsjahres
(*exercice*, am nächstfolgenden 31. October endigend) zu bewerkstelligen sind. Seine Form ist dieselbe wie jene des *Budget définitif*, doch enthält er weniger Detail;

v) den *Compte des operations sur les exercices clos (exercices
périmés)*, welcher die noch im Umlaufe befindlichen Zahlungsanweisungen *(ordonnances)*, die am Schlusse der zu be-
reinigenden Rechnungsjahre noch zu bezahlen waren, mit der
Gegenüberstellung der seither darauf geleisteten Zahlungen
und der Nachweisung der Forderungen an den Staat, die
am Beginne des Jahres wegen der eingetretenen Verjährung
verfallen sind, enthält.

2. den *Compte de la trésorerie*, die Cassenrechnung, welche
die Bewegung der Fonds, die Emission und Einziehung der *effets
à payer* (Bons, Wechsel etc.) dann die Einnahmen und Ausgaben
in laufender Rechnung, welche zur Erhaltung des Gleichgewichtes
zwischen den Hilfsquellen und dem Bedarfe des Staates erforderlich sind, enthält. Diese Rechnung ist mit dem Ausweise der
Activen und Passiven der Finanzverwaltung, dann des Standes der
schwebenden Schuld zu Ende des Jahres belegt. Es ist ferner beigefügt die Rechnung der verschiedenen Specialdienstzweige, welche
die jährlichen Operationen und den Stand zu Ende des Sonnenjahres bezüglich jener Diensteszweige umfassen, welche direct oder
indirect mit der Vollziehung der Finanzgesetze in Verbindung stehen *(Recettes et dépenses pour ordre)*.

Endlich liegt dieser Schatzrechnung noch die Jahres-Bilanz
oder die Uebersicht der Buchführung des Schatzamtes, d. i. des
Journals und des grossen Buches bei, in welchen alle auf die verschiedenen Dienstzweige bezüglichen, nach den Specialrechnungen
dargestellten Operationen centralisirt sind. Diese Bilanz weiset den
Stand aller Activen und Passiven zu Anfang und zu Ende des
Jahres nach, und dient zur Controle der Genauigkeit aller im Jahre
vorgekommenen und in den Rechnungen aufgeführten Cassenopera-
tionen. Am Schlusse der Budgetrechnung folgt der *Compte spécial* der öffentlichen Schuld für das letzte (Sonnen-) Jahr,
welche den Stand zu Anfang und zu Ende des Jahres und die während desselben vorgekommene Bewegung der Staatsschuld, dann
die Verwendung der für die Amortisation bewilligten Credite, die

Bezahlung der Interessen und die für beide Zwecke aufgelaufenen Kosten nachweiset.

Rechnungs-Controle. Rechnungshof.

Die Rechnungs- und Staats-Controle der Finanzverwaltung concentrirt sich dem grössten Theile nach in Belgien in dem Rechnungshofe, welcher eine eigenthümliche Stellung einnimmt, da er, obgleich ein Organ der Kammer der Repräsentanten und dieser verantwortlich, dennoch nicht bloss die Rechnungscontrole führt, sondern auch in die Administration unmittelbar eingreift. Sein (später erweiterter) Wirkungskreis ist durch die *loi organique de la Cour des Comptes* vom 29. October 1846 bestimmt.

Loi organique de la Cour des Comptes, 29. October 1846.

Der Rechnungshof besteht aus 1 Präsidenten, 6 Räthen und 1 Greffier nebst 34 Bureaubeamten. Sie werden je alle 6 Jahre durch die Kammer der Repräsentanten ernannt. Die Mitglieder des Rechnungshofes dürfen weder unter sich, noch (zur Zeit ihrer ersten Ernennung) mit einem Minister oder *Chef d'administration générale* bis zum vierten Grad verwandt oder verschwägert *(alliés)* sein; sie können nicht Mitglieder einer der beiden Kammern sein, noch ein bezahltes Staatsamt bekleiden, noch bei einer Unternehmung betheiligt sein, die in Verrechnung mit dem Staate steht. Sie können nicht über Geschäfte berathen, welche sie oder ihre Verwandten und Verschwägerten bis zum vierten Grade direct oder indirect betreffen, und dürfen weder in eigenem, noch auf den Namen eines Dritten an einem Handlungsgeschäfte, noch an der Verwaltung einer industriellen Gesellschaft Theil nehmen. Die Anwesenheit der Mehrheit der Mitglieder ist zu dem Beschlusse über eine Rechnung erforderlich.

Der Rechnungshof ist mit der Prüfung und Liquidirung der Rechnungen der allgemeinen Verwaltung und aller öffentlichen Rechnungsleger *(comptables envers le trésor)* beauftragt. Er wacht darüber, dass kein Ausgabeartikel des Budgets überschritten werde, und keine Uebertragung geschehe. Er fasst Beschluss *(arrêté)* über die Rechnungen der verschiedenen Verwaltungsbehörden, und sammelt zu diesem Behufe alle Rechnungsbehelfe, mit der Befugniss, sich über Einnahmen und Ausgaben der Staats- und Provinzialgelder alle Nachweisungen liefern zu lassen.

Der Rechnungshof correspondirt direct mit allen Centralstellen, den Ausschüssen der Provinzialräthe und allen Rechnungslegern, so weit es ihre Rechnungen betrifft. Bei der Entlassung,
dem Absterben oder einem Deficite der Rechnungsleger setzt er
die Frist für die Einsendung der Rechnungen fest, und bestimmt
gegen die Säumigen Geldstrafen, veranlasst nöthigenfalls auch
deren Absetzung oder Suspension.

Der Rechnungshof regelt und bereinigt die Staats- und Pro-
vinzialrechnungen; er spricht durch definitiven Beschluss aus, ob
die Rechnungsleger in der Ordnung, ob sie im Vorschusse oder
in Debet sind. In den beiden ersten Fällen spricht er die definitive Entlastung des Rechnungslegers aus, im letzteren verurtheilt
er ihn, innerhalb der bestimmten Frist seine Schuld abzutragen.
Immer aber werden die Beschlüsse behufs ihrer Vollziehung dem
Finanzminister und beziehungsweise dem Ausschusse des Provin-
zialrathes mitgetheilt; drei Jahre nach dem Aufhören seiner
Functionen erhält der Rechnungsleger jedenfalls seine definitive
Entlastung, wenn bis dahin der Rechnungshof nichts anderes be-
schlossen hat. Innerhalb dieser drei Jahre kann jedoch der Rechnungshof ungeachtet eines früheren Beschlusses desselben, zu einer
Revision schreiten, sei es auf das Verlangen des Rechnungslegers
über später erlangte rechtfertigende Behelfe, sei es von Amtswegen
wegen eines Irrthums oder einer Auslassung; bei erkannter Fälschung von Documenten kann der Rechnungshof auch nach dieser
Frist zu einer Revision schreiten. Im Falle einer bei der Prüfung
der Rechnungen erhobenen Fälschung oder Bestechung wird der
Fall dem Finanzminister und dem Justizminister (wegen der straf-
rechtlichen Verfolgung) mitgetheilt.

Die Beschlüsse des Rechnungshofes gegen die Rechnungsleger
sind executionsfähig, und kann nur wegen Verletzung der Form
oder des Gesetzes darüber an den Cassationshof appellirt werden.
Hält der letztere die Beschlüsse des Rechnungshofes nicht aufrecht,
so werden sie an eine aus den Mitgliedern der Kammer der Repräsentanten gewählte Commission geleitet, welche darüber nach den
für den Rechnungshof geltenden Formen, ohne weiteren Recurs,
endgiltig entscheidet.

Keine Zahlungsanweisung *(ordonnance)* wird vom Staatsschatze realisirt, wenn sie nicht zuvor das *Visum* des Rechnungshofes
beigesetzt erhalten hat; glaubt er es verweigern zu müssen, so

werden die Motive der Verweigerung im Ministerrathe geprüft. Erklären die Minister die Zahlung unter ihrer Verantwortlichkeit zulässig, so vidirt der Rechnungshof mit Vorbehalt und rechtfertigt
sich über seine Motive in dem Jahresberichte, den er an die Kammer
erstattet. Der Fall ist aber noch nicht vorgekommen. In gewissen
(gesetzlich bestimmten) Fällen kann die Rechtfertigung der Zahlung später, als das *Visum* beigesetzt wird, geschehen, bei den fixen
Staatsauslagen ist es nicht erforderlich. Es fallen demnach ungefähr zwei Fünftheile der gesammten Staatsauslagen unter die
Verpflichtung des *Visum* des Rechnungshofes.

Ein Pare des grossen Buches der öffentlichen Schuld wird bei
dem Rechnungshofe verwahrt. Er wacht darüber, dass die Uebertragungen und die Rückzahlungen, sowie die neuen Anlehen genau
eingetragen werden, und dass jeder Rechnungsleger die an seiner
Stelle haftende Caution lege. Alle Anlehens- oder Conversions-
obligationen und Cautionscertificate sind nur giltig, wenn sie mit
dem *Visum* des obersten Rechnungshofes versehen sind. Der Rechnungshof führt ein Buch über die vom Staate dem Handel, der Industrie, dem Ackerbau oder sonst gelieferten rückzahlbaren Vorschüsse *(prêts)*, und wacht darüber, dass dieselben in den Rechnungen der Rechnungsleger und der General-Staatsrechnung gehörig aufgeführt werden.

Der Rechnungshof führt das Pare des Registers der Staats-
pensionen, und versieht die Pensionsdocumente *(brevets)*, welche
er auch einträgt, mit seinem vorläufigen *Visum*, gleichwie es bei
den erwähnten Zahlungsanweisungen der Fall ist.

Der Rechnungshof ernennt und entlässt seine Beamten. Der
Präsident bezieht gegenwärtig einen Gehalt von 8000 Francs,
jeder Rath und der Greffier 6000 Francs. jährlich.

Das *Règlement d'ordre* des Rechnungshofes kann nur mit
Genehmigung der Kammern geändert werden.

Die Controlsoperationen beschränken sich aber nicht auf den
Rechnungshof; sie werden im Einvernehmen mit dem letzteren auch
von der Administration vorgenommen, und zwar zunächst durch das
Controlbureau des Finanzministeriums und mittelst der Zusammen-

stellung der vierteljährigen Gebarungsausweise, in welchen dem Erfolge der Ansatz des Voranschlages gegenüber gestellt ist.

Die Controle der Staatsausgaben in Vergleichung mit dem Budget hat zum Zwecke, vierteljährig die Uebereinstimmung der Aufschreibungen bei dem Rechnungshofe, den Verwaltungsdepartements und der Administration des Staatsschatzes zu constatiren. Um diess zu erleichtern, darf dem Rechnungshofe nach dem 24. des dritten Monates des Vierteljahres keine Zahlungsanweisung oder Crediteröffnung, sowie keine Verständigung behufs der Vorschreibung fixer Ausgaben mehr mitgetheilt werden. Ebenso schliesst am 25. dieses Monats die Liquidatur das Journal und das grosse Buch der Finanzverwaltung ab. Nach Verlauf des Vierteljahres stellen die Ministerien Gebarungsausweise über ihre Budgets zusammen, und übergeben je ein Exemplar derselben dem Rechnungshofe und dem Finanzminister. Der Rechnungshof schliesst seine Bücher am letzten Tage des bezüglichen Monats, verificirt die Ausweise, vergleicht sie mit seinen Registern, theilt den bezüglichen Departements das Ergebniss seiner Verification mit, und übersendet eine Abschrift seiner Bemerkungen zum Behufe der Vornahme der Controle an das Finanzdepartement, dort nimmt das Controlbureau die Vergleichung der Aufschreibungen des Rechnungshofes mit jenen der einzelnen Ministerialdepartements und der Verwaltung des Staatsschatzes vor, worauf das Finanzministerium die Bemerkungen, wozu die Vergleichung der Ausweise Anlass geboten, dem Rechnungshofe mittheilt. Findet sich eine Differenz, die nicht sogleich ausgeglichen werden kann, so werden die einzelnen Aufschreibungen des Rechnungshofes, des bezüglichen Departements und der Finanzverwaltung durchgesehen, um den Fehler zu entdecken.

Die Einnahmeämter legen monatliche Gebarungsausweise vor.

Es werden im Finanzministerium und bei dem Rechnungshofe Controlbücher über die Budgets der einzelnen Ministerien, die Dotationen (Civilliste etc.), die Staatsschuld, die Rückzahlungen und Nachlässe *(non-valeurs)* und die *Dépenses pour ordre*, bezüglich der Dienstzweige, welche nicht im Budget erscheinen, geführt. In diese Bücher werden die liquidirten und angewiesenen Zahlungen (*créances*, Forderungen der Parteien) eingetragen, wobei sich beide Behörden die Ueberzeugung verschaffen, dass die Bewilligungen nicht schon erschöpft sind, und die verfügbaren Summen zur Liquidirung und Anweisung dieser Forderungen genügen.

Staats-Controle.

In der der Verwaltung Schritt für Schritt folgenden Controle des Rechnungshofes ist bereits alle Gewähr gegeben, dass die Verwendung des Budgets und die Gebarung mit den öffentlichen Geldern in aller Regelmässigkeit erfolgt. Wenn der *Compte général des finances* an den Rechnungshof gelangt, hat letzterer bereits die einzelnen Elemente desselben im Laufe des Jahres der Prüfung unterzogen. Es erübrigt daher nur, dass der Rechnungshof die in dieser Vorlage enthaltenen Ziffern mit seinen Aufschreibungen, mit seinen Beschlüssen und mit den Documenten, die ihm von den Chefs der Ministerialdepartements mitgetheilt werden, vergleicht. Diese Prüfung und Vergleichung erfordert, da es sich um circa 40.000 Posten handelt, die Arbeit von vier Monaten.

Auch von einer Ueberschreitung der Credite kann nicht leicht die Rede sein, da im Falle eines Mehrbedarfes für einzelne Dienstzweige Nachtragsforderungen an die Kammern gestellt und von denselben bewilligt werden. Es ist daher die Staatscontrole mehr eine formelle, als eine wirklich eingehende. Sie erfolgt durch die Berathung und Schlussfassung der Kammern (und nachfolgende Sanction des Königs) über den ihnen vorgelegten Gesetzentwurf des *Règlement définitif du Budget*. Dieser Gesetzentwurf wird mit Ermächtigung des Königs vom Finanzminister in dem der Eröffnung der Session nachfolgenden Monate an die Kammer der Repräsentanten geleitet. Demselben wird eine Uebersicht angeschlossen, enthaltend für die Einnahmen, die Voranschläge *(évaluations)*, die Steuerschuldigkeit *(droits constatés sur les contributions et revenus publics)*, die bewerkstelligten Einhebungen und die noch einzuhebenden Erträge (Einnahme-Reste) nebst den erforderlichen Erläuterungen; für die Ausgaben die Voranschläge (die durch das Gesetz bewilligten Credite), die liquidirten und angewiesenen Ausgaben *(droits acquis aux créanciers de l'État)*, die bewerkstelligten Zahlungen und die noch zu machenden Zahlungen (Ausgabe-Reste).

Den Schluss bildet das allgemeine Resultat der im Rechnungsjahre vorgekommenen Einnahmen und Auslagen, welches meist in einem Ueberschusse der Einnahmen (selten in einem Deficit) seinen Ausdruck findet. Das *Règlement définitif* ist mit einer Beilage

versehen, in welcher die Einnahmen des abgelaufenen Rechnungsjahres in ihrem grössten Detail nachgewiesen sind.

Gleichzeitig mit dem an die Kammer der Repräsentanten
geleiteten Gesetzentwurfe für das definitive Reglement der Rechnung
des geschlossenen Rechnungsjahres und mit dem *Compte général
de l'Administration des finances* (für das Verwaltungsjahr) legt
der Rechnungshof seine gutachtlichen Bemerkungen *(Observations)*
über diese Staatsrechnungen der Kammer der Repräsentanten vor.
Diese Vorlage des Rechnungshofes enthält zwei Abtheilungen; in
der ersten sind die Bemerkungen desselben über die Fälle, in
welchen nach seiner Ansicht nicht vollständig dem Gesetze gemäss
gebart wurde, nebst den Erwiederungen der Departements-Chefs
enthalten, welche die Sache meist aufklären, oder den Einwen-
dungen des Rechnungshofes Folge geben, in der zweiten wird eine
Recapitulation des *Compte général* mit Hervorhebung der Puncte,
worüber eine Correspondenz mit den Chefs der Verwaltung stattgefunden hat, und welche (fast immer) mit der Erklärung (bei den
einzelnen Abtheilungen) versehen ist, dass die Gebarung in der
Ordnung befunden worden ist.

Die Finalerledigung erfolgt durch die Schlussfassung der
Kammern und die Veröffentlichung des Gesetzes betreffend die
definitive Regelung der Rechnung für das abgelaufene Rechnungsjahr.

Vergleichende Uebersicht

der in

Oesterreich, Preussen, Sachsen, Baiern, Württemberg, Baden, Frankreich und Belgien

bestehenden

Bestimmungen über Budget, Staatsrechnung und Controle.

Bei der Vornahme einer Vergleichung zwischen oben genannten Staaten drängt sich vor Allem die Wahrnehmung auf, dass sich dieselben in zwei deutlich gesonderte Gruppen abtheilen, in die deutsche und französische Gruppe. Die deutschen Staaten sind auf dem Wege der Reform aus den früheren Zuständen des patriarchalischen Regimentes in die jetzige landständische Verfassung, welche in mehrfacher Nuancirung die Vermittlung zwischen absoluter und constitutioneller Regierungsform bildet, übergegangen. Es zeigen sich daher in ihren staatlichen Einrichtungen noch vielfache Spuren der ursprünglichen Zustände, welche der rationellen Durchbildung des vorhandenen Systems hemmend entgegenstehen. Den deutschen Staaten schliesst sich in dieser Beziehung Oesterreich mit der neuesten, auf constitutioneller Grundlage beruhenden Entwicklung seiner financiellen Einrichtungen an. In Frankreich und Belgien dagegen hatte die Revolution *tabula rasa* der früheren Zustände gemacht, man konnte auf dem geebneten Boden neue Institutionen aufbauen, und dabei mit der vollen Schärfe der logischen Consequenz, zugleich aber auch mit dem vielgegliederten und verschlungenen Apparate einer durchgreifenden Controlmaschine vorgehen. So unähnlich diese beiden Staaten in Beziehung auf ihre constitutionelle Entwicklung sind, so ähnlich sind sie einander in ihrer financiellen Verwaltung, da in Belgien fast alle diessfälligen Einrichtungen aus der Periode der französischen Herrschaft herstammen.

Finanzperiode.

In allen grösseren constitutionellen Staaten ist die einjährige Finanzperiode, trotz ihrer unbestreitbaren Unbequemlichkeiten, Praxis geworden, da die Repräsentation in der Bewilligung des Budgets die sicherste Handhabe findet, auf die Regierungsgewalt einen bestimmenden Einfluss zu gewinnen. So besteht die einjährige Finanzperiode in Oesterreich, Preussen, Frankreich und Belgien. In den Mittelstaaten, wo die Landtage nicht alljährlich versammelt werden, ist die Finanzperiode eine längere: von zwei Jahren in Baden, und neuerlich auch in Baiern, das bis 1864 eine sechsjährige Finanzperiode hatte, und von drei Jahren in Württemberg und Sachsen.

Verwaltungs- und Rechnungsjahr.

Das Verwaltungsjahr ist allenthalben auf eine zwölfmonatliche Dauer beschränkt, die aber an einem verschiedenen Zeitpuncte beginnt; in Oesterreich, Preussen, Frankreich, Belgien, Sachsen und Baden am 1. Jänner, in Württemberg am 1. Juli, in Baiern am 1. October. Da es geradezu unmöglich ist, dass alle vorgesehenen Einnahmen und Ausgaben bis zum letzten Tage des Verwaltungsjahres realisirt werden, so hat man das Finanz- oder Rechnungsjahr meist noch um einige Monate ausgedehnt, indem man gestattete, dass Einnahmen, deren Rechtstitel noch aus dem Verwaltungsjahre stammen, und Ausgaben zur Deckung von Forderungen, die bereits in dem Verwaltungsjahre entstanden sind, wenn beide nicht bis zum Schlusse des Verwaltungsjahres realisirt werden konnten, noch in die Rechnung für letzteres aufgenommen werden können, falls sie nur in den auf das Verwaltungsjahr nächstfolgenden Monaten bewerkstelligt werden. Es ist diess einfach eine legale Fiction, zu der man greift, um eine leichtere Uebersicht der Gebarung für das Verwaltungsjahr zu gewinnen; die Berechtigung für Einnahme und Ausgabe muss immer innerhalb des Verwaltungsjahres liegen, nur die Thatsache der Realisirung und der materiellen Verrechnung liegt ausserhalb derselben. Die Dauer der Zeit, innerhalb welcher nachträglich noch solche Realisirungen und Verrechnungen für das vorausgegangene Verwaltungsjahr gestattet werden, ist für Einnahmen und Ausgaben (zuweilen auch für die verschiedenen Cassen) nicht immer dieselbe, und wechselt auch an und für sich in den einzelnen Staaten. Der Zweck dieser Einrichtung bleibt immer der, dass die von den Cassen zu legende Rechnung möglichst ohne Einnahme- und Ausgabereste abgeschlossen werden könne.

In Oesterreich werden die Einnahmen und Ausgaben, welche am Ende des Verwaltungsjahres zwar zur Abstattung gelangen, aber noch nicht definitiv zugerechnet sind, in die Rechnung des Verwaltungsjahres einbezogen, insoferne die Zurechnung bis Ende Februar des nächsten Jahres erfolgt ist. Die durch Credite im Finanzgesetze bedeckten Ausgaben des Verwaltungsjahres können, wenn diese Credite im Laufe desselben nicht erschöpft wurden, auch im nachfolgenden Jahre bis zum Belaufe der Etatsansätze gemacht werden, und fallen dem Verwaltungsjahre zur Last; doch muss, wenn eine solche Ausgabe erst im zweiten Semester des nachfolgenden Jahres erfolgen soll, die Bewilligung der vorgesetzten Centralstelle nach vorläufigem Einvernehmen mit dem Finanzministerium vorausgehen. Die in diesem nachfolgenden Jahre nicht erschöpften Credite sind, mit Ausnahme der stehenden Bezüge oder der auf einen Rechtstitel sich gründenden Leistungen, als aufgehoben zu betrachten, und können darauf nur dann Zahlungen erfolgen, wenn das Erforderniss in den Voranschlag für das kommende Jahr einbezogen und mittelst des Finanzgesetzes genehmigt worden ist.

In Preussen verrechnen die Specialcassen Einnahmen und Ausgaben des Verwaltungsjahres noch bis zum 31. Jänner, die Provincialcassen bis zum 10. Februar, die General- und Centralcassen bis zum 15. März. In Sachsen erstreckt sich das Rechnungsjahr, doch nur für die Centralcassen und einige wichtigeren anderen Cassen, bis zum 31. Jänner. Baiern dehnt das Rechnungsjahr für die Einnahmen auf weitere drei Monate, für die Ausgaben auf weitere sechs Monate aus. Die Einrichtung in Frankreich gestattet bezüglich der Geldgebarung das Rechnungsjahr für die Einnahmen bis 31. Juli, für die Ausgaben bis 31. August auszudehnen. Am umfassendsten ist das Rechnungsjahr in Belgien, wo es für Einnahmen und Ausgaben bis zum 31. October des nächstfolgenden Sonnenjahres dauert. In Baden fällt das Rechnungsjahr mit dem Verwaltungsjahre zusammen, und es wird dort

die Evidenz der ein Verwaltungsjahr betreffenden, aber nach
Schluss desselben erfolgenden Einnahmen und Ausgaben in sehr
einfacher und zweckmässiger (wohl aber nur für einen kleineren
Staat berechneter) Weise durch die Art der Anordnung der vierteljährigen Cassenausweise hergestellt. Die Verrechnung der Einnahmen und Ausgaben, welche ein bestimmtes Verwaltungsjahr
betreffen, aber erst nach dem Schlusse des Rechnungsjahres realisirt werden, erfolgt zunächst in der Art, dass beide dem laufenden Verwaltungsjahre, in welchem sie erfolgen, zu Gute kommen und zur Last fallen, ohne dass hierfür der Voranschlag eine
Vorsehung getroffen hätte. Da jedoch hierdurch in entfernter Zeit
möglicher Weise sich eine bedeutende, nicht vorgesehene Ausgabe
auf ein Jahr concentriren könnte, wodurch die Finanzverwaltung
in Verlegenheit käme, so ist in Frankreich und Belgien die gesetzliche Vorsicht getroffen, dass solche Ausgaben zur Deckung
der Forderungen der Staatsgläubiger nur in den nächsten vier
Jahren nach Ablauf des Verwaltungsjahres, zu welchem sie gehören (also noch ungefähr $3\frac{1}{2}$ Jahr nach Ablauf des bezüglichen
Rechnungsjahres), ohne weitere Ermächtigung für das laufende
Verwaltungsjahr in Rechnung gestellt und realisirt werden können.
Nach Ablauf dieser Periode verfallen sie durch Verjährung zu
Gunsten der Regierung, mit Ausnahme gewisser gesetzlich bestimmter Fälle, wo der Staatsgläubiger sein Recht nicht geltend
machen kann. Aber auch in diesen Fällen muss nach Ablauf der
fünfjährigen Periode (wenn man das Verwaltungsjahr mit ein-
bezieht) für eine solche Ausgabe ein neuer Credit in dem Budget
bewilligt und überhaupt so vorgegangen werden, als ob es sich
um eine neue Ausgabe handelte.

Form des Budgets.

Ursprünglich waren alle Budgets Nettobudgets. Man betrach-
tete eben den Staatshaushalt wie einen grossen, aus mehreren
Geschäftsführungen bestehenden Privathaushalt, in welchem jede
Geschäftsführung die zur Erzielung eines Ertrages nothwendigen
Ausgaben vorweg in Abzug bringt, und nur die erübrigenden
Ueberschüsse, die reinen Einnahmen, zur Bestreitung der Kosten
des Gesammthaushaltes abliefert. In den Mittelstaaten, die dem
patriarchalischen Ursprunge am nächsten geblieben sind, in Sachsen, Baiern und Württemberg, besteht das Nettobudget noch in

Uebung. Allerdings kommen hierbei auch in angefügten Specialausweisen die Einhebungskosten und sohin die Brutto-Einnahmen
zur Kenntniss und Verwilligung der Stände, da aber das Budget
nur auf die Einnahmen und Ausgaben der Hauptstaatscasse Bezug nimmt, so ist Voranschlag und Rechnungslegung sehr erleich-
tert. Da aber ein solches Vorgehen niemals ein genaues Einsehen
in die gesammte Finanzgebarung gewährt, auch mit den Lehren
der Finanzwissenschaft im Widerspruche steht, so kam allmälig,
namentlich in grossen Staaten, die Praxis auf, dass die Gesammteinnahmen und Gesammtausgaben getrennt zu behandeln seien,
und dass sohin die Ausgaben, wenn auch in gesonderter Reihenfolge, sowohl die für die eigentlichen Staatszwecke verwendeten
Gelder, als auch die Kosten der Einhebung der Einnahmen und
der Verwaltung der Einnahmezweige zu umfassen haben. Diess
geschieht in Oesterreich, Preussen, Baden, Frankreich und Belgien, in den beiden letzteren Staaten mit der strengsten Auslegung, dass jede Staatseinnahme, von welcher Natur sie immer
sei, in die Centralfinanzcasse einzufliessen hat, und von derselben
jede Staatsausgabe unmittelbar oder mittelbar zu bestreiten ist.

Inhalt des Budgets.

Die Aufstellung und Behandlung des Budgets ist unstreitig
die wichtigste Operation im constitutionellen Staatsleben, dessen
Mechanismus vielfach durch das Budget bedingt wird. Es ist daher
erklärlich, dass aller durch die Lehren der Erfahrung erleuchte-
ter Scharfsinn aufgeboten wurde, einerseits um der Staatsverwaltung die Gebarung innerhalb des Budgets so leicht und bequem
als möglich zu machen, und andererseits, um die Staatsverwaltung in so enge Schranken als möglich bei der Verwendung der
Staatsgelder zu schnüren, und der Bewilligung der Gelder durch
die Volkskammer den grösstmöglichen Einfluss zu gewähren.

Es ist in dem Masse der hiermit bestimmten Rechte häufig
der Unterschied zwischen constitutionellem und parlamentarischem
Regime gefunden worden, doch nicht ganz mit vollem Rechte, da
gerade in England, dem parlamentarischen Musterstaate, das Haus
der Gemeinen bezüglich der Staatseinnahmen nur bei einer Veränderung der bestehenden Auflagen, und bezüglich der Ausgaben
ebenfalls nur ein beschränktes Bewilligungsrecht, nämlich mit
Ausnahme der aus dem consolidirten Fond bestrittenen Ausgaben

(d. i. nahezu die Hälfte der Gesammtausgaben) hat. Immer aber ist es sicher, dass es eine der Hauptstützen einer kräftigen Regierung, nicht sowohl in financieller als in politischer Beziehung, ist, wenn die einmal bewilligten (oder bei dem Entstehen der Verfassung bestandenen) Auflagen keiner weiteren legislativen Zustimmung zur Forterhebung bedürfen. Ein absolutes Recht der Verwilligung durch die Volkskammer macht den Bestand der Regierung von einem Votum der Kammer abhängig, oder was auf dasselbe hinausläuft, untergräbt die Existenz der Kammer, da in dem Widerstreite, ob die Regierung ohne Kammer, oder die Kammer ohne Regierung die Leitung des Staates an sich ziehen könne, bisher noch stets die erste Alternative eingetreten ist, so lange überhaupt noch von einer Regierung die Rede war. Auf dem Felde der Staatsausgaben dreht sich der Streit meist darum, wie weit die Regierung ermächtigt ist, Gelder, die für einen bestimmten Zweck bewilligt sind, wenn sie dafür nicht erforderlich werden, für einen anderen Zweck zu verwenden. Es ist nicht zu läugnen, dass die eigentliche Staatscontrole, welche die Legislative ausübt, in dieser Bestimmung liegt, und dass ohne eine solche Bestimmung die Staatscontrole auf einen Formalismus hinausläuft, sowie andererseits zugegeben werden muss, dass eine zu grosse Beschränkung der Regierung in dieser Beziehung bei der im steten Flusse begriffenen Gestaltung der Thatsachen gar nicht practisch durchführbar ist, daher entweder zu einer Ueberlistung oder zu offenem Gewaltbruche führen muss. Immer wird sich der Kampf um diesen Punct drehen, und von dem Erfolge desselben der mehr oder minder sichere Gang der Regierung, die grössere oder geringere Gewalt der Repräsentative abhängen. Man hat in der Praxis einen Mittelweg darin zu finden gesucht, dass man das Budget in Hauptabtheilungen (Sectionen oder Titel) und Unterabtheilungen (Capitel *) sonderte, und der Regierung zwar die Ermächtigung liess, innerhalb der Unterabtheilungen Uebertragungen vorzunehmen, dass sie aber die Credite für eine Unterabtheilung nicht für die Ausgaben einer anderen Unterabtheilung

---

*) In Oesterreich heissen die Hauptabtheilungen Capitel und die Unterabtheilungen Titel, die wieder bei mehreren Verwaltungszweigen in Paragraphe zerfallen, während die untersten Rubriken des Budgets Posten heissen.

verwenden konnte. Bei guter gegenseitiger Stimmung wird sich die Vereinbarung von selbst machen, bei gespannter Lage wird es hier stets Streit geben. Selbstverständlich hängt dabei von dem Umfange, welchen man den einzelnen Unterabtheilungen gibt, vieles ab, sowie bei gewissenhaftem Vorgange der Regierung auch der Gewalt der Umstände Rechnung zu tragen ist, und der Repräsentative am Ende nichts erübrigt, als bei erfolgter und anerkannter Rechtfertigung der gemachten Verfügungen die stattgehabte Verwendung in der endlichen Regelung der Staatsrechnung zuzugestehen.

Wichtiger ist der Anlass, wo es sich um die Verwendung nicht verwilligter Summen für ganz neue, im Budget nicht vorgesehene Zwecke oder um namhafte Ueberschreitung der Verwilligungen handelt. Auch hier hat der constitutionelle Mechanismus Klappen geöffnet, welche gestatten, den Thatsachen ihr Recht zu geben, und es ist dieses in beiderseitigem Interesse sehr weise, denn wo dringende Thatumstände und verbriefte Rechte in Conflict gerathen, da sind es, so sehr dies zuweilen zu beklagen sein mag, die letzteren, welche geringere Widerstandskraft in sich tragen. Eben desshalb ist es gerechtfertigt, solche Conflicte vorherzusehen und deren gesetzmässige Ausgleichung möglich zu machen.

Doch es ist hier nicht der Ort, in die Geschichte und die Politik des Budgetwesens einzugehen, wesshalb es genügt, die vorzüglichsten, auf die Staatsrechnung Einfluss nehmenden Verhältnisse der Budgets aufzuzählen. Die Budgets werden nach Capiteln, (Titeln) zuweilen auch nach Unterabtheilungen derselben (Paragraphe etc.) votirt, in Frankreich erfolgt die Votirung der Ausgaben nach ganzen Sectionen (die gewöhnlich mehrere Millionen, ja einzelne davon selbst bis nahe an 700 Millionen Francs ausmachen). Eben dort kann kein Amendement zur Discussion des gesetzgebenden Körpers kommen, welches nicht zuvor bei der Finanz- oder Budget-Commission angemeldet, und von dieser mit Zustimmung des Staatsrathes angenommen worden ist. Das Budget wird in der Regel der zweiten Kammer zuerst vorgelegt, und dieser ein entscheidender Einfluss darauf gewährt. So kann in Preussen, Baden und Belgien die erste Kammer das Budget nur im Ganzen annehmen oder verwerfen, in Frankreich hat ebenfalls der Senat nur zu erklären, dass er sich dem Finanzgesetzentwurfe nicht widersetzt, und derselbe der Constitution gemäss ist. In Oesterreich dagegen, wo das Budget gleichfalls dem Abgeordneten-

hause zuerst vorgelegt wird, steht dem Herrenhause die gleiche
Befugniss, wie sie das Abgeordnetenhaus besitzt, in der Behandlung des Budgets zu. Ausser dem Budget werden in einigen Staaten
noch besondere Vorlagen gemacht, die in anderen in dem Budget
selbst begriffen sind. Diess geschieht hauptsächlich in den deutschen Mittelstaaten, welche ein sehr bedeutendes Staatsvermögen
in Gütern und Verkehrsanstalten haben, worüber so wie zuweilen
auch über die Staatsschuld abgesondert gebart wird.

So wird in Sachsen der Domänenfond besonders ausgewiesen
und die Staatsschuld mit Zuziehung des ständischen Ausschusses
besonders verwaltet; in Baiern der Fond der Staatsschuldentil-
gungs-Anstalt und die Grundrenten-Ablösungscasse, in Württemberg die sogenannte Grundstocksverwaltung (die Verwaltung des
immobilen Staatseigenthumes einschliesslich der Verkehrsanstalten),
in Baden das Budget der ausgeschiedenen Verwaltungszweige (die
Verkehrsanstalten mit der Eisenbahnbau- und Eisenbahnschulden-
Tilgungscasse umfassend) und die Grundstocks-Verwaltung. In
Oesterreich gelangt mit dem allgemeinen Staatsbudget auch jenes
der sogenannten dotirten Fonde (Religionsfonde, Studienfond,
Schulfond und Fonde für gewisse Wohlthätigkeits-Anstalten) zur
Verhandlung im Reichsrathe, da die allfälligen Ueberschüsse jener
für sich bestehenden Fonde in die Staatscasse einfliessen, dagegen
aber auch der (weit bedeutendere) Abgang derselben für die Bestreitung der eigenen Bedürfnisse durch Staatszuschüsse bedeckt
wird. In Frankreich kommen ausserhalb des Budgets keine Vorlagen vor, doch werden innerhalb des Budgets gewisse Theile ausgeschieden, und mehr oder weniger selbstständig behandelt, wie
die Gebarung der Departemental- und Communalverwaltung, so
weit der Staat sie bestreitet (d. i. der *service sur ressources
spéciales*), die Verwaltung der dotirten Dienstzweige (*services
rattachés pour ordre*) wie die Armee-Dotationscasse, Marine-Invalidencasse, Ehrenlegion etc., ferner wird auch die Staatsschuld
sammt den damit zusammenhängenden Zweigen des *Amortissements*, der Pensionen etc., wenn nicht im Budget, doch bei der
Ausübung der Controle abgesondert behandelt. Selbst in Belgien
gibt es die Abtheilung der *services spéciaux* innerhalb des Budgets, welche besonders behandelt wird.

Was die Uebertragungen (*Virements*) betrifft, so sind diese
in Belgien ganz untersagt, worüber der Rechnungshof wacht. In

Oesterreich ist die Uebertragung im Allgemeinen sehr beschränkt
und nur innerhalb derselben Unterabtheilung (desselben Titels oder
wo diese in Paragraphen zerfallen, desselben Paragraphes), d. i.
zwischen den einzelnen Subrubriken (Posten) derselben, mit fest-
zuhaltender Sonderung des ordentlichen und ausserordentlichen Erfordernisses und auch hier nur mit Zustimmung des bezüglichen
Ministeriums gestattet; im Besonderen werden ausnahmsweise, von
Fall zu Fall, ausgedehntere Befugnisse für die Vornahme von Uebertragungen für gewisse Verwaltungszweige eingeräumt, und zwar
indem die Uebertragungsbefugniss auf die freie Bewegung innerhalb der Titel ohne Rücksicht auf die Untertheilung in Paragraphe ausgedehnt oder gestattet wird, das ausserordentliche mit
dem ordentlichen Erfordernisse zu verschmelzen. In Preussen ist es
eine noch schwebende Frage, wie weit der Regierung eine Uebertragung gestattet sei, inzwischen gilt natürlich die laxere Praxis. In
Frankreich kann der Minister innerhalb des Capitels nach Belieben
das *Virement* vornehmen, selbst von einem Capitel auf das andere
kann mit kaiserl. Decrete das *Virement* erfolgen. Dieser Gestattung
liegt die Voraussetzung zum Grunde, dass dort, wo die Summe entnommen werden soll, dieselbe entbehrlich sei, und keine gesetzliche Verwendung finde. Die Praxis hat sich aber an diese Schranke
nicht gebunden, und man hat namentlich im Kriegsministerium
grosse Summen vom Solde und der Bedeckung anderer sicheren,
nur später zur Auszahlung gelangenden Ausgaben anderweitig verwendet, wodurch natürlich die Nothwendigkeit herbeigeführt wurde,
dass die dadurch entstandene Lücke durch eine zweite Geldbe-
willigung für denselben Zweck ausgefüllt werden musste, während die
Ausgabe, welche mit der zuerst bewilligten Summe bedeckt ward,
sich der Bewilligung gänzlich entzog. Diese Praxis erlitt aber
ebenso scharfen Tadel, dass sie wohl kaum mehr, wenigstens in
solchem Umfange, zur Anwendung gelangen wird.

In den deutschen Mittelstaaten, welche eine mehrjährige Finanzperiode haben, entsteht dadurch eine grosse Erleichterung,
dass sie Ausgaben oder Verwendung von Einnahmen von einem
Jahre derselben Periode in das andere ohne weitere Ermächtigung
übertragen können, nur darf die Summe für die gesammte Finanzperiode nicht überschritten werden, und darf eine solche Uebertragung nicht von dem letzten Jahre einer Finanzperiode auf das
erste Jahr der neuen Finanzperiode erfolgen. In Baiern und Sachsen

ist man hierbei unbeschränkter, während in Württemberg und Baden diessfalls eine grössere Reserve herrscht.

Das Finanzgesetz enthält die gesetzliche Sanction für das Budget. Gewöhnlich werden darin nur die Hauptsummen der Einnahmen und Ausgaben ausgedrückt, die in der Erhebung der Auflagen vorkommenden Aenderungen kundgemacht, oder die Fortdauer der bestehenden Auflagen angeordnet, und einige besondere Bestimmungen hauptsächlich in Betreff der schwebenden Schuld, wodurch der Cassendienst sichergestellt wird, beigefügt *). Zuweilen enthält das Finanzgesetz, wie in Frankreich, mehrere Beilagen mit Uebersichten, das Budget selbst aber wird demselben in der Regel nicht beigefügt; in Oesterreich geschieht dieses, indem der Staatsvoranschlag, jedoch ohne dessen Beilagen, mit dem Finanzgesetze, welches sich darauf beruft, veröffentlicht wird. In Belgien besteht die Eigenthümlichkeit, dass für jeden Dienstzweig ein eigenes Budget und ein eigenes Finanzgesetz vorbereitet und erlassen wird, wesshalb es jährlich daselbst 11 Budgets und ebenso viele Finanzgesetze gibt.

Staatsrechnung.

Obwohl hinsichtlich der Staatsrechnung in allen constitutionellen Staaten derselbe Zweck mit nahezu den gleichen Mitteln angestrebt wird, so zeigt sich doch hierbei hinsichtlich der Form und des Geschäftsganges eine grosse Mannigfaltigkeit. Schon in der ersten Grundlage, wo es sich um die Frage handelt, was eigentlich zu verrechnen und nachzuweisen ist, tritt der Unterschied zwischen den deutschen Staaten und Frankreich mit Belgien hervor. Ursprünglich wurde den deutschen Staaten der gesammte Staatsaufwand zunächst von dem Domanialvermögen des Regenten bestritten, und Steuern wurden nur für bestimmte, anfänglich nur für vorübergehende, dann aber auch für bleibende Zwecke bewilligt. Da ergab es sich nun von selbst, dass man den Landständen gegenüber sich über die gehörige Verwendung der bewilligten Auflagen ausweisen musste, während der übrige Staatsaufwand selbstverständlich keiner Controle unterlag. Diess hat sich nun bei der wachsenden Höhe der

---

*) In Sachsen handelt das Finanzgesetz nur von den zu erhebenden Steuern.

Steuern und den erweiterten Volksrechten wesentlich geändert, die Grundlage ist aber noch immer erkennbar. Denn noch immer besitzen die deutschen Mittelstaaten (selbst mit Einschluss von Preussen) ein sehr bedeutendes, meist trefflich verwaltetes Domanialvermögen, welches durch die hinzugekommenen Verkehrsanstalten, namentlich die Staatseisenbahnen, einer ansehnlichen Vermehrung entgegen geht, sobald die Amortisation der Baukosten vollendet sein wird. Dieses Staatsvermögen wird als Grundstock besonders verwaltet und nachgewiesen, der Ertrag daraus reicht hin, das Dritttheil, ja sogar die Hälfte sämmtlicher Staatsausgaben zu bedecken. Bei der eigentlichen Staatsrechnung über Einnahmen und Ausgaben aber besteht noch immer die Form, dass sich die Regierung hierbei über die „Verwendung der bewilligten Steuern" ausweise. In Oesterreich, Frankreich und Belgien besteht zwischen den verschiedenen Arten von Einnahmen und Ausgaben kein Unterschied, und es werden dieselben in gleicher Weise für jedes Jahr bewilligt und für jedes Jahr verrechnet. Preussen hat zwar den Ertrag seiner Domänen und Forsten in das allgemeine Budget einbezogen, denselben aber immer noch einen besonderen, den ersten Platz in gesonderter Stellung, angewiesen. In Oesterreich und Preussen wird auch daran festgehalten, dass die beim Entstehen der Verfassung bestandenen Auflagen und Steuern keiner neuen jährlichen Bewilligung bedürfen.

Was nun die Entstehung der Staatsrechnung betrifft, so werden allenthalben die ersten Elemente hierzu von den mit der Einhebung und Verausgabung der Staatsgelder betrauten Organen geliefert *), indem sie in gewissen periodischen Zeitabschnitten, monatlich, vierteljährig oder ganzjährig, ja selbst für eine längere Finanzperiode, Rechnung über ihre Gebarung legen, welche Rechnung sich auf den Inhalt der von ihnen geführten Bücher (Journale,

---

*) Dieses geschieht auch in Oesterreich, wo diese Organe ihre Monatsjournale an die controlirenden (Buchhaltungs-) Behörden einsenden, welche letzteren hieraus die Rechnung für jeden Verrechnungszweig (bezüglich gewisser Zweige auch für jedes Kronland) zusammenstellen und diese an die oberste Rechnungs-Controlsbehörde zum Behufe der Zusammensetzung der Staatsrechnung für das gesammte Reich leiten, wie sogleich näher erwähnt werden wird.

Hauptbücher, Register etc.) stützen muss. Die monatlichen Ausweise sind meist summarisch, und beziehen sich gewöhnlich nur auf die Controle der Cassengebarung. Die vierteljährigen Ausweise dagegen bilden in den meisten Staaten die Grundlage der Jahresrechnung. Sie enthalten in der Regel alle zur Beurtheilung der Gebarung und zur Vergleichung derselben mit dem Voranschlage erforderlichen Daten, nämlich für das bezügliche Amt oder die bezügliche Casse den Budgetansatz oder Voranschlag in Einnahme und Ausgabe, die wirklich erfolgte Einnahme oder Ausgabe, und den gegen den Voranschlag erübrigenden Rest in Einnahme oder Ausgabe. Damit bei dem Fortgange der Zeit die Evidenz immer hergestellt bleibe, ist es gewöhnlich, dass der Ausweis für das zweite Quartal die beiden ersten, jener für das dritte Quartal die drei ersten Quartale und jener für das vierte Quartal das ganze Jahr umfasst. Aus diesen vierteljährigen Nachweisungen werden dann die Jahresrechnungen zusammengestellt, und der weiteren Controle unterzogen.

Im Allgemeinen verfolgen die Staatsrechnungsvorlagen eine doppelte Richtung je nach dem rechnungsmässigen und dem administrativen Zwecke, und lassen sich in zwei besondere Gruppen sondern.

Es sind diess nämlich eigentliche Rechnungen der mit Staatsgeldern gebarenden Organe und Auszüge daraus. Die eigentlichen Rechnungen werden von den gedachten Organen am Schlusse des Verwaltungsjahres (oder der Finanzperiode) gelegt, und, mit den erforderlichen Belegen ausgestattet, an die Examinationsbehörde zu dem Behufe eingesendet, damit diese die Gebarung des Rechnungslegers prüfe, und wenn sie in der Ordnung befunden worden, den Rechnungsleger entlaste, anderenfalls aber denselben zur Rechtfertigung seiner Rechnung verhalte. Aus den diesen Rechnungen zum Grunde liegenden Büchern werden aber überdiess monatliche oder vierteljährige Auszüge verfasst, und den vorgesetzten Verwaltungsbehörden vorgelegt, welche theils zum administrativen Gebrauche, theils zur Vergleichung mit den Ergebnissen der Einzelrechnungen, sohin zur Controle namentlich der anweisenden Behörden (der Verwaltungsämter) dienen, um daraus zu entnehmen, ob diese bei der Gebarung mit den Staatsgeldern die bestehenden Vorschriften beobachtet haben. Diese Auszüge werden dann am Schlusse des Jahres zu Uebersichten über den einzelnen Verwaltungszweig, sohin über den gesammten Staatshaushalt (d. i. zu

Jahresrechnungen) vereinigt, und gewähren die Grundlage für die Vornahme der Staatscontrole.

In diesen beiden Gattungen von Rechnungsvorlagen wird dann die weitere Unterscheidung festgehalten und durchgeführt, ob die darin nachgewiesene Gebarung das Rechnungsjahr, dessen Namen die Rechnung trägt, oder ob sie frühere Rechnungsjahre oder selbst ein künftiges Rechnungsjahr (welches letztere nur bei Frankreich und Belgien vorkömmt) betreffen. Dieses ist besonders dort nothwendig, wo das Rechnungsjahr über das Verwaltungsjahr hinaus reicht. Daraus werden dann abgeleitet die Rechnungen für das Rechnungsjahr und jene für das Verwaltungsjahr. Die Rechnungen für das Rechnungsjahr sind definitive Rechnungen, welche alle Einnahmen und Ausgaben umfassen, die dasselbe betreffen, mögen sie nun im Verwaltungsjahr, wovon das Rechnungsjahr den Namen trägt, oder in dem nachfolgenden Verwaltungsjahre realisirt worden sein. Die Rechnungen für das Verwaltungsjahr umfassen alle Einnahmen und Ausgaben, welche in demselben bewerkstelligt worden sind, mögen sie für Rechnung eines früheren oder des laufenden Rechnungsjahres bewerkstelligt worden sein, mit Einschluss der am Beginne des Verwaltungsjahres vorhandenen Einnahme- und Ausgabereste. Diese Rechnung ist eine provisorische und so eingerichtet, dass sich darin die Einnahmen und Ausgaben für das verflossene Rechnungsjahr von jenen des laufenden Rechnungsjahres abgesondert entnehmen lassen.

Eine weitere Sonderung der in diese Rechnungen eingestellten Ziffern besteht darin, dass für jede Rubrik die betreffenden Ansätze des Voranschlages, die wirklich geleisteten Einnahmen und Ausgaben, und die Reste zu Ende des Jahres besonders nachgewiesen werden; in Frankreich und Belgien wird diese Sonderung noch weiter in der Richtung fortgeführt, dass bei den Einnahmen neben den Budgetansätzen (dem Voranschlage) auch die Gebührenschuldigkeit, bei den Ausgaben die liquidirten, dann die liquidirten und angewiesenen Forderungen der Staatsgläubiger in eigenen Rubriken nachgewiesen werden.

Zur deutlicheren Uebersicht aller dieser Vorgänge ist es erforderlich, hier die wesentlichen Bestimmungen für die einzelnen Staaten zu recapituliren.

In Oesterreich verfassen sämmtliche Staats-Nettocassen (an welche die Einhebungsämter ihre Abfuhren leisten) wöchentlich

einen Ausweis über ihren disponiblen Cassastand, und senden ihn
an das Finanzministerium, welches hierdurch in die Lage kömmt,
die erforderlichen Dotationen zur Bestreitung sämmtlicher Ausgaben, insoweit nämlich die vorhandenen Geldmittel hiezu nicht aus-
reichen, nach Bedarf zu verfügen. Dieser Bedarf wird durch die Erfordernissausweise ermittelt, welche die verschiedenen Centralstellen über die Anforderungen ihrer Verwaltungszweige am Ende jedes
Monats zusammenstellen und an das Finanzministerium behufs der
Dotirung ihrer Cassen leiten. Zur Erlangung einer Uebersicht der
bereits geschehenen Verwendung der durch das Finanzgesetz bewilligten Credite und der hiernach noch verfügbaren Gelder wird
am Ende jeden Monats von sämmtlichen die Einnahmen und Ausgaben bewerkstelligenden Aemtern und Cassen oder von den bezüglichen Controlsorganen (Buchhaltungen) ein nach den Rubriken
des Staatsvoranschlages verfasster Ausweis über die bis dahin in
den einzelnen Rubriken vollzogenen Geldgebarungen, und zwar getrennt, nach dem Dienste für das laufende und für das vorausgegangene Jahr, an die oberste Rechnungs-Controlsbehörde eingesendet.
Letztere stellt hieraus für den Gesammt-Staatshaushalt eine nach
den Capiteln und Titeln des Finanzgesetzes gegliederte Hauptübersicht zusammen, und übermittelt dieselbe an das Finanzministerium, und auf Verlangen auch an die übrigen Centralstellen mit
Hinweisung auf die bereits eingetretenen oder in Aussicht stehenden
Präliminarsüberschreitungen, um dieselben in die Lage zu versetzen,
jede Ueberschreitung der bewilligten Budgetansätze hintanzuhalten.
Nach Ablauf des Verwaltungsjahres (bezüglich des Rechnungsjahres) wird die Staatsrechnung für das Verwaltungsjahr zusammengestellt. Zu diesem Behufe (sowie zum Behufe der vorzunehmenden Controle) senden alle Aemter und Cassen, welche Staatsgelder einheben oder verwenden, ihre chronologisch geführten Aufschreibungen (Journale), in welchen jede eingetragene Post mit den
erforderlichen Documenten belegt ist, monatlich an die Hof- oder
Landes-Staatsbuchhaltung, welcher der bezügliche Zweig zur Respicirung und Verrechnung zugewiesen ist, ein. Die Staatsbuchhaltung trägt die darin enthaltenen Posten in ihre nach den Rubriken
des Staatsvoranschlages aufgelegten Bücher ein, und summirt dieselben am Schlusse des Jahres, wodurch der Rechnungsabschluss
des bezüglichen Amtes oder der Cassa hergestellt ist. Die Rechnungsabschlüsse sämmtlicher zu einem Verwaltungszweige gehörigen

Aemter und Cassen werden sohin in einen Particular-Rechnungsabschluss des einschlägigen Verwaltungszweiges (für die ganze Monarchie oder je für ein Kronland) vereinigt, und an die oberste
Rechnungs-Controlsbehörde geleitet. Letztere setzt hieraus den
Central-Rechnungsabschluss über die in dem bezüglichen Jahre
vorgekommene Gesammtgebarung des Staatshaushaltes zusammen,
welcher den Rubriken des Staatsvoranschlages folgt, und worin die
für frühere Jahre realisirten Einnahmen und bestrittenen Ausgaben
von der Gebarung des behandelten Verwaltungsjahres streng gesondert werden. Um jedoch den Staatsrechnungsabschluss in volle
Uebereinstimmung mit dem Staatsvoranschlage zu bringen, wird
derselbe bis zum Ablaufe des nächsten Verwaltungsjahres auf-
bewahrt, um die während des letzteren für das unmittelbar vorausgegangene Verwaltungsjahr realisirten Einnahmen und Ausgaben
in dasselbe einbeziehen zu können. Gleichzeitig werden die in dem
ersteren Verwaltungsjahre für frühere Jahre realisirten Einnahmen
und Ausgaben in Abzug gebracht. Der Staatsrechnungsabschluss
eines Verwaltungsjahres enthält demnach die vollständige Uebersicht der für dasselbe bewerkstelligten Einnahmen und bestrittenen Ausgaben, d. h. es werden in demselben die in dem bezüglichen
Verwaltungsjahre für Rechnung früherer Jahre bewerkstelligten
Einnahmen ausgeschieden, dagegen die in dem nachfolgenden Verwaltungsjahre für Rechnung des bezüglichen Verwaltungsjahres
realisirten Einnahmen und Ausgaben hinzugezählt, und die sich
hierdurch ergebende Gesammtsumme der Gebarung dem Staatsvoranschlage für das bezügliche Verwaltungsjahr gegenübergestellt.
Dadurch wird die Gleichartigkeit der Ansätze des Staatsvoranschlages mit jenen des Staatsrechnungsabschlusses erzielt und eine Vergleichung der beiden möglich gemacht; am Schlusse des Staatsrechnungsabschlusses wird das Ergebniss derselben, welches sich
in den erfolgten Ueberschreitungen und den bewirkten Ersparungen
ausdrückt, sammt der Angabe der Ursachen, welche denselben zum
Grunde liegen, beigefügt. Nach der auf diese Weise erfolgten Aufstellung des Staatsrechnungsabschlusses wird derselbe von der obersten Rechnungs-Controlsbehörde zur a. h. Kenntniss Seiner Majestät gebracht, gleichzeitig aber an den Finanzminister geleitet, und
von diesem nach geschehener Drucklegung mit Anfügung der Beilagen und Bemerkungen dem Reichsrathe zur verfassungsmässigen

Behandlung vorgelegt, was im Laufe des zweiten nachfolgenden Jahres zu geschehen hat.

In Preussen werden von den Cassen nebst dem summarischen monatlichen Extracte, vierteljährige Extracte vorgelegt, deren letzter, der Finalextract, die Resultate der Cassenverwaltung während des ganzen Jahres enthält, und die Grundlage der von der Casse zu legenden Jahresrechnung, welche mit dem Finalextracte übereinstimmen muss, bildet. Die Jahresrechnung umfasst aber noch einige rechnungsmässige Posten mehr, sie enthält nämlich: 1. die Soll-Einnahme oder Ausgabe nach dem Voranschlage; 2. den Zugang, d. i. die Ueberschreitung des Voranschlages in Einnahme oder Ausgabe; 3. den Abgang gegen den Voranschlag; 4. die rechnungsmässige (aus 1 — 3 abgeleitete) Soll-Einnahme oder Ausgabe; 5. die Ist- (wirklich erfolgte) Einnahme oder Ausgabe; 6. den Einnahme- oder Ausgaberest gegen die rechnungsmässige Soll-Einnahme oder Ausgabe. Die Finalextracte (oder Finalabschlüsse) gelangen im Wege der Provinzialbehörden an den Verwaltungschef (Minister), welcher daraus die dem Landtage vorzulegende Staatsrechnung zusammenstellt. Die Jahresrechnungen sammt Belegen werden der Ober-Rechnungskammer zugesendet, welche darnach die ihr gleichfalls von dem Verwaltungschef übermittelten Staatsrechnungen bescheinigt, dass sie mit den Resultaten der von ihr revidirten Jahresrechnungen übereinstimmen. Die so bescheinigten Staatsrechnungen werden dem Finanzminister mitgetheilt, welcher daraus mit Hinzufügung seiner eigenen (ebenfalls bescheinigten) Staatsrechnung die Hauptrechnung über den Staatshaushalt des Jahres zusammenstellt. Dieselbe wird dann mittelst königlicher Ordre dem Landtage vorgelegt.

Die Rechnungslegung in den deutschen Staaten ist dadurch sehr vereinfacht, dass sie meist Nettobudgets und eine längere Finanzperiode haben.

In Sachsen legt jedes Organ, welches mit Staatsgeldern gebart, insbesondere die Cassenverwaltungen, am Schlusse der Finanzperiode Rechnung, wozu ihnen eine bestimmte Frist vorgezeichnet ist; diese Rechnungen werden sammt den dazu gehörigen Belegen an die ihnen vorgesetzte Examinationsbehörde eingereicht. Die bei den einzelnen Ministerien bestehenden Buchhaltungen entnehmen daraus das Material für die Aufstellung der Rechnungen des bezüglichen Dienstzweiges, und übersenden es an das Finanz-

ministerium, welches dasselbe mit Einschluss desjenigen für das
eigene Ressort (in welches die gesammten Staatseinnahmen fallen)
zu einer Hauptzusammenstellung nebst Erläuterung und Vergleichung mit dem Voranschlage, d. i. zu dem eigentlichen Rechenschaftsberichte verarbeiten lässt. Diesem schliessen sich die
Uebersichten über das Mobiliarvermögen, über den Immobiliarbesitz
und die Cassenbestände der Centralcassen an, wozu noch die Rechenschaftsablegung über den Domänenfond kömmt. Der Rechenschaftsbericht wird durch das Staatsministerium dem Könige vorgelegt und von diesem an die Stände geleitet.

In Baiern legt jedes Amt, welches Staatsgelder einnimmt
oder verwendet, am Schlusse eines jeden Verwaltungsjahres Rechnung. Diese Rechnungen der Unterämter. werden von den Mittelstellen (Kreis-Finanzkammern oder speciellen Centralstellen) mit
der eigenen Rechnung in eine Hauptrechnung zusammengefasst, und
letztere wird an den obersten Rechnungshof geleitet, welcher daraus die Generalfinanzrechnung für jedes Jahr zusammenstellt, und letztere dem Finanzministerium vorlegt. Das Finanzministerium lässt daraus summarische Uebersichten (oder Nachweisungen) über die Staatseinnahmen und deren Verwendung
verfassen, welchen als Beilagen die summarischen Ergebnisse der
Hauptrechnungen mit den Erläuterungen über ihre Abweichung vom
Budget angefügt sind. Diese Nachweisungen werden vom Finanzminister mittelst Vortrages dem Könige vorgelegt, und sodann mit
einem Auszuge dieses Vortrages nach erfolgter königl. Ermächtigung an den Landtag geleitet. Da der Landtag in der Regel nur
jedes dritte Jahr zusammentritt, so erhält derselbe gewöhnlich drei
Jahresnachweisungen, doch jede abgesondert. Die General-Finanzrechnung verbleibt bei dem Finanzministerium, doch wird sie dem
Finanzausschusse der Kammer und beziehungsweise ihrem Referenten nach Wunsch zur Einsicht mitgetheilt.

In Württemberg ist in der Staatshauptcasse die gesammte Einnahme des Staates vereinigt, und werden von derselben
die sämmtlichen Staatsausgaben, der Elementaraufwand der Hebecassen ausgenommen, bestritten. Die Rechnung der Staatshauptcasse fasst daher die Resultate der gesammten Finanzverwaltung
zusammen. Die Staatshauptcasse sowohl, als alle Specialcassen
legen jährlich Rechnung, welche Rechnungen an die Ober-Rechnungskammer gelangen. Der Rechnungsabschluss der Staatshaupt-

casse (deren Vorstand der Director der Ober-Rechnungskammer
ist) insbesondere wird auf directe Anordnung der Ober-Rechnungskammer zusammengestellt. Die letztere erstattet über die Ergebnisse des Abschlusses Bericht an den Finanzminister; dieser
trägt darauf dem Könige den wesentlichen Inhalt des Berichtes vor,
setzt den Bericht bei dem geheimen Rathe und den übrigen Ministerien in Umlauf und bringt sodann die Ergebnisse des Rechnungsabschlusses mit Erläuterungen und Vergleichungen zu dem Voranschlage zur Kenntniss der Landstände, und wenn diese nicht versammelt sind, zur Kenntniss des ständischen Ausschusses. Die
Landstände (bezüglich der Ausschuss) verlangen nach Bedarf die
einzelnen Staatsrechnungen auf kurzem Wege unmittelbar von der
Ober-Rechnungskammer, beschränken sich aber meist auf die Prüfung der Rechnungen der Staatshauptcasse selbst, der Ministerialcassen und der Rechnungen der grösseren Staatsanstalten. Dasselbe
Verfahren gilt für die Rechnungen der Grundstocks-Verwaltung. Bei
Nachweisung der Rechnungsergebnisse wird sehr in das Detail gegangen, doch werden die Rechnungsabschlüsse selbst nicht gedruckt.

In Baden besteht eine sehr wohl geordnete Einrichtung
des Staatsrechnungswesens, und man hat sich daselbst die zweck-
mässigen Formen der französischen Staatsrechnung angeeignet.
Jede Staatscasse hat über ihre Gebarung ein Journal (Tagebuch)
und ein Hauptbuch zu führen; dieses Hauptbuch, d. i. die nach
den vorgeschriebenen Haupt- und Unterabtheilungen geordneten
Aufzeichnungen aller einzelnen Einnahmen und Ausgaben einer
Casse ist deren Rechnung. Das Hauptbuch oder die Rechnung
enthält vier Theile: die Rückstandsrechnung (für Reste aus
der vorangegangenen Rechnung), die Etatsrechnung vom laufenden Jahre, die Etatsrechnung früherer Jahre (mit
zwei Unterabtheilungen für das nächst vorangegangene und für
die Gesammtheit der früheren Jahre), endlich die Rechnung
der durchlaufenden Posten. Die Rechnung zeigt überall das
Soll, was einzunehmen oder auszugeben war, das Hat, was
wirklich eingenommen oder ausgegeben wurde, endlich den Rest
der noch zu bewirkenden Einnahmen und Ausgaben. Diese Rechnung wird nach Ablauf eines jeden Jahres mit den erforderlichen
Belegen der vorgesetzten Behörde zur Prüfung übergeben. Ausserdem haben die Staatscassen monatliche Cassestandsaus-
weise und vierteljährige Rechnungsauszüge (wobei in

jedem folgenden Vierteljahre die früheren einbezogen werden)
aus dem Hauptbuche nach den vier Rechnungsabtheilungen und
den vorgeschriebenen Titeln und Rubriken summarisch, d. i.
die Beträge jeder Rubrik in einer Summe dargestellt, zu liefern.
Diese monatlichen und vierteljährigen Auszüge aus den Rechnungsbüchern werden von den Mittelstellen und den Ministerien
zu einem Gesammtbilde über den Cassenstand bezüglich die Rechnungsergebnisse der einzelnen Verwaltungszweige, endlich von der
Buchhaltung des Finanzministeriums zu einem Gesammtbilde über
den Cassebestand und die Rechnungsergebnisse des ganzen Staatshaushaltes zusammengestellt, und bilden so am Schlusse des
vierten Quartales die Hauptjahresrechnungen der einzelnen Verwaltungszweige und des gesammten Staatshaushaltes. Hierbei
wird die Eintheilung in die Rechnung für den allgemeinen Haushalt und für die ausgeschiedenen Verwaltungszweige der Verkehrsanstalten beobachtet.

Die Vergleichung der Jahresergebnisse mit dem Voranschlage,
welcher in den anderen Staaten in den Rechnungen selbst geschieht, bildet in Baden den Gegenstand einer besonderen Nachweisung. Die Buchhaltungen der Mittelstellen und der Ministerien
verfassen eine vergleichende Darstellung, worin die nach
Titeln und Rubriken geordneten Ergebnisse des Haushaltes je für
ein Jahr, dann für die beiden Jahre einer Budgetperiode den gleichen
Ansätzen des Voranschlages gegenüber gestellt, und die Abweichungen erläutert werden. Die vergleichende Darstellung weicht
übrigens von den aus den vierteljährigen Auszügen zusammengestellten Hauptrechnungen (in der Budgetsprache summarische
Auszüge genannt), darin ab, dass letztere die Gebarung im Jahre,
erstere, die vergleichende Darstellung aber, weil sie sich nach dem
Voranschlage richtet, die Gebarung für das Jahr nachweisen. Die
vergleichende Darstellung entnimmt daher aus der Hauptrechnung
nur die für das laufende Jahr ausgewiesenen Einnahmen und Ausgaben, fügt aber denselben aus der Hauptrechnung für das nächstfolgende Jahr die Einnahmen und Ausgaben, welche in demselben
für das Vorjahr erfolgten, bei. Es ist dieses dieselbe Einrichtung,
welche in anderer Form in Frankreich mit der Nachweisung für die
année und das *exercice* besteht. Daraus folgt, dass die an die
Stände zu machende Vorlage der Hauptstaatsrechnung um ein Jahr
weiter geht, als die vergleichende Darstellung.

Aus den von den Mittelstellen zusammengesetzten vierteljährigen Uebersichten bereiten die einzelnen Ministerien die Hauptjahresrechnung für ihren Verwaltungszweig, und das Finanzministerium aus der Vereinigung dieser Zusammenstellungen für sämmtliche Verwaltungszweige die Jahres-Hauptrechnung für den gesammten Staatshaushalt oder die Hauptstaatsrechnung. Sowohl die Hauptstaatsrechnung mit den Hauptjahresrechnungen als die vergleichende Darstellung sammt Erläuterungen wird den Ständen zur Prüfung und Genehmigung vorgelegt.

In Frankreich ist das Wesen der Staatsrechnung sehr ausgebildet und streng logisch durchgeführt; doch ist es schwierig, in Kurzem eine Uebersicht davon zu gewähren. Jeder, der mit Staatsgeldern gebart, ist ein *Comptable* und zur Rechnungslegung verpflichtet. Er führt ein Journal und ein Hauptbuch (mit offenen Rechnungen, wofür bestimmte Rubriken bestehen) sammt den Hilfsbüchern. Keine Ausgabe kann bestritten werden, wenn sie nicht früher durch einen Minister *(ministre ordonnateur)* oder ein von ihm delegirtes Organ *(ordonnateur secondaire)* angewiesen *(ordonnancée)* worden ist. Damit eine Anweisung erfolgen könne, muss sie sich auf einen regelmässig eröffneten Credit beziehen, und sich innerhalb der Gränzen der monatlichen Vertheilung der Fonds halten. Die Bücher der Rechnungsleger werden am 31. December jedes Jahres von eigens dazu bestimmten administrativen Agenten geschlossen, ihre Casse und Portefeuille wird verificirt und darüber ein Protocoll aufgenommen. Nach dem Schlusse des Jahres übersendet der *Comptable* seine Jahresrechnung sammt Bilanz mit den erforderlichen Belegen im vorgezeichneten Wege an den Rechnungshof (die *Cour des Comptes)*, welcher dieselben prüft und justificirt; ausgenommen davon sind nur jene der minderen Rechnungsführer (der directen und indirecten Steuern), welche in den Rechnungen ihrer vorgesetzten *comptables principaux* aufgeführt erscheinen.

Die *Ordonnateurs secondaires* (d. i. die anweisenden Verwaltungsbehörden) führen ebenfalls ein Journal und ein Hauptbuch sammt Hilfsbüchern, und übersenden nach dem Schlusse jedes Monats an das vorgesetzte Ministerium monatliche Gebarungsausweise, worin der Betrag des ihnen delegirten Credites, die liquidirten Gebühren, der Betrag der ausgefertigten Zahlungsmandate und jener der wirklich von den Zahlmeistern geleisteten Zahlungen enthalten ist. Am Ende des Jahres, wo alle Bücher gleichzeitig geschlossen

werden, wird von den *Ordonnateurs secondaires* eine ebenso ein-
gerichtete allgemeine und definitive Uebersicht an das vorgesetzte
Ministerium eingesendet.

Bei jedem Ministerium besteht eine Centralbuchhaltung,
welche Buch über alle die Liquidirung, die Anweisung *(ordonnancement)* und die Bezahlung der Ausgaben betreffenden Operationen führt.
Das Ergebniss dieser Buchführung (des Journals, des Hauptbuches
und der Hilfsbücher) wird den Aufschreibungen der Generalbuchhaltung des Finanzministeriums einverleibt und dient der definitiven
Jahresrechnung des bezüglichen Ministeriums zur Grundlage.

In der Generalbuchhaltung des Finanzministeriums
endlich (welches ebenfalls ihr *Journal général* und ihr *Grand-livre*
sammt Hilfsbüchern führt) concentriren sich alle Aufschreibungen
über die gesammte Finanzgebarung, welche den Jahresrechnungen
der Minister und der Generalbilanz des Schatzes zu Grunde liegen,
wie sie auch die Monatsrechnungen, die Generalfinanzlage und alle
anderen Ausweise zu verfassen hat, welche der Finanzminister
benöthigt.

Die Jahresrechnung ist in Frankreich eine doppelte, eine provisorische nämlich für das Verwaltungsjahr (für die Zeit vom 1. Jänner bis 31. December) und eine definitive für das Rechnungsjahr
(exercice). Die provisorische Jahresrechnung enthält den General-
Finanzbericht *(Compte général de l'Administration des finances)*, welchen der Finanzminister auf Grundlage der Aufschreibungen der Generalfinanzbuchhaltung veröffentlicht, an den Rechnungshof leitet und dem gesetzgebenden Körper vorlegt. Er ist sehr umfassend, verfolgt den Staatshaushalt nach allen seinen Richtungen,
und bewahrt in allen seinen Abtheilungen die Sonderung der Einnahmen und Ausgaben, welche das geschlossene *exercice*, d. h.
das am 31. August zu Ende gehende Rechnungsjahr von jenen,
welche das laufende *exercice* betreffen, welche nämlich vom 1. Jänner
bis 31. December für Rechnung des laufenden (aber erst am 31. August des nächstfolgenden Jahres zu Ende gehenden) Verwaltungsjahres bewerkstelligt worden sind.

Die definitive Verrechnung für das *exercice* (Rechnungsjahr)
erfolgt in den *Comptes définitifs*, welche für sämmtliche Staatseinnahmen von dem Finanzminister, für die Staatsausgaben von den
Ministern, jeder für sein Departement, veröffentlicht, dem Rechnungshofe vorgelegt und an den gesetzgebenden Körper geleitet

werden. Diese definitiven Rechnungen bilden die Grundlage der definitiven Regelung der Budgetrechnung durch die *loi des comptes.*

In gleicher Weise wie die Budgetrechnung wird auch die Nachweisung der Cassenbewegung behandelt, worüber die Generalfinanzbuchhaltung die Ausweise zusammenstellt, und nach vorausgegangener Prüfung durch die Verifications-Commission, welche zugleich die Bücher der Generalfinanzbuchhaltung schliesst und die Staatsbilanz verificirt, an den Rechnungshof geleitet werden. In derselben Weise wird auch die Rechnung über die Staatsschuld sammt den damit zusammenhängenden Anstalten behandelt.

In Belgien ist die Anlage und Durchführung der Staatsrechnung im Wesentlichen ganz dieselbe wie in Frankreich. Nur besteht dort die eigenthümliche Einrichtung, dass keine Zahlung von einer Staatscasse gemacht werden darf, wenn nicht die Anweisung darauf früher von dem Rechnungshofe das vorläufige Visum erhalten hat. Hiervon bestehen gesetzliche Ausnahmen, welche jedoch nicht hindern, dass ungefähr zwei Fünfttheile der gesammten Staatsausgaben dem vorläufigen Visum des Rechnungshofes bei der Auszahlung unterliegen, was selbstverständlich nur in einem Staate von so beschränktem Umfange wie Belgien auszuführen möglich ist.

Die *Comptables* liefern Monatsausweise über ihre Gebarung ein, und die Ministerien stellen am Schlusse eines jeden Vierteljahres Uebersichten zusammen, welche dem Finanzministerium und dem Rechnungshofe mitgetheilt werden, und aus denen sodann sowohl die definitiven Rechnungen der einzelnen Minister für die verschiedenen Verwaltungszweige (eilf an der Zahl, nicht für die Ministerien), als der Generalfinanzbericht des Finanzministers zusammengestellt werden. Die einen sowohl als der andere gelangen an die Kammer der Repräsentanten, und dienen (insbesondere die ersteren) der definitiven Regelung der Budgetrechnung durch die *loi des comptes* zur Grundlage.

Die an die Repräsentative geleitete Staatsrechnung führt die verschiedensten Titel, als: Staats-Rechnungs-Abschluss (Oesterreich), allgemeine Rechnung für den Staatshaushalt (Preussen), Rechenschaftsbericht (Sachsen), Generalfinanzrechnung und (soweit sie an die Stände geleitet wird) Nachweisungen über die Verwendung der den Centralfonds zugewiesenen Staatseinnahmen (Baiern), Rechnungsabschluss (Württemberg), Hauptstaatsrechnung, auch summarische Auszüge genannt und vergleichende Darstellung (Baden), *Comptes définitifs* (Frankreich und Belgien). Auch der Inhalt ist kein gleichartiger, während den Ständen in Baiern, Württemberg und Baden nur Auszüge der vollständigen Staatsrechnung sammt beigefügten Erläuterungen vorgelegt werden, erscheint der mit Beilagen versehene Rechenschaftsbericht in Sachsen schon ausführlicher. Der Staats-Rechnungsabschluss in Oesterreich enthält die Hauptabtheilungen nach Dienstzweigen, die Capitel, Titel und Paragraphe des Staatsvoranschlages, jedoch nicht die einzelnen Posten, welche in den Beilagen des letzteren aufgeführt sind. Sehr in das Detail gehend stellen sich die Staatsrechnungen von Preussen, Frankreich und Belgien dar, wobei die eigentliche Staatsrechnung, das *tableau général* zwar nur den grösseren Abtheilungen des Budgets folgt, die beigefügten Anlagen aber das weiter gehende Detail enthalten, und insbesondere die Einnahmen (auch die Ausgaben) nach den Gebietsabtheilungen verfolgen. Die Zusammenstellung der Staatsrechnung geht, mit Ausnahme von Oesterreich, wo die oberste Rechnungs-Controls-Behörde dieselbe vornimmt, allenthalben vom Finanzministerium aus, welches sich dazu der ihm beigegebenen Buchhaltung als Hilfsorganes bedient. Nur dort, wo der Rechnungshof oder die Ober-Rechnungskammer ein untergeordnetes Organ des Finanzministeriums ist, und gewissermassen die Stelle der Buchhaltung vertritt, wird die Staatsrechnung von ersterer Behörde direct zusammengestellt (Baiern) oder doch veranlasst (Württemberg). In Frankreich und Belgien liegt es zwar den einzelnen Ministerien ob, für die von ihnen vertretenen Verwaltungszweige die definitive Staatsrechnung für die Ausgaben zu verfassen, allein dem Finanzminister erübrigt hierbei doch noch die umfassendste Verpflichtung, indem er nebst der definitiven Rechnung für sämmtliche Staatseinnahmen und für die Ausgaben seines Ressorts noch die provisorische Rechnung für die gesammte Finanzgebarung, den Generalfinanzbericht sammt der Generalfinanzbilanz und die besonderen Nachweisungen über die Staatsschuld zu verfassen hat.

Rechnungs-Controle. Verwaltungs-Controle.

Die Controle über den Staatshaushalt hat zum Zwecke darüber zu wachen, dass dem Staate alle Gelder, welche er einzuheben berechtigt ist, zufliessen, und dass alle von ihm bestrittenen

Ausgaben anerkannten und vorgesehenen Forderungen der Staatsgläubiger entsprechen, und sowohl hinsichtlich des Titels als der
Empfangnahme des Berechtigten gehörig gerechtfertigt, d. h. do-
cumentirt sind, woraus sich dann die Ueberzeugung ableitet, ob
die vorhandenen Bestände dem Ergebnisse der Vergleichung der
Einnahmen mit den Ausgaben entsprechen. Diese Controle hat je
nach dem Gegenstande der Ueberwachung und nach den derselben
unterzogenen Subjecte eine dreifache Abstufung, als: Rechnungs-
controle, Verwaltungscontrole, Staatscontrole. Gegenstand der Rechnungscontrole bildet die eigentliche materielle
Gebarung mit den Staatsgeldern, die Einhebung und Auszahlung
derselben durch die damit betrauten Organe, die Staatscassen
oder Rechnungsleger, *Comptables;* sie wird ausgeübt durch
die Prüfung der Einzelrechnungen und Entlastung (oder Belastung)
der Rechnungsleger. Einen für sich bestehenden Theil der Rechnungscontrole bildet die Cassencontrole.

Die Verwaltungs-Controle beruht in der Beurtheilung,
ob bei der Einhebung oder Verausgabung der Staatsgelder die bestehenden Gesetze und Reglements beobachtet und insbesondere
hinsichtlich der Ausgaben die einzelnen Budgetansätze des Voranschlages eingehalten worden sind. Sie ist gegen die anweisenden
Verwaltungsbehörden *(ordonnateurs)* gerichtet, und wird
ausgeübt durch Prüfung der Zahlungsanweisungen *(ordonnances)*
und Zahlungsaufträge *(mandats)* und daraus eventuell hervor-
gehende Beanständung der regelwidrigen Zahlungsacte, die, wenn
nicht sogleich behoben, zur Kenntniss der leitenden Minister und
nach Umständen der Legislative gebracht werden.

Die Staatscontrole endlich hält bloss im Auge, ob bei
der Gebarung mit den Staatsgeldern die Verfassung nicht etwa ver-
letzt wurde, ob die Gebarung der einzelnen Minister innerhalb des
gesetzlichen Voranschlages, und zwar innerhalb der einzelnen Abtheilungen desselben, zwischen welchen keine Uebertragung statt
finden darf, geblieben sind, oder ob, wenn diess nicht geschehen,
die Ueberschreitungen gehörig gerechtfertigt sind, endlich im Falle
als Beanständungen der Verwaltungscontrole, welche von den Ministern nicht behoben und desshalb zur Kenntniss der Legislative
gebracht wurden, gegründet sind oder nicht, in welch' ersterem
Falle die Verantwortlichkeit der Minister involvirt wird.

Sie wird von der Legislative, hauptsächlich von der Volks-
vertretung ausgeübt, und ist gegen die Minister (oder Chefs der
Centralstellen) gerichtet. Materieller Gegenstand der Staatscontrole
ist die Prüfung der Staatsrechnung (und eventuell der von der Verwaltungscontrole vorgebrachten Anstände) und die Entscheidung
darüber.

Wenn schon die Bereitung und Gestaltung der Staatsrechnung
in den einzelnen Staaten eine verschiedene ist, so erscheint diese
Mannigfaltigkeit noch grösser in der Ausübung der Controle der
Finanzgebarung nach ihren einzelnen Stadien. In einem gut geordneten Staate muss sich die Rechnungscontrole und die Verwaltungscontrole in oberer Linie vereinbaren und letztere wieder
in der Staatscontrole gipfeln, und wenn dieses in genauer Weise
geschieht, bleibt für die Staatscontrole kaum mehr, als ein immerhin nothwendiger Formalismus übrig; wo hingegen die unteren
Stadien der Controle ungenügend in Ausführung gebracht werden,
da concentrirt sich die ganze Schärfe der Bemänglung (die in
einem so grossen Körper, wie der Staat, nie ganz gegenstandslos
sein kann), im obersten Stadium der Staatscontrole. Es liegt
daher auch in dieser Richtung im ausgesprochensten Interesse der
Regierung, die Rechnungs- und Verwaltungscontrole genau ein-
zurichten und streng durchzuführen.

Im Allgemeinen kann als feststehend angenommen werden,
dass die Rechnungscontrole von der obersten Controlsbehörde
(oder den ihr unterstehenden Organen) vorgenommen und bis zur
endgiltigen Entlastung der Rechnungsleger durchgeführt wird. Die
Verwaltungscontrole wird zwar in der Regel ebenfalls von
der obersten Controlbehörde ausgeübt, die Entscheidung darüber
aber steht den Verwaltungsbehörden, bezüglich den Ministerien je
in ihrem Ressort zu. Die Staatscontrole endlich über die Gebarung der Minister übt die Legislative, insbesondere der Factor
der Volksrepräsentanz aus. Der Deutlichkeit halber wird es auch
hier angemessen sein, die einzelnen Staaten der Reihe nach durch-
zunehmen.

In Oesterreich wird die Rechnungscontrole ihrem ganzen
Umfange nach von den Hof- und Landes-Staatsbuchhaltungen, und
zwar von jeder derselben für die ihr zur Controle zugewiesenen
Verrechnungszweige durch die Censurirung der Journale der mit
einer Gebarung von Staatsgeldern betrauten Aemter und Cassen

und die Vornahme des Rechnungsprocesses gehandhabt. Sie prüfen
die an sie gelangenden Journale, vergleichen die darin eingetragenen
Posten mit den beigebrachten Belegen, rügen die stattgefundenen
unrichtigen Fürgänge, fordern die Erläuterung der zweifelhaften
Posten, schreiben die nicht genügend gerechtfertigten Vorauszah-
lungen zum Ersatze vor, welcher von den administrativen Behörden
angeordnet und bezüglich der Leistung von der Staatsbuchhaltung
überwacht wird, wodurch der Rechnungsprocess zu seiner Durchführung gelangt. Die administrative Controle (in der weiteren Bedeutung genommen) ist in Oesterreich eine doppelte, nämlich eine
vorläufige und eine nachfolgende. Die vorläufige, die Controle *ab
ante* genannt, wird von den Staatsbuchhaltungen ausgeübt, indem
alle von einer administrativen Behörde ausgehenden, auf die Gebarung mit Staatsgeldern Bezug nehmenden Aufträge an die vollführ-
renden Organe vor ihrer Ausfertigung an die bezügliche Staatsbuchhaltung zur Einsicht gelangen, welche dieselbe mit ihrem Visum versieht und im Falle einer bemerkten Unregelmässigkeit die administrative Behörde hierauf aufmerksam macht, und die Berichtigung
derselben noch vor der Ausfertigung des Auftrages veranlasst.
Hierdurch wird der Zweck der administrativen Controle in der ein-
fachsten Weise erzielt. Ergeben sich aber demungeachtet noch Unregelmässigkeiten in der Anweisung, so gelangt die Staatsbuchhaltung bei Ausübung der Rechnungscensur über die Monatsjournale
der vollziehenden Organe, welchen die Aufträge der administrativen
Behörde beiliegen, in die Kenntniss derselben, und berichtet über
diese Wahrnehmung an die oberste Rechnungs-Controlsbehörde.
Letztere tritt hierüber mit der bezüglichen Centralstelle in das Einvernehmen und wirkt auf die Beseitigung der vorgekommenen Unregelmässigkeit hin *). Eine Art von administrativer Controle wird

---

*) Die in Oesterreich in Bezug auf das Staatsrechnungs- und Con-
trolwesen bestehenden Einrichtungen gehen einer Reform entgegen,
welche eine wesentliche Umgestaltung derselben zur Folge haben
wird. Mit der a. h. Entschliessung vom 14. October 1865 wurden die
Grundsätze für diese Reform genehmigt, deren hauptsächliche Bestimmungen hier aufgeführt werden.

Jeder mit dem Anweisungsrechte betrauten Behörde (Cen-
tral- und Mittelstellen, d. i. Ministerien, Statthaltereien, Finanz-
landesdirectionen, Oberlandesgerichte etc.) wird zur Vollziehung
der Anweisungen eine Casse oder Cassenabtheilung und zugleich

ferner von der aus Mitgliedern der beiden Häuser des Reichsrathes zusammengesetzten Staatsschulden-Commission ausgeübt, welche alle vom Finanzministerium ausgehenden Creditsoperationen überwacht, und die zu emittirenden Creditpapiere (Staatsschulden-Obligationen etc.) vor ihrer Verausgabung mit ihrem Visum versieht. Sie veröffentlicht halbjährig einen Ausweis über den Stand der Staatsschuld und berichtet alljährlich über das Ergebniss ihrer Thätigkeit an den Reichsrath unter Beifügung der Wahrnehmungen,

---

zur Verbuchung der vollzogenen Staats-Einnahmen und Ausgaben so wie zur Controle über den ordnungsmässigen Vollzug der Anweisungen ein Controlsamt zur Seite gestellt. Die Casse vollzieht unmittelbar die Anweisungen; bevor jedoch diese Vollziehung stattfindet, werden die Anweisungen von dem Controlsamte liquidirt, d. i. geprüft und verbucht. Die nicht am Sitze der anweisenden Behörden befindlichen Cassen (Steuercassen, Sammlungscassen und dergl.) vollziehen unter eigener Verantwortung die erhaltenen (allgemeinen oder speziellen) Anweisungen in der Eigenschaft als untergeordnete (Zweig-) Organe der Hauptcassen, sie haben aber die Casse-Documente, d. i. die den bewirkten Einnahmen und Ausgaben zum Grunde gelegten Behelfe ohne Verzug an das der anweisenden Behörde zur Seite gestellte Controlsamt zur Prüfung und Rechnungseinstellung zuzusenden, welches dieselben eben so verbucht, als ob sie von der am Sitze der anweisenden Behörde befindliche Casse unmittelbar vollzogen worden wären. Die bei den untergeordneten Cassen (den Zweigorganen) zur Vollziehung der Ausgaben erforderlichen und die durch die Vollziehung der Einnahmen einfliessenden Gelder werden mittelst eines zwischen der Hauptcasse und den Zweigorganen zuführenden Contocorrent in Evidenz gehalten. Am Schlusse eines jeden Jahres wird von dem Controlsamte auf Grund der Contobücher die Jahresrechnung verfasst und diese im Namen der anweisenden Behörde und mittelst derselben unter Anschluss sämmtlicher Beilagen der obersten Rechnungs-Controlsbehörde (dem Rechnungshofe) in Wien zur Super-Revision und Vornahme der Rechnungs- und Gebarungs- (Verwaltungs-) Controle gegenüber den anweisenden Behörden und bezüglich ihren Organen eingesendet. Da es Verrechnungszweige gibt, welche ihrer Natur nach und zur Erzielung einer Gleichförmigkeit in der Behandlung von den einzeluen Controlsämtern füglich nicht controlirt werden können (Staatsschuld, unmittelbare Gebühren, Zölle etc.), werden behufs einer concentrirten Controle den Ministerien für diese Zweige eigene Fachcontrolsämter zur Seite gestellt, welche die an sie von deu Landes-Controlsämtern nach voll-

welche sich im Laufe des Jahres ergeben hatten, und Stellung der
darauf bezüglichen Anträge.

In P r e u s s e n nehmen zwar die Verwaltungsbehörden die
calculatorische Feststellung der Rechnungen vor (wie sie auch die
Cassencontrole durch beigegebene Rechnungsbeamte — Calculato-
ren — besorgen), allein die Revision sämmtlicher Rechnungen,
welche Einnahme an Staatsgeldern, Naturalien und Materialien,
sowie die Verausgabung derselben nachweisen, steht der Ober-
Rechnungskammer zu. Doch kann sie auf die Revision minderer

---

zogener Rechnungseinstellung einzusendenden Cassedocumente einer
strengen Revision unterziehen, und nach Veranlassung des hiernach
allenfalls Erforderlichen im Namen des bezüglichen Ministeriums
an die oberste Rechnungs-Controlsbehörde zur Ergänzung der Rech-
nungsbeilagen und zur Superrevision einsenden. An die Spitze des
gesammten Staatsrechnungs- und Controlwesens wird eine mit den
umfassendsten hiezu erforderlichen Befugnissen ausgestattete, den
Ministerien coordinirte und Sr. Majestät dem Kaiser unmittelbar
untergeordnete Centralbehörde (oberste Controlsbehörde oder Rechnungshof) gestellt. Derselbe ist berufen, mit vollständigster Unab-
hängigkeit von den Verwaltungsbehörden die R e c h n u n g s - C o n-
t r o l e mittelst Durchführung des Rechnungsprocesses über sämmtliche, Staatsgelder einnehmenden oder ausgebenden, Rechnungsleger
und die G e b a r u n g s - C o n t r o l e mittelst genauer Prüfung der Ge-
setzmässigkeit aller erlassenen Anweisungen über den gesammten
Staatshaushalt auszuüben, und die H a u p t - S t a a t s r e c h n u n g auf
Grund der von ihr gehandhabten Controle und der bei ihr sich con-
centrirenden Special-Jahresrechnungen aufzustellen. Die den anweisenden Behörden zugewiesenen Controlsämter (mit Einschluss der
Fachcontrolsämter) sind den ersteren (administrativen) Behörden
untergeordnet.

Wie aus dieser übersichtlichen Darstellung zu entnehmen ist,
bereiten demnach die Controlsämter durch die von ihnen geführten
Aufschreibungen (Contobücher) und die von ihnen verfassten Special-Jahresrechnungen die Unterlagen zur H a u p t - S t a a t s r e c h-
n u n g vor, welche letztere von der obersten Controlsbehörde zusammengestellt wird. Hinsichtlich der C o n t r o l e üben die Controlsämter die v o r l ä u f i g e administrative Controle (sogenannte Controle
ab ante) aus, während die Vornahme der eigentlichen Rechnungs-
und Gebarungs-Controle der obersten Controlsbehörde übertragen ist.
Die Grundsätze über die Militärverrechnung bilden noch den Gegenstand einer zwischen den bezüglichen Centralstellen schwebenden
Verhandlung.

Rechnungen verzichten, und dieselbe, sowie die Ertheilung der Entlastung darüber der Verwaltungsbehörde überlassen, was auch geschieht.

Es gelangen zur Prüfung der Ober-Rechnungskammer nicht die Rechnungen über das Inventarium an Utensilien der Verwaltungsbehörden, verschiedene Einnahmen, Justificatorien, wie in Betreff der Gerichtssporteln, der Postkarten, der Heberollen über die directen Steuern, es fordert aber die Ober-Rechnungskammer dergleichen hin und wieder abwechselnd zur eigenen Prüfung ein. Letztere besorgt daher die Rechnungscontrole gegen die Rechnungsleger, zugleich aber auch die Verwaltungscontrole, indem sie bei vorgefundenen Beanständungen Erinnerungen an die bezüglichen Verwaltungsstellen erlässt, und falls die Mängel auf Anordnungen oder Genehmigungen der Minister beruhen, mit diesen in Schriftwechsel tritt, nöthigenfalls auch, wenn die Controverse damit nicht behoben wird, den Gegenstand in dem Jahresberichte an den König erörtert und dessen a. h. Entscheidung anheimstellt.

In Sachsen besorgt die Ober-Rechnungskammer die Rechnungscontrole nur bezüglich der Centralcassen, d. i. der Finanzhauptcasse, des Finanzzahlamtes, der Hauptdepositen- und Cautionscasse, der Justizsportelcasse, der Staatsschuldencasse, auch steht ihr das Recht zu, die als Unterlagen für diese Hauptrechnungen zu betrachtenden Specialrechnungen von jedem Departement einzufordern und der Prüfung zu unterwerfen. Zu diesen Specialrechnungen gehören aber jene bezüglich aller Staatseinnahmen, jene der Staatsausgaben der einzelnen Ministerien und der denselben untergeordneten Aemter. Alle diese Rechnungen werden von den Rechnungsexpeditionen der einzelnen Ministerien (oder deren Mittelstellen) bezüglich der Einnahmen von jener des Finanzministeriums geprüft und justificirt. In diesem beschränkten Umfange übt die Ober-Rechnungskammer auch die Verwaltungscontrole aus, doch mit der weiteren Beschränkung, dass ihr eine Cognition darüber, ob eine Ausgabe materiell gerechtfertigt sei, selbst wenn dieselbe eine Ueberschreitung der bewilligten Summen involvirt, nicht zusteht. Gefundene Anstände werden den Ministerien, und wenn dieses zu deren Behebung nicht genügt, dem Gesammt-Ministerium zur Kenntniss gebracht, welches darüber endgiltig entscheidet.

In Baiern ist die Vollziehung der Rechnungscontrole mit der Rechnungslegung eng verflochten. Die Mittelstellen (und die speciellen Centralstellen) prüfen die Rechnungen der Unterbehörden und stellen sie erst nach erfolgter Revision derselben mit der eigenen Rechnung in eine Hauptrechnung zusammen; die Rechnungen der Ministerien und der diesen gleichgehaltenen Dicasterien werden von der k. Rechnungskammer der Revision unterzogen. Diese Revision ist aber nur eine vorläufige, denn es erfolgt darauf eine Superrevision durch den obersten Rechnungshof, oder genauer durch die einzelnen an Ort und Stelle gesendeten Mitglieder des Rechnungshofes. Wenn diese erfolgt ist, fertigt die Mittelstelle unter Mitunterschrift des Ober-Rechnungsrathes dem Rechnungsleger die Entlastung aus. Wird die Rechnung bemängelt, so wird hierüber Vortrag an den obersten Rechnungshof erstattet, welcher nach darüber gepflogener collegialer Berathung über formelle Anstände in eigener Competenz die letzte Entscheidung trifft, oder über materielle Anstände an das Finanzministerium berichtet, das sodann mit den einschlägigen Ministerien in Verhandlung tritt. Eine Verwaltungscontrole hat der Rechnungshof nicht auszuüben, und liegt dieselbe, so weit sie erfolgt, der vorgesetzten Verwaltungsbehörde ob.

In Württemberg concentrirt sich die Rechnungscontrole in der Ober-Rechnungskammer, da sie die aufsehende Behörde über das gesammte Staatsrechnungswesen ist, und bei sämmtlichen Staatsbehörden die oberste Leitung und Aufsicht über die Rechnungsgeschäfte zu besorgen hat. Im einzelnen umfasst ihr Wirkungskreis die Prüfung der Rechnungen sämmtlicher Haupt- und Specialcassen und Anstalten des Staates, mit Ausnahme der Rechnungen über die indirecten Steuern und der Hütten- und Salinencassen. Sie hat ferner die Prüfung der Gefälls- und Zehentablösungscassen und die directe Cassencontrole über die ihr unmittelbar untergebenen Cassenbeamten (der Staatshauptcasse), sowie die Controlirung aller übrigen Cassen in Beziehung auf ihr Verhältniss zur Staatshauptcasse zu besorgen. Eine Verwaltungscontrole übt der Rechnungshof nicht aus, diese wird vielmehr von den Landständen, beziehungsweise von dem ständischen Ausschusse vollzogen.

In Baden steht der Ober-Rechnungskammer die Ueberwachung und Leitung der Prüfung sämmtlicher Staatsrechnungen zu. Sie besorgt insbesondere die Rechnungscontrole der Staatscentralcassen (Generalstaatscasse, zwei Kreiscassen, Amortisations-, Eisenbahn-

schuldentilgungs-, Zehentschuldentilgungs-, Münz-Papiergeldein-
lösungs-, Generalpostcasse) einschliesslich der Hauptkriegscasse, so
wie die Prüfung der Rechnungen der Staatsanstaltencassen (Straf-
anstalten-, Heil- und Pflegeanstalten-, polizeiliche Verwahrungsan-
stalt-, Landesgestütcasse). Die Prüfung der Rechnungen der den
Mittelstellen unterstehenden Bezirkscassen besorgen die den Mittelstellen beigegebenen Revisionsstellen (Buchhaltungen) jene der
Special-Kriegscassen die Revisionsstelle des Kriegsministeriums.
Den Bescheid auf Erinnerungen ertheilt je die Behörde, welcher
die Revisionsstelle zugehört, bezüglich die Ober-Rechnungskammer. Die nicht unmittelbar bei ihr geprüften Rechnungen
unterwirft die Ober-Rechnungskammer in beliebiger Auswahl
durch ihre Revisionsstelle einer Superrevision, damit sie sich
überzeuge, ob die erste Prüfung ordnungsmässig vorgenommen
worden. Der Bescheid auf Erinnerungen, welche sich bei der Superrevision ergeben, geht von der Ober-Rechnungskammer aus. Die
letztere übt ebenfalls die Verwaltungscontrole in vollem Umfange
aus, und unterwirft die von den Buchhaltungen zusammengestellten Uebersichten und die daraus verfassten Hauptjahresrechnungen ihrer Prüfung. Anstände, die sich dabei ergeben, werden
mit den Ministerien verhandelt, und erforderlichen Falls dem (Ge-
sammt-) Staatsministerium, welchem die oberste Leitung aller auf
den öffentlichen Haushalt der Staatsregierung gerichteten Thätigkeit
zusteht, zur Entscheidung vorgelegt. Die Prüfung der vergleichenden Darstellung dagegen wird vom Finanzministerium
vorgenommen.

In Frankreich concentrirt sich die gesammte Rechnungs-
controle über die Gebarung der Staatsgelder, dann über jene der
Departements, Gemeinden und unter der Aufsicht der Regierung
stehenden öffentlichen Anstalten in dem Rechnungshofe, der *Cour
des comptes*. Ausgenommen davon sind nur die Rechnungen der
untergeordneten *Agents comptables*, wie der Gemeindesteuereinnehmer und der untergeordneten Agenten für die indirecten Abgaben, für
welche die *Comptables principaux* verantwortlich sind, und deren
Gebarung in ihre eigenen Rechnungen aufnehmen, dann die Rechnungsleger für die Gemeinden und für die öffentlichen Anstalten,
deren Einnahmen nicht 30.000 Francs jährlich erreichen; die Prüfung der Rechnungen für diese minderen Gemeinden und Anstalten
besorgen die Präfecturräthe von denen jedoch die Berufung an den

Rechnungshof geht. Der Rechnungshof fasst nach vorhergegangener Prüfung der einzelnen Rechnungen behufs der Entlastung (oder der Bemänglung) feierliche, in gerichtlicher Form erlassene Beschlüsse *(déclarations spéciales),* die den Rechnungslegern und dem Finanzministerium mitgetheilt werden. Eine Berufung gegen die Beschlüsse des Rechnungshofes ist nur wegen Verletzung der Form oder der Gesetze gestattet, und wird an den Staatsrath zur endgiltigen Entscheidung geleitet. Eine Rechnungscontrole über die anweisenden Behörden *(ordonnateurs)* steht dem Rechnungshofe bei der Prüfung der Einzelrechnungen nicht zu, d. h. er muss die Einzelrechnungen genehmigen, wenn der Rechnungsleger sich darüber ausgewiesen hat, dass ihm die Einhebung oder Zahlung in gesetzlicher Form von dem betreffenden *ordonnateur* aufgetragen worden ist, und die anderen Rechnungsbelege beigebracht worden sind.

Dagegen übt er die Verwaltungscontrole im vollen Umfange aus. Zu diesem Behufe stellt er die Ergebnisse der Einzelrechnungen in Uebersichten, nach den Classen der Rechnungsleger gereiht, zusammen, und vergleicht diese mit den Gesammtrechnungen der einzelnen Minister, welche an ihn durch den Finanzminister geleitet werden. Ueber die etwa vorgefundenen Anstände in den Anweisungen (dem *ordonnancement)* tritt er durch *Référé's* in Correspondenz mit den Ministern und nimmt dieselben in seinen Bericht an den Kaiser und seine *Déclarations générales* auf, in welchen er bestätigt, dass die Rechnungen der Minister mit den Ergebnissen der von ihm geprüften Einzelrechnungen übereinstimmen, oder wo diess nicht der Fall ist, die erhobenen Anstände verzeichnet. Der Bericht an den Kaiser enthält das Gesammtergebniss der vom Rechnungshofe geprüften Gesammtgebarung sammt der Bezeichnung der erhobenen und nicht beglichenen Anstände und der darüber mit den Ministerien geführten Correspondenz. In diesem Berichte an den Kaiser und den *Déclarations générales* concentrirt sich das Ergebniss der von dem Rechnungshofe ausgeübten Verwaltungscontrole, welche Documente auch den Kammern, insbesondere dem gesetzgebenden Körper mitgetheilt werden, damit derselbe bei Ausübung der Staatscontrole durch die definitive Reglung der Staatsrechnung darauf Bedacht nehmen könne.

In Belgien besteht zwar bezüglich der Vornahme der Rechnungs- und Verwaltungscontrole im Allgemeinen dieselbe Einrichtung wie in Frankreich, doch mit sehr wesentlichen Abweichungen

Der Rechnungshof nimmt daselbst die Prüfung und Erledigung aller
Rechnungen der Rechnungsleger, welche mit Geldern der Staats-
oder Provincialverwaltung gebaren, vor. Er übt aber überdiess eine
vorläufige Controle dadurch aus, dass alle Zahlungsaufträge an die
Staats- und Provinzialcassen, ehe sie realisirt werden dürfen, mit
seinem *Visum* versehen sein müssen (wovon jedoch gesetzliche Ausnahmen, namentlich hinsichtlich der fixen Ausgaben bestehen), so
wie auch alle Pensionsdecrete vor ihrer Wirkung mit seinem *Visum*
versehen sein müssen; dasselbe ist der Fall hinsichtlich aller An-
lehens-, Obligationen- und Cautionscertificate. Wenn er sein *Visum*
verweigern zu müssen glaubt, wird die Verhandlung an das Minister-
conseil geleitet, und wenn dieses die Ausgabe unter eigener Verantwortlichkeit gutheisst, muss er sein *Visum*, jedoch mit Vorbehalt
beisetzen, worauf er sodann (doch ohne suspensive Wirkung) in
seinem Jahresberichte an die Kammer der Repräsentanten die Sache
zur endgiltigen Entscheidung vorbringt. Er führt Aufschreibungen
über die Vornahme dieser vorläufigen Controle, und alle Vierteljahre werden diese Aufschreibungen mit den gleichartigen der Verwaltungsdepartements und der Administration des Staatsschatzes
(dem Finanzministerium) verglichen, um ihre Uebereinstimmung zu
constatiren, oder wo diese nicht erzielt wird, der Ursache der
Differenz in den Rechnungsbüchern nachzuspüren; ausserdem besteht eine specielle Rechnungscontrole über die Verwaltungsbehörden
bei dem Finanzministerium. Am Schlusse seiner Operation bringt
er das Ergebniss derselben in Form von Bemerkungen *(Observations)*
zu dem Generalfinanzberichte und den Rechnungen der einzelnen
Minister sammt einer Recapitulation derselben in einem an die
Kammer der Repräsentanten gerichteten Berichte zur Kenntniss
derselben, damit sie bei der definitiven Regelung der Staatsrechnung
darauf Bedacht nehmen könne. Gegen die Entscheidung des Rechnungshofes ist nur wegen Verletzung der Form oder des Gesetzes
eine Berufung an den Cassationshof gestattet. Hält dieser die Beschlüsse des Rechnungshofes nicht aufrecht, so werden sie an eine
aus Mitgliedern der Kammer der Repräsentanten gebildete Commission geleitet, welche darüber nach den für den Rechnungshof geltenden Formen endgiltig entscheidet.

Aus dieser Darstellung ergibt sich, dass die Stellung und der
Wirkungskreis der obersten Controlsbehörde eine sehr verschiedene, und in jedem der hier in Frage kommenden Staaten eine

andere ist. Als allgemein feststehend kann angenommen werden, dass diese Controlsbehörde eine durch das Staatsoberhaupt ernannte von ihm (unmittelbar oder mittelbar) abhängige Behörde ist, welche mit der Staatsrepräsentanz in keinerlei directe Berührung tritt; nur Belgien macht in beiderlei Hinsicht eine Ausnahme von dieser Regel. In allen übrigen Beziehungen weichen die Einrichtungen der einzelnen Staaten von einander ab.

In Preussen ist die Stellung der Ober-Rechnungskammer noch ganz dieselbe, wie zur Zeit der absoluten Regierung. Sie steht ausserhalb des Organismus der Staatsverwaltung und ist unmittelbar dem Könige untergeordnet. Ihre Gewalt concentrirt sich in dem Chef derselben, welcher seine persönlichen Berichte an den König erstattet, und seine Anträge in Bezug auf die erhobenen und nicht beglichenen Anstände, dann auf die etwaigen Ausschreitungen der Minister zur a. h. Kenntniss bringt. Die königl. Erledigung darüber jedoch wird nicht an ihn, sondern lediglich an den betreffenden Minister geleitet. Die Geschäftsführung daselbst ist eine musterhaft geordnete, und binnen zwei Jahren (von dem Zeitpuncte angefangen, wo die Rechnungen an ihn gelangen) wird jede Staatsrechnung erledigt und die *Decharge* an alle Rechnungsleger ertheilt. Die Einrichtung muss unbedingt in Deutschland als die vorzüglichste erkannt werden. Eine Mittheilung der Ergebnisse der Verwaltungscontrole an den Landtag erfolgt nicht, so wie diesem auch nicht die Einsicht in die Rechnungen gestattet ist.

In Sachsen hat die Ober-Rechnungskammer einen ziemlich beschränkten Wirkungskreis, und macht eigentlich die Buchhaltung des Finanzministeriums aus, wenn ihr gleich eine beschränkte Verwaltungscontrole eingeräumt ist, und sie dem (Gesammt-) Staatsministerium direct untersteht. Eine eigentliche entscheidende Kraft haben ihre Beschlüsse nicht, da in den wichtigsten Gegenständen die Entscheidung vom Staatsministerium ausgeht. Doch ertheilt sie die *Decharge* an die Rechnungsleger, deren Rechnungen von ihr geprüft werden; gegen ihre Aussprüche ist von Seite der Rechnungsleger nur eine Berufung an das Gesammt-Ministerium zulässig. Auch hat sie das Befugniss, wider säumige Rechnungsleger mit Strafauflagen zu verfahren, und die verwirkten Strafen durch die ordentliche Gerichtsbehörde derselben einbringen zu lassen.

In Baiern ist der Rechnungshof lediglich ein Organ des Finanzministeriums, welcher demnach auch administrative Functionen, wie die Verfassung der Staatsrechnung, auszuüben hat. Er nimmt die Revision der Rechnungen der Rechnungsleger nicht vor, wohl aber die Superrevision, zwar nicht als Collegium, doch durch seine exmittirten Mitglieder. Als Collegium entscheidet er nur als Berufungsbehörde (bei formellen Anständen), und als zweite und letzte Instanz in allen streitigen Rechnungsgegenständen der inneren Verwaltung.

In Württemberg ist die Ober-Rechnungskammer ebenfalls ein Organ des Finanzministeriums, welchem als solchem verschiedene administrative Functionen, als: die Entwerfung der Voranschläge (Hauptfinanz-Etats), die Anordnung des jährlichen Rechnungsabschlusses und die Darstellung seiner Ergebnisse, die Führung sämmtlicher Pensionslisten und Würdigung aller Reclamationen in Pensionsangelegenheiten, obliegen. Sie ist die aufsehende Behörde über das gesammte Staatsrechnungswesen, und hat die Sorge für das Formelle und die Controle des gesammten Finanz-Etats- und Rechnungswesens über sich, wesshalb sie auch (mit wenigen Ausnahmen) die Rechnungen aller Haupt- und Specialcassen und Anstalten des Staates prüft, und die Untersuchung und Bestrafung der formellen Verfehlungen der ihr untergeordneten Beamten und Diener in Etats-, Cassen- und Rechnungssachen führt. Eine Verwaltungscontrole übt die Ober-Rechnungskammer nicht aus.

Etwas freier ist die Stellung der Ober-Rechnungskammer in Baden; sie ist die Centralbehörde, welche darüber wacht, dass alle Staatsrechnungen rechtzeitig und pünctlich gestellt, alsbald und genau geprüft und vorschriftsmässig erledigt werden. Sie prüft und erledigt die Rechnungen der Staats-Centralcassen, und übt die Superrevision über die von den Verwaltungsbehörden (bezüglich den Revisionsstellen) geprüften Rechnungen der unteren Cassen aus, in welchem Falle auch die Erledigung von ihr ausgeht.

Sie ist dem (Gesammt-) Staatsministerium unmittelbar untergeordnet, und den Mittelstellen, was die Rechnungsprüfung und das dazu bestellte Personal betrifft, vorgesetzt. Ihr Wirkungskreis erstreckt sich auch auf die Ausübung der Verwaltungscontrole, wobei sie erhobene Anstände den betreffenden Behörden und Ministerien mittheilt, und nöthigenfalls dem Staatsministerium zur Entscheidung vorlegt. Mit den Ständen verkehrt sie in keiner

Hinsicht. Das Staatsrechnungswesen ist in Baden ebenso einfach als klar geordnet.

Eine imposante Stellung hat der Rechnungshof, *Cour des Comptes*, in Frankreich als eine der obersten Staatsbehörden, gleichgestellt mit dem Cassationshofe, welchem er auch in seiner inneren Einrichtung ähnlich ist. Er beobachtet die gerichtlichen Formen des Cassationshofes, hat wie dieser seinen General-Procurator, und hält feierliche, bei der Schlussfassung der *Déclarations générales* sogar öffentliche Sitzungen.

Die Rechnungscontrole übt er im umfassendsten Masse aus, indem er die Einzelrechnungen der Rechnungsleger prüft, und darüber seinen Beschluss fasst, gegen welchen nur wegen Verletzung der Form oder des Gesetzes eine Berufung an den Staatsrath gestattet ist. Seine statutarischen Bestimmungen über die Frist zwischen seiner ersten Erklärung, und im Falle des Rechnungsprocesses seiner letzten Entscheidung, so wie sein zahlreiches Personale machen es möglich, dass er seine bedeutende Geschäftsaufgabe für jedes Rechnungsjahr binnen zwei Jahren, von dem Beginne seiner Operation an, beendigt. Auch in der Ausübung der Verwaltungscontrole ist er keiner Beschränkung unterworfen, und nimmt dieselbe über alle Zweige des Dienstes vor, zu welchem Behufe ihm alle Uebersichten und Ausweise der Verwaltung zur Verfügung gestellt werden. Seine Anstände bei der Ausübung der Verwaltungscontrole bringt er zur Kenntniss der Minister, und wenn sie hierbei nicht beglichen werden, zur Kenntniss des Kaisers in seinem an letzteren gerichteten Finalberichte. Durch die Mittheilung dieses Berichtes und der *Déclarations générales*, mit welchen sich die Verwaltungscontrole abschliesst, an die Kammern, erhalten auch diese indirect hiervon Kenntniss, und sind in der Lage, darauf bei der definitiven Regelung der Staatsrechnung Bedacht zu nehmen. Der Rechnungshof steht ausserhalb des Organismus der Staatsregierung, ist unmittelbar dem Kaiser untergeordnet, seine Mitglieder sind inamovibel auf Lebenszeit ernannt. Aus seinen Archiven darf ohne vorläufigen förmlichen Beschluss des Rechnungshofes keine Rechnung, sowie kein Document entnommen werden. Mit der Legislative steht er in keiner unmittelbaren Verbindung, in einer mittelbaren nur insofern, als sein Bericht an den Kaiser und seine *Déclarations générales* zur Kenntniss derselben gelangen. Der Rechnungshof erlitt bezüglich seines Wirkungskreises seit seiner

Errichtung mehrfache Wandlungen; gegenwärtig ist er aber aus-
gedehnter als je zuvor, indem sich derselbe auch auf die gesammte
Materialcontrole des Staates, sowie auf die Controle der Gemeinden
und öffentlichen Anstalten erstreckt.

Eine ganz ausnahmsweise Stellung hat der Rechnungshof in
Belgien. Zwar ist er dem Rechnungshofe in Frankreich nach-
gebildet, und hat auch nahezu dieselbe Einrichtung und dieselben
Formen (doch keinen General-Procurator); allein er ist kein Organ
der Staatsregierung, sondern der Legislative. Die Kammer der Repräsentanten erwählt die Mitglieder desselben, die aber weder der
Kammer selbst, noch der Regierung, noch irgend einer Erwerbs-
anstalt angehören dürfen, mit der Beschränkung ihrer Function auf
die Dauer von sechs Jahren. Er überwacht die Finanzgebarung auf
das genaueste, indem er jeder Zahlungsanweisung vor ihrer Realisirung (ebenso jedem Pensionsdecrete vor seiner Wirkung) sein
Visum beisetzt, eigene Bücher über die so geleisteten Zahlungen der
Regierung führt, und (nebst der Rechnungscontrole über die Einzelrechnungen aller Staats- und Provinzial-Rechnungsleger) die
Rechnungscontrole über die vierteljährigen Gebarungsübersichten
der Verwaltungsbehörden ausübt. Die Verwaltungscontrole führt
er gleichfalls durch, und schliesst sie durch seinen Finalbericht
an die Kammer der Repräsentanten, indem er die im Correspon-
denzwege mit den Ministern nicht behobenen Anstände derselben
anzeigt. Ueberhaupt ressortirt er in allen seinen Beschlüssen in
letzter Instanz von der Kammer der Repräsentanten, als der Quelle
seines Bestandes. Auf diese Weise ist die Gesammtcontrole nirgends umfassender und eindringlicher durchgeführt, als in Belgien,
welcher Staat sich in dieser Hinsicht eines vorzugsweisen, freilich
nur in so beschränkten Gebietsdimensionen zu erlangen möglichen,
Rufes erfreut.

Bezüglich der Verwaltungscontrole besteht in Frankreich eine
eigenthümliche sehr beachtenswerthe Einrichtung, wodurch die Verwaltungscontrole, sowohl über die Staatsrechnung als insbesondere
über die Cassengebarung und die Staatsbilanz, zum vollendeten Abschlusse gebracht wird. Ueber Vorschlag des Finanzministers ernennt der Kaiser am Ende eines jeden Jahres eine aus neun Mitgliedern zusammengesetzte Commission *(Commission vérificatoire)*,
welche aus Mitgliedern des Rechnungshofes, des Staatsrathes, des
Senates und des legislativen Körpers gewählt wird. Dieselbe erhält

den Autrafg, das Generaljournal und das Hauptbuch der Generalfinanzbuchhaltung am 31. December zu schliessen, und die Uebereinstimmung der Rechnungen der Minister mit den Ergebnissen der
Centralaufschreibungen bei dem Finanzministerium, sowie mit jenen
der Beschlüsse des Rechnungshofes über die Einzelrechnungen der
Rechnungsleger zu constatiren, und allfällige bei dieser Vergleichung vorgekommene Unregelmässigkeiten hervorzuheben. Das darüber aufgenommene Protocoll wird sammt der verificirten Staatsbilanz an den Finanzminister geleitet und von diesem der Legislatur vorgelegt. Die Verification erstreckt sich sowohl auf die definitiven Rechnungen der Minister als auf die provisorische in dem
Generalfinanzberichte enthaltene Rechnung des Finanzministers.
Auf eine gleiche Weise verificirt die Commission die Rechnungen der
Staatsschuldenverwaltung. Es folgen diese Verificationen auf die
Zusammenstellungen und Declarationen des Rechnungshofes und
stellen die vollkommene Uebereinstimmung zwischen den Nachweisungen der Verwaltung und der obersten Controlsbehörde her, welche
durch die von der Commission vorgenommene Aufstellung der Staatsbilanz vervollständigt werden. Dadurch wird nicht nur der Kreislauf der Prüfungen der Staatsrechnung geschlossen, sondern auch
die Cassengebarung der Centralfinanzverwaltung und die Staatsbilanz zur vollen Evidenz gebracht.

Staats-Controle.

In Beziehung auf die Ausübung der Staatscontrole
machen sich in den benannten Staaten zwei Richtungen vorzugsweise
bemerkbar, wovon die eine jene Staaten verfolgen, welche bei
minderer Ausbildung der Staatscontrole in das Detail hinatsteigend
die administrative Controle damit vermischen, während die Staaten
in der anderen Richtung sich streng auf dem Felde der Staatscontrole halten und diese durch ein förmliches Gesetz über die Reglung
des Staatshaushaltes zum Abschlusse bringen. Die deutschen Mittelstaaten, deren Finanzgebarung mehr einer Patrimonialwirthschaft
gleicht, welche aus kleinen Elementen zusammengesetzt ist, gehören
der ersten, Frankreich und Belgien der zweiten Richtung, Preussen
und der Hauptsache nach Oesterreich keiner von beiden an.

In Oesterreich wird die Staatscontrole durch die beiden
Häuser des Reichsrathes mittelst Prüfung und Beschlussfassung
über den ihnen vorgelegten Staats-Rechnungsabschluss ausgeübt.

Dieselbe gelangt zuerst an das Abgeordnetenhaus, sohin an das Herrenhaus. Die beiden Häuser fassen, jedes für sich, ihr Beschlüsse über den Staatsrechnungsabschluss und theilen dieselben dem Ministerium zur Darnachachtung mit; eine aus Ausschüssen derselben bestehende Commission überwacht die Gebarung mit der Staatsschuld.

In Preussen ist die Ausübung der Staatscontrole durch den Landtag noch nicht zum vollen Durchbruche gekommen, und es bildet dieser Gegenstand eine der zwischen Regierung und Landtag schwebenden Differenzen. Während, dem früheren absoluten Systeme entsprechend, der Präsident der Ober-Rechnungskammer über die Ausschreitungen der Minister direct an den König berichtet, und der König hierüber endgiltige Entscheidung trifft, wird hiermit das Hauptsächlichste der Staatscontrole geübt, und bleibt die letztere dem Landtage zum grossen Theile entzogen, obgleich derselbe die Staatsrechnung formell zu prüfen und zu genehmigen hat. Das Ergebniss dieser Prüfung wird in den Beschlüssen ausgedrückt, welche jedes der beiden Häuser des Landtages für sich über die allgemeine Rechnung des Staatshaushaltes fasst, und dem Finanzminister zur Darnachachtung bekannt gibt. Der weiteren Anforderung des Landtages, dass ihm die Einzelrechnungen und die von der Ober-Rechnungskammer hierüber gemachten Bemerkungen zur Prüfung und Schlussfassung mitgetheilt werden (wodurch die Gränzlinie zwischen der Staats- und der administrativen Controle berührt und wahrscheinlich überschritten würde) ist bisher nicht Statt gegeben worden.

In den deutschen Mittelstaaten geht die administrative Controle durch die Stände so weit, dass letztere in einigen Staaten durch ihr Organ, den Ausschuss, sogar Theil an Regierungsacten nehmen. So besorgt in Sachsen der Ausschuss die Contrahirung neuer Anlehen, von welchen der Finanzminister nur die Obligationen erhält, und verwaltet die Staatsschuld. In Baden betheiligt sich der Ausschuss an der Verwaltung eines gemachten Kriegsdarlehens, oder gewährt in gewissen Fällen seine Zustimmung zu einem zu machenden Anlehen und steht in lebhafter Correspondenz mit dem Staatsministerium bei der vorläufigen Prüfung der Staatsschuldenrechnungen. Ueberhaupt ist es das Capitel der Staatsschuld, in Bezug auf welches die Stände die eingehendste Controle ausüben, und die Verwaltung derselben, wenn sie nicht selbst daran Theil nehmen, genau überwachen. In Württemberg, wo auch die Beamten der Staatsschuldenverwaltung vom Landtage ernannt werden, steigt die administrative Controle durch den Ausschuss bis in das letzte Detail hinab (in dem letzten Prüfungsberichte des Ausschusses an die Kammer der Abgeordneten z. B. wird die Frage, ob die einem höheren Beamten ertheilte Pension von 3.600 fl. beanständet d. i. auf 2.400 fl. ermässigt werden sollte oder nicht, auf 17 enggedruckten Spalten behandelt, obwohl von den 12 Mitgliedern 11 die Regierung für vollkommen gerechtfertigt erkannten, was auch später der Landtag sanctionirte). Eine Folge dieser Einmischung in die administrative Controle ist es, dass die Stände, bezüglich deren Ausschüsse oder Referenten, Einsicht in alle Specialrechnungen erhalten, insoweit dieselben ihnen nicht sogar mitgetheilt werden, woraus sich ein fruchtbares Feld für Controversen von geringer Bedeutung bildet.

In Frankreich beschränkt sich die Controle des gesetzgebenden Körpers auf die allerdings sehr detaillirten Vorlagen der Regierung und die Erklärungen des Rechnungshofes sammt den Berichten der Verifications-Commission; anderweitige Documente und Rechnungen vom Rechnungshofe darf er nicht fordern.

In Belgien dagegen bildet die Controle eine Staatsgewalt zwischen der Legislative und der Regierung, indem sie durch die Kammer der Repräsentanten bestellt, sich in alle die Finanzgebarung betreffenden Regierungsacte einmischt, und hierbei an der Verwaltung (durch das vorläufige Visum) Theil nimmt, Rechnungs- und administrative Controle betreibt, und über beide, die Staatscontrole nicht ausgeschlossen, an die Kammer der Repräsentanten direct berichtet. Es ist diess eine Einrichtung, welche theoretisch nicht gebilligt werden kann, practisch sich aber gleichwohl bewährt, freilich unter Bedingungen, welche selten sich in solcher Weise vereinigen, wie in Belgien, mit einem kleinen Gebiete, einer reichen intelligenten Bevölkerung und einer democratisch-parlamentarischen Verfassung. In grösseren Staaten würde diese Einrichtung zur Unmöglichkeit, weil sie den Gang der Regierungsmaschine geradezu hemmen müsste.

Die Theilnahme der beiden Factoren der Repräsentation an der Ausübung der Staatscontrole ist gleichfalls eine verschiedene. In Oesterreich wie in Preussen ist diese Theilnahme von Seite der beiden Häuser des Reichstages eine vollkommen gleichberechtigte. In Frankreich hat nur die Volkskammer, das *Corps législatif*, eine eingehende Beurtheilung der Staatsrechnung vorzunehmen, während der Senat die Rechnung im Ganzen annehmen oder verwerfen muss, welches letztere kaum jemals vorkommen dürfte. In den deutschen Mittelstaaten aber üben beide Kammern gleiche Befugnisse aus. In Baiern besteht die (practisch nicht erhebliche) Eigenthümlichkeit, dass die Regierung von den Kammern nur die Anerkennung der Nachweisungen (der vorgelegten Auszüge aus der Staatsrechnung) verlangt.

Die Stellung der Regierung zu der Legislative ist in Bezug auf die Vertretung der Finanzgebarung ebenfalls eine verschiedene. Nach dem Principe der Ministerverantwortlichkeit muss jeder Minister seine eigene Gebarung vertreten, und wenn er sein Budget überschritten, diess vor der Kammer rechtfertigen. Der Finanzminister, dessen Antheil hierbei ohnehin der überwiegende ist, hat die Budgets der anderen Minister nur in soweit mit zu vertreten, als er seine Zustimmung zu einer Ueberschreitung des Budgetansatzes oder zu der Verwendung eines für einen bestimmten Zweck verwilligten Credites für einen anderen Zweck ertheilte. In Frankreich kann von einer eigentlichen Staatscontrole nicht die Rede sein; der Minister ist dem gesetzgebenden Körper nicht verantwortlich, er vertritt auch seine Finanzgebarung nicht vor der Kammer, da hierzu der eigene Sprechminister (neuerlich der Staatsminister) bestellt ist. Eine Nichtanerkennung der Finanzgebarung würde die Verantwortlichkeit auf den Staatschef wälzen. Inzwischen ist dafür gesorgt, dass es soweit nicht kommen kann, da zeitlich genug bei Ueberschreitungen oder einem Mehrbedarfe neue Credite bei dem gesetzgebenden Körper verlangt werden, welcher dieselben nie verweigert, wodurch die Gefahr einer Ueberschreitung oder wo diese doch stattgefunden, einer Verantwortlichkeit dafür gründlich beseitigt wird, ehe man zur definitiven Regelung der Staatsrechnung gelangt. In Preussen ist die Stellung eine unausgesprochene; wenn der König die Ueberschreitung des Ministers gutgeheissen hat, entbehrt eine diessfällige Verantwortlichkeit dem Landtage gegenüber des Gegenstandes; ist dem aber so, dann bleibt die Staatscontrole des Landtages nur eine formelle. Im Allgemeinen aber muss bemerkt werden, dass die Frage, wie weit die Ministerverantwortlichkeit in der Gebarung mit den Staatsgeldern reicht und in wiefern sie bei der Ausübung der Staatscontrole durch die Legis-

lative in Anspruch genommen werden kann, noch nicht hinreichend
geklärt ist. In Preussen, wo dieses gegenwärtig am nächsten liegt,
ist der Minister durch die Genehmigung des Königs gedeckt, so
lange hierüber keine Vereinbarung mit dem Landtage stattfindet.

Nachdem die Staatscontrole durch die Staatsrepräsentanz vorgenommen worden ist, und letztere sich darüber ausgesprochen hat,
erübrigt noch der Schlussact, die Sanction des Staatsoberhauptes.
Diese wird in den deutschen Mittelstaaten lediglich durch den Landtagsabschied, in welchem sich auf die Anerkennung der gelegten
Rechenschaft über die Finanzgebarung durch die Stände bezogen
wird, ausgedrückt. In Oesterreich, sowie in Preussen erfolgt hierüber kein veröffentlichter Act des Staatsoberhauptes, während in
Frankreich und Belgien dieser wichtige Act der legislativen Thätigkeit durch ein in gehöriger Form veröffentlichtes Gesetz, das
Staatsrechnungsgesetz, *loi portant règlement définitif du budget
de l'exercice....* abgeschlossen wird.